卓越教师 教学主张丛书

厦门市卓越教师培育项目成果
西南大学教育学"双一流"学科建设实践成果

总主编 陈 珍 朱德全

惟真物理
——高中物理教学新探

刘 明 著

西南大学出版社
国家一级出版社 全国百佳图书出版单位

· 重庆 ·

图书在版编目(CIP)数据

惟真物理：高中物理教学新探 / 刘明著. -- 重庆：西南大学出版社, 2024.10. -- (卓越教师教学主张丛书). -- ISBN 978-7-5697-2731-9

Ⅰ. G633.72

中国国家版本馆CIP数据核字第2024GU2151号

惟 真 物 理：高 中 物 理 教 学 新 探
WEIZHEN WULI: GAOZHONG WULI JIAOXUE XINTAN

刘　明　著

责任编辑：尹清强
责任校对：路兰香
封面设计：闰江文化
版式设计：散点设计
排　　版：贝　岚
出版发行：西南大学出版社(原西南师范大学出版社)
　　　　　地址：重庆市北碚区天生路2号
　　　　　邮编：400715
　　　　　市场营销部电话：023-68868624
印　　刷：重庆亘鑫印务有限公司
成品尺寸：170 mm × 240 mm
印　　张：15.5
字　　数：273千字
版　　次：2024年10月　第1版
印　　次：2024年10月　第1次印刷
书　　号：ISBN 978-7-5697-2731-9
定　　价：58.00元

编委会

总主编
陈 珍 朱德全

副总主编
洪 军 刘伟玲 庄小荣 潘世锋 罗生全 周文全

执行主编
范涌峰 魏登尖

(以姓氏笔画为序)编委
王天平 王正青 牛卫红 艾 兴 叶小波 朱德全
庄小荣 刘伟玲 陈 珍 陈 婷 范涌峰 罗生全
周文全 郑 鑫 赵 斌 侯玉娜 洪 军 唐华玲
韩仁友 潘世锋 魏登尖

总序

习近平总书记在2024年全国教育大会上指出,要实施教育家精神铸魂强师行动,加强师德师风建设,提高教师培养培训质量,培养造就新时代高水平教师队伍。《中共中央 国务院关于弘扬教育家精神加强新时代高素质专业化教师队伍建设的意见》指出,要加强中小学学科领军教师培训,培育一批引领基础教育学科教学改革的骨干。强化中小学名师名校长培养。

厦门市历来重视名师队伍的培育培养工作,根据教师专业成长规律,经二十年探索,逐步形成了"骨干教师—学科带头人—专家型教师—卓越教师"的金字塔式名师阶梯成长体系。自2021年起,厦门市教育局与西南大学开展战略合作,共同推进厦门教育高质量发展和教师队伍建设。"厦门市首期卓越教师培育项目"是由厦门市教育局与西南大学教育学部联合倾力打造的精品培训项目,也是厦门市迄今为止最高层次的教师培训项目。该项目旨在打造一支具有教育情怀、高尚师德,富有创新精神,具有鲜明教育教学思想和教学主张,在教育教学和教育科研上发挥领军作用的高层次教育人才队伍。项目以产出导向为理念,坚持任务驱动,通过个人自学、高端访学、课题研究、讲学辐射、挂钩帮扶、发表论文、出版专著、提炼教育思想、推广教学主张等方式优化培育过程。

三年琢磨,美玉渐成。通过三年的探索,围绕成为"有实践的思想者"这一核心目标,每一位卓越教师培育对象形成了特色鲜明、理念前沿的教学主张,并以教学主张为中心形成了一本专著,从而汇集成目前呈现在大家面前的"卓越教师教学主张丛书"。本丛书,既是"厦门市首期卓越教师培育项目"三年实施成果的沉淀,是每一位卓越教师培育对象思想的结晶,也是西南大学教育学"双一流"学科建设的实践成果。

仔细阅读本丛书,可以欣喜地看到,卓越教师培育对象们不仅能敏锐地捕捉到教育教学领域的难点、热点问题,揭示其中的本质规律,还能结合本地教学实际智慧地提出解决方案。总体来说,本丛书有以下三个方面的特点。

一是有较浓厚的学术气息。29位培育对象中有获得国家、省级基础教育教学成果奖的教师,有正高级教师,有省特级教师,但他们还在不断突破,追寻对教育教学本质的理解,追寻从实践到思想的蝶变,追寻高水平的专业表达。他们从实践中提炼出主张,再用主张引领实践,他们在书稿中融入了理论的阐释,学会了建构模型,并借助模型简洁地表述自己的教育教学思想,读起来不生涩也不单调。

二是有较强的系列探索味道。《义务教育课程方案(2022年版)》提出,应做好学段间的教育教学衔接。29位培育对象中,既有教育科研专职人员和学校的管理者,也有班主任、一线教师等,研究成果覆盖了小学、初中和高中的大部分学科,最终形成了29本培育对象教学主张的专著和1本全景式呈现卓越教师培育的经验和初步成效的论著。因此,本丛书既有基于教育者几十年教学实践的思想提炼,又有深入课堂的案例剖析,可以"用眼睛来读",作为教师专业发展的自读文选;也可以"用行动去做",作为教学范例直接进入课堂实践,在行动研究中孵化、创生;也适合专门研究者或管理人员参阅,从中窥探从小学到高中的教育教学重点与发展脉络。

三是有鲜明的课程育人特色。本丛书的撰写以学科课程为载体,以学科课程核心素养为目标,积极探索新时代背景下的育人方式变革,寻求育人最佳路径,以德施教,立德树人。因此,单看每本专著,已能感受到其中鲜明的课程育人特色,综合丛书来看,这一特色更加明显。

期盼厦门市首批卓越教师培育对象大力弘扬践行教育家精神,追求卓越的步伐永不停留,不断完善、应用和推广自己的教学主张和教学成果,为厦门教育做出更多更大的贡献。也期盼本丛书能为广大中小学教师深化教学改革提供参考,为教育学"双一流"学科服务教育实践提供借鉴。

是为序。

陈 珍
(中共厦门市委教育工委书记、厦门市教育局局长)
朱德全
(西南大学教育学部部长、西南大学教育学一流
学科建设"首席责任专家"、国家重大人才工程
特聘教授、国务院学位委员会学科评议组成员)

前言

全球化与信息化时代的到来,使得国际竞争愈发以人才为核心。在我国,高素质创新人才的培养已上升至国家战略层面。在这一时代背景下,核心素养的培育成为教育领域关注的焦点。基于核心素养理念,我们应树立教育改革观念,转变教育思维,大力推动课堂教学改革,并强化教学改革的研究,从而切实促进学生的全面发展和终身发展。

《普通高中物理课程标准(2017年版2020年修订)》(简称"高中物理课程标准")指出:高中物理课程是普通高中自然科学领域的一门基础课程,旨在落实立德树人根本任务,进一步提升学生的物理学科核心素养,为学生的终身发展奠定基础,促进人类科学事业的传承与社会的发展。然而,作为承载了核心素养培养目标的物理课程,在实际实施中依然存在一些亟待解决的现实问题,如:物理课程的育人价值缺失,物理教学中对科学本质教育不重视,物理教学中教师的教与学生的学的方法不科学,等等。为此,我们开展了核心素养导向的物理教学的理论和实践探索,以期提升物理教学的品质。

本书以素养为导向,聚焦物理教学中的核心问题,旨在为一线物理教师提供一种全新的教学理念和实施策略。通过对核心素养的深入分析,解读核心素养对教学的新导向,引导教师转变传统的教学观念,挖掘学科育人价值,转变教学方式,全面关注教学过程中学生关键能力的培养和必备品格的塑造。本书强调了物理学科在培养学生核心素养中的独特地位和重要作用,引导教师深入理解物理学科核心素养的内涵和要求,把握素养导向的物理教学的本质和规律,将核心素养融入日常教学实践中。

同时,针对物理教学中悖离核心素养要求的问题,本书基于人本主义理论、建构主义理论和具身认知理论提出了"惟真物理"教学主张,建构了"惟真物理"教学主张的理论模型和教学模式,为解决当前物理教学中悖离核心素养要求的问题提出了切实可行的解决方案和实施策略。这些策略不仅涉及教学观念的转变和教学方式的变革,更强调新课程"学习中心"基本理念下教师角色的转变和学生主体地位的提升。通过强调真实情境、真实问题、真实探究、真实认知、真实评价等多维度教学策略的综合运用,构建真激发、真体验、真阐述、真拓展、真评价的"5TE"物理教学模式,激发学生的学习兴趣和主动性,凸显物理学科教学的基本逻辑,培养学生的创新思维和实践能力,发展学生的核心素养。

此外,本书还基于"惟真物理"教学主张的实践,通过具体的案例和实践经验,展示了素养导向的物理教学的具体操作方法和实际效果。这些案例涵盖了不同教学内容的实践探索,为一线教师提供了具有针对性和实用性的参考和借鉴。通过这些案例的学习和实践经验的总结,教师们可以更好地理解素养导向的物理教学的理念和方法,提高自身的教学水平和能力。

总之,本书具有一定的理论性,又具有丰富的实践性,且针对性很强。阅读本书并付诸实践,一线物理教师将更好地在课堂教学中落实学生核心素养的培养。教师们可以根据自身的教学实际选择性地应用本书所提供的案例和方法,也可以结合自己的教学经验和实际情况进行创造性的应用。通过不断实践和探索,教师们可以逐渐形成自己的教学风格和特色,更好地适应新时代教育发展的需要。本书所提出的"惟真物理"教学主张也可以为其他学科的教学提供有益的借鉴和启示。各学科之间是相互联系、相互促进的,"惟真物理"教学主张的理念和方法也可以应用到其他学科的教学中,促进各学科教学的共同发展和进步。

目录

第一章　惟真物理的现实依据

　　第一节　核心素养对物理教学的新导向 ……………………003
　　第二节　悖离核心素养的物理教学境况 ……………………019
　　第三节　惟真物理的现实意义 ………………………………025

第二章　惟真物理的理论基础

　　第一节　人本主义：惟真物理的价值旨归 …………………039
　　第二节　建构主义：惟真物理的理念指引 …………………044
　　第三节　具身认知：惟真物理的实践路径 …………………049

第三章　惟真物理的核心内涵

　　第一节　惟真物理的基本内涵 ………………………………057
　　第二节　惟真物理的价值指向 ………………………………064
　　第三节　惟真物理的实践取向 ………………………………069

第四章　惟真物理的教学模式

第一节　"5TE"教学模式的基本内涵 …………………………091
第二节　惟真物理"5TE"教学模式的本质特征 ………………097
第三节　物理概念课的"5TE"教学模式 …………………… 101
第四节　物理规律课的"5TE"教学模式 …………………… 116
第五节　物理实验课的"5TE"教学模式 …………………… 130

第五章　惟真物理的教学评价

第一节　素养导向的教学评价变革 …………………………149
第二节　惟真物理的教学评价设计 …………………………156
第三节　惟真物理的教学评价实施 …………………………165
第四节　惟真物理的教学评价实践案例与评析 ……………175

第六章　惟真物理的教学保障

第一节　加强物理学科体系的研究 …………………………187
第二节　重视物理教师课程能力的培养 ……………………202
第三节　深化物理教学与信息技术的融合 …………………210

参考文献……………………………………………………… 229

后记…………………………………………………………… 235

第一章

惟真物理的现实依据

随着社会的发展和科技的进步,全球已经进入知识经济时代。知识经济时代需要具有创新精神、批判性思维、合作能力以及解决问题能力的创新人才。在这个时代,教育的目标需要适应新的社会需求,面对变动的未来,必须以必备品格和关键能力为培养指向。这需要教育目标从单纯的知识传递转向关注学生的全面发展。核心素养的提出是教育适应社会发展的必然结果,它以学生的全面发展为宗旨,以必备品格和关键能力为培养指向,以学生适应未来社会的需求为目标,为教育教学改革指明了新的方向。

在核心素养提出之前,我国基础教育课程经历了从"双基"到"三维目标"的变革。在早期的"双基"目标下,课程内容注重基础知识与基本技能的掌握;在"三维目标"下,课程内容更加注重知识、技能、情感态度等三个维度的全面发展。尽管课程改革不断深化进步,但课程目标的实现却不尽如人意。课程内容与现实生活脱节、课程结构过于强调学科本位、教学方法缺乏创新、教学评价"唯分数论"等问题依然得不到彻底解决。加强课程内容与现实生活的联系、优化课程结构、提倡多样化的教学方法、实施综合多元评价机制以及采取更为有效的课程改革推进方式等仍需要一个长期的过程,需要全社会的共同努力。

伴随着改革的号角,我国基础教育课程改革已全面迈入了"核心素养"新时代。然而,学校和教师的改革步伐却依旧停滞不前。物理课程内容仍然主要集中在那些经典的基础物理知识上,课本上即使增加了具有时代性和前沿性的新兴物理领域的知识(如量子信息、纳米科技),但在实际教学中常常被忽视;教学方式依旧以传统的讲授方式为主,缺乏多样性和创新性;教学偏重于理论知识的传授,与学生的现实生活严重脱节,物理学科的实践性得不到应有的重视;物理实验被严重弱化,不做实验、假做实验是教学常态;分数依旧是评价法宝,学习的动力主要不是因为喜欢和热爱,而是为了获得更高的分数;综合素质和创新能力培养,是谈起来重要而教起来完全不要的目标。

"惟真物理"究竟为何？为什么提出这样的教学主张？本章将从核心素养对物理教学的新导向出发,分析当前物理教学悖离物理核心素养教学目标的教学境况,梳理核心素养对物理教学的新要求,进而探讨"惟真物理"教学主张提出的现实意义。

第一节 核心素养对物理教学的新导向

2014年3月,"核心素养"出现在《教育部关于全面深化课程改革落实立德树人根本任务的意见》中,并被置于深化课程改革、落实立德树人根本任务的首要位置,成为修订课程标准、研制学业质量标准的重要依据。2016年9月,中国学生发展核心素养总体框架正式发布。2018年1月,基于学科核心素养的普通高中课程方案和各学科课程标准颁布,核心素养开始进入课程。2022年3月,义务教育课程方案和课程标准颁布,核心素养全面走进中小学。至此,基础教育课程教学改革已迈进了核心素养培养时代。

一 核心素养与物理学科核心素养

新一轮课程改革将发展学生的核心素养作为课程标准倡导的基本理念,旨在明确基础教育阶段"培养什么人"和"怎样培养人"的课程核心价值。物理学作为自然科学的一门基础学科,在高中课程乃至人类文明发展进程中皆具有举足轻重的地位。如何理解核心素养?高中阶段的物理教学应培养和发展学生的哪些核心素养?

(一)核心素养

党的十八大报告指出,"坚持教育为社会主义现代化建设服务、为人民服务,把立德树人作为教育的根本任务,培养德智体美全面发展的社会主义建设者和接班人"。党的十八届三中全会明确要求"全面贯彻党的教育方针,坚持立德树人,加强社会主义核心价值体系教育,完善中华优秀传统文化教育,形成爱学习、爱劳动、爱祖国活动的有效形式和长效机制,增强学生社会责任感、创新精神、实践能力"。为贯彻党的十八大精神,教育部启动了"立德树人"工程。同时,随着全球化、信息化时代与知识社会的来临,各国综合国力的竞争日益加剧,各国之间已从表层的生产力水平竞争转化为深层的以人才为中心的竞争。以经济发展为核心、致力于公民素养的提升,已成为世界各国发展的共同主题。[①]我国素质教育改革实施多年以来已取得初步成效,随着时代变迁和社会发展,素质教育的内涵也在不断发生变化,如何进一步推进素质教育改革,深化素质教育内涵,也是我国基础教育改革亟须思考的问题。

在这样的背景下,我国构建了发展学生核心素养体系。构建中国学生核心素养体系的根本出发点是把立德树人的根本任务落到实处,回答教育要"培养什么人、怎样培养人"的问题。同时,也是顺应世界教育改革发展趋势、全面实施素质教育、深化教育领域综合改革、着力提高教育质量、大力提升我国教育国际竞争力的迫切需要。中国学生核心素养体系以培养"全面发展的人"为核心,其内容包括三大领域六种素养十八个要点。从文化基础、自主发展、社会参与三个方面,凝练出人文底蕴、科学精神、学会学习、健康生活、责任担当、实践创新六大素养,再细化为国家认同等十八个基本要点(见图1-1-1)。

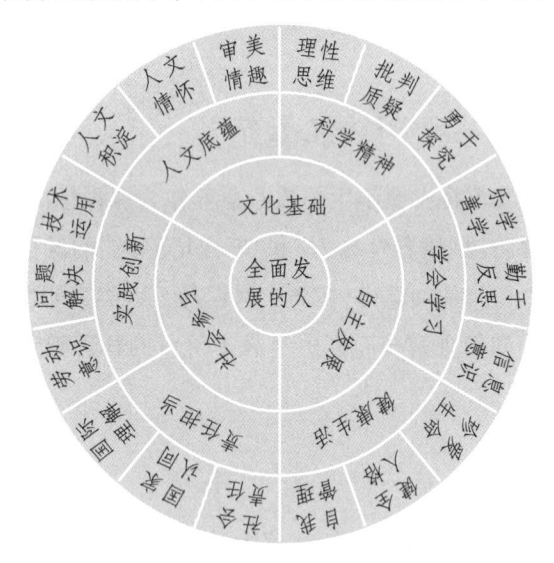

图1-1-1 中国学生核心素养体系

文化基础,是学生发展所需的基础知识和技能,它让学生更容易在面对复杂问题时保持清晰的思维,具备独立思考和解决问题的能力。文化基础的奠定影响学生的自主发展和社会参与意识。自主发展,是指学生的未来发展是自由开放的,不能仅以分数来衡量一个学生的发展状况,而要关注学生的兴趣爱好,

---

① 林崇德.中国学生核心素养研究[J].心理与行为研究,2017(2):145-154.

激发他们的创造力,让他们在自主探索中实现自我价值。社会参与,是指学生与社会进行深度的交互,要求学生不仅要关注自己的成长,还要关注社会的发展,强调学生要有社会责任感。三者有一个内在的层级递进关系,环环相扣,为学生的发展指明了方向。

核心素养作为学生能够适应未来社会、促进终身学习、实现全面发展的基本保障,它的提出让教育回归到最初始的样态,即教育的原点。主要表现在以下三个方面:

第一,让教育回归到面向全体学生。核心素养,指的是学生在未来社会生活中,为了适应社会发展、参与社会活动、实现自我价值所必须具备的知识、技能和态度,或者说是学生未来作为一名社会成员所必须具备的适应社会发展的基础素养。这让我们的教育回归到面向全体学生,体现基础教育的基本功能定位。

第二,让教育回归到深化素质教育轨道。素质教育作为一种具有宏观指导性质的教育思想,主要是相对于应试教育而言的,重在转变教育目标指向,从单纯强调应试应考转向更加关注培养全面健康发展的人。尽管素质教育已深入人心并取得了显著成效,但我国长期存在的以考试成绩为主要评价标准的问题,影响了素质教育的实效。核心素养不仅是对我国素质教育过程中存在问题的反思与改正,更是对素质教育内涵的具体阐述,可以使新时期素质教育目标更加清晰,内涵更加丰富,也更具有指导性和可操作性。[①]核心素养不仅注重基础知识的掌握,更注重高阶思维和非认知能力的养成,有助于素质教育的回归。

第三,让教育回归到终身学习样态。核心素养主要是后天学习的结果,核心素养的形成不是一蹴而就的,具有终身的连续性和发展性。核心素养的发展性一方面体现在通过人生不同阶段的学习得到培养,个体不同人生阶段的着重点有所不同,不同教育阶段(小学、初中、高中、大学等)对某些核心素养的培养也存在不同的敏感性,即一些核心素养在特定的教育阶段可能更容易取得良好的培养效果。核心素养的发展性还体现在发展学生核心素养必须尊重学生身心发展规律,按照学生发展的不同敏感期,合理设置发展目标,决不可拔苗助

[①] 林崇德.中国学生发展核心素养:深入回答"立什么德、树什么人"[J].人民教育,2016(19):14-16.

长。[1]发展核心素养需要每个教育者树立培养学生终身学习习惯的意识,使每一个学生都成为终身的学习者。

(二)高中物理学科核心素养内涵及解读

核心素养是学生适应个人终身发展和未来社会发展所需要的必备品格和关键能力,它必然是相对宏观且宽泛的。学生核心素养的形成和培育需要通过教育教学实践得以落实。具体地说,就是要在各学科教学中去落实,学科课堂教学是发展学生核心素养的主阵地。学科核心素养是指学生通过学科学习逐步形成的正确价值观念、必备品格和关键能力。核心素养与学科核心素养之间是全局与局部、共性与特性、抽象与具象的关系,核心素养是由多个学科核心素养交叉综合构成的。[2]学科内涵与学科本质决定了各学科在发展学生核心素养上的侧重面及关注点,因而在探讨学科落实核心素养培养时,要先了解这一学科核心素养的基本内涵及学科本质。

物理学科核心素养是物理学科育人价值的集中体现,是学生通过物理学科学习而逐步形成的正确价值观念、必备品格和关键能力。物理学科核心素养主要包括"物理观念""科学思维""科学探究""科学态度与责任"四个方面。

1.物理观念内涵及解读

观念是认识主体基于主观经验在认识外界客观世界过程中形成的认知和判断方式。不同的主体,由于其主观认知经验的差异,对同一事件会形成不同的观念。不同的学科有着不同的知识体系和研究方法,从不同的学科视角出发,对同一事物会形成不同的学科观念。当学生能用学过的物理知识去解释身边的现象,去解决生活中的问题,他便逐渐形成了物理观念。[3]亨普尔主张,科学所关心的是提出的一种与我们的经验有清晰的逻辑关联且能经受客观检验

---

[1] 辛涛,姜宇,林崇德,等.论学生发展核心素养的内涵特征及框架定位[J].中国教育学刊,2016(6):3-7.
[2] 钟启泉.基于核心素养的课程发展:挑战与课题[J].全球教育展望,2016(1):3-25.
[3] 廖伯琴,李洪俊,李晓岩.高中物理学科核心素养解读及教学建议[J].全球教育展望,2019(9):77-88.

的世界观念。①

高中物理课程标准将物理观念界定为:从物理学视角形成的关于物质、运动与相互作用、能量等的基本认识;是物理概念和规律在头脑中的提炼与升华;是从物理学视角解释自然现象和解决实际问题的基础,主要包括物质观念、运动与相互作用观念、能量观念等要素。

如果从科学本质的视角看,物理学科教育的目标不是获得物理知识,而是要了解物理知识的形成过程,并在此基础上逐渐形成对客观世界的正确认识,建立基本的自然观,在实际生活中,能运用这些观念去解释物理现象,解决一些生活中的实际问题。物理观念有助于学生更好地理解科学本质,而科学本质的理解反过来也促进学生在学习物理概念和规律的过程中形成物理观念。

2.科学思维内涵及解读

《现代汉语词典》对思维的定义是"在表象、概念的基础上进行分析、综合、判断、推理等认识活动的过程"。我们可以简单地理解为思维是人脑对客观世界的反映。科学思维则是指人脑对与科学相关的信息的加工活动,其比日常思维更具逻辑性、严谨性、系统性和客观性。不同学科视角对相同事物认知的思维方式也是不同的。从物理学科视角而言,科学思维是从物理学视角对客观事物的本质属性、内在规律及相互关系的认识方式,是基于经验事实建构物理模型的抽象概括过程,是分析综合、推理论证等方法在科学领域的具体运用,是基于事实证据和科学推理对不同观点和结论质疑和批判,进行检验和修正,进而提出创造性见解的能力与品格,主要包括模型建构、科学推理、科学论证、质疑创新等要素。②

从科学本质的视角看,科学思维的对象是科学现象、科学过程、科学事实等科学事物,思维的内容是科学事物的内在规律及事物之间的相互联系。物理学科的科学思维是观察、实验与思维相结合的产物,科学抽象思维、批判性思维和创造性思维是其重要成分。学生在面对陌生和复杂的情境,或面对具有挑战性的学习任务时,具有好奇心和探索的欲望,能从复杂情境中剥离出物理问题,能

---

① 卡尔·G.亨普尔.自然科学的哲学[M].张华夏,译.北京:中国人民大学出版社,2022:53.
② 中华人民共和国教育部.普通高中物理课程标准(2017年版2020年修订)[M].北京:人民教育出版社,2020:4-5.

针对性地进行质疑和反思,并提出新颖的、有价值的解决问题的方法,且能付诸实践用于解决问题时,那么我们可以说达到了培养学生科学思维素养的目标。

3.科学探究内涵及解读

科学探究是人类探索和了解自然,获得科学知识的主要方式,也是学生学习科学的主要方式之一,是一种综合的、关键的科学能力和素养。[1]高中物理课程标准中提出的科学探究是指基于观察和实验提出物理问题、形成猜想和假设、设计实验与制订方案、获取和处理信息、基于证据得出结论并作出解释,以及对科学探究过程和结果进行交流、评估、反思的能力,主要包括问题、证据、解释、交流等要素。[2]

从科学本质的视角看,科学探究要素能很好地体现科学本质。问题表明了科学知识的社会性,证据表明了科学的实证性,解释表明了科学的主观性和创造性,交流表明了科学方法的多样性和实践性。问题是科学探究的真正灵魂,"科学和知识的增长永远始于问题,终于问题——愈来愈深化的问题,愈来愈能启发新问题的问题"[3]。这种问题的循环表明了科学知识的暂时性,科学知识并非永恒的真理,随着科学的发展,科学知识也在不断地发展和变化。理解科学探究的本质,有助于我们更好地理解科学探究的教育价值。

4.科学态度与责任内涵及解读

科学态度与责任是指在认识科学本质,认识科学·技术·社会·环境关系的基础上,逐渐形成的探索自然的内在动力,严谨认真、实事求是和持之以恒的科学态度,以及遵守道德规范,保护环境并推动可持续发展的责任感,主要包括科学本质、科学态度、社会责任等要素。[2]这属于发展学生物理学科核心素养目标中的必备品格。认识科学本质就要搞清楚"科学是什么"以及"如何看待科学"的问题。正确地看待科学,不仅需要掌握科学知识和正确运用科学知识,还需

---

[1] 蔡铁权,谢佳莹.从科学本质的视角解读物理学科核心素养[J].物理教学,2022(6):2-6.
[2] 中华人民共和国教育部.普通高中物理课程标准(2017年版2020年修订)[M].北京:人民教育出版社,2020:4-5.
[3] 卡尔·波普尔.猜想与反驳——科学知识的增长[M].傅季重,等译.上海:上海译文出版社,2005:320.

要认识科学知识产生和发展过程,这有利于激发探索科学的兴趣;需要理解结论的得出要基于充分的证据,提高学生依据信息,判断、分析并作出决策的能力;需要理解科学技术进步与对社会影响的紧密关联,明了科学发展的双重性,树立正确的科学价值观;需要理解科学的基本精神是质疑和创新,并能应用于学习和生活实践;需要理解科学家精神,以形成符合社会基本规范的科学态度和责任。

二、核心素养对教学的新导向

21世纪是"课堂教学改革"的世纪。如果我们依旧沿用过去的方法教育学生,那么我们就是在剥夺他们的未来。过去的教育方法已经无法满足现代社会对学生发展的要求,也无法满足现代学生的发展需求。因为他们需要接受更广泛的教育和拥有更全面的技能,以适应不断变化的未来世界。当下基础教育正致力于推动以核心素养为指向的学校教学模式改革,以达成教育课程目标,促进全体学生全面发展。

(一)转变教学观念,指向素养本位

观念决定行动,核心素养作为课程改革中提出且要在教学中实现的课程目标,需要学科教师转变以往"知识为本"教学观念。如何理解"从知识本位走向素养本位"的教学观念转变?知识不重要吗?我们不教知识了?显然不是。学科知识依然是学科教学的核心。

首先,我们要理解教学活动的本质。教学是教师教学生学的活动,在教学活动中,学生通过学习知识,发展能力和形成品格。教学是基于学科知识开展的教育活动,这也是学科教育活动区别于其他教育活动的本质特征。借助学科知识开展教育活动,摆脱了学生日常经验和直接交往的局限,将德智体美劳全面发展的要素寓于学科教学活动中,为学生全面发展提供了可能性。因此,没有知识就没有学科教育,更谈不上学科核心素养的培育。

其次,我们要理解知识与素养的关系。一些研究机构认为核心素养是适应学生终身发展和未来社会发展必备的知识、能力和品格的"合金"。知识、能力和品格是顺利完成或胜任学习活动的三种成分。学生能力和品格的养成寓于

知识学习活动中,并通过知识学习表现出来。[①]

因此,知识是素养的基本成分,也是素养培育的关键载体,更是教学的基础。教学活动要始终坚持通过让学生掌握知识来发展能力和形成品格。深入研究知识教学与学生能力态度培养的同步发展,分析教学过程中实现知识转化为素养的机制和条件,是我们学科教学研究的重点。

(二)深析教学内容,挖掘育人价值

法国著名教育哲学家莫兰在《复杂性理论与教育问题》一书的开篇中就指出:致力于传播知识的教育,对于什么是人类知识,它的机制、它的价值、它的局限及其可能导致的错误和幻觉等问题毫无所知,毫不关心,这是非常令人担忧的!学科知识是学科教学的基本内容。知识为本的教学只关注知道了什么,而素养为本的教学是要让学生理解知识背后是什么,也就是对知识教育价值的追问。任何知识的形成,都蕴含着认知的思维方式和价值观念。对于作为教学基本内容的学科知识,要深入剖析其背后蕴藏的认知学科领域的基本思维方式、思想方法和价值观念,挖掘不同学科的独特育人价值。我国著名教育家叶澜在拓展学科丰富育人价值的论述中指出:学科的独特育人价值要从学生的发展需要出发,来分析其独特作用。具体地讲,每个学科对学生的发展价值,除了知识本身,从更深的层次看,至少还可以为学生认识、阐述、感受、体悟、改变这个自己生活在其中、并与其不断互动着的丰富多彩的世界和形成、实现自己的意愿,提供不同的路径和独特的视角,发现的方法和思维的策略,特有的运算符号和逻辑,提供一种唯有在这个学科的学习中才可能获得的经历和体验,提升独特的学科美的发现、欣赏和表达能力。[②]

(三)转变教学方式,强调学生中心

素养导向的教学倡导在教学过程中要发挥学生主体作用,强调学习过程以学生为中心,引导学生自主学习。这意味着教学方式的变革要聚焦于实现由"教师中心"向"学生中心"的转变。如何理解这种教学方式变革呢?

[①] 胡定荣.核心素养导向课堂教学变革应辩证处理三对矛盾关系[J].课程·教材·教法,2022(9):56-58.
[②] 叶澜.重建课堂教学价值观[J].教育研究,2002(5):3-7.

首先，要辩证看待教与学的关系。在教学活动中，教与学是统一的。学生的学离不开教师的教，否则就变成为学生的自学。学校教学是为了教给学生自学学不到或者教会学生自学学不会的东西，而不是让学生在学校自学。另外，学校教学还要实现社会意图，没有教师的教，何谈社会意图的实现？因此，教师的教是必不可少的，关键在于教什么，怎么教。讲授示范的时候，必须以教师为中心，所有学生绕着教师转。学生活动的时候，就应该以学生为中心，教师作为指导者，绕着学生转。倡导以学生为中心的教学，指的是教学活动全过程为学生服务。在教学实践中，我们无须过分纠结于教学形式上究竟谁是中心，而应该把教学的关注点放在是不是每个教学环节都能确保全体学生有所得有所获。

其次，要理解基于学生中心而提出的由"直接讲授"到"基于问题的探究、合作"的转变。直接讲授一定不好吗？学科教学是具体的，具体的教学是在特定的教学情境中，由具体的教师、学生围绕具体的学科知识开展的互动活动。由于教学的具体要素及其具体组合的不同，教学有了无限丰富的多样性与复杂性。具体的教学会因为教学目标不同、教学内容不同、教学情境不同、教学主体不同而选择不同的教学方式。

没有哪一种教学方式适合所有具体课，在教学中（甚至是一堂课中）追求教学方式的多样化，把课堂教学激活，才是教学的"王道"。怀特海主张将如何选择教学方式比喻成教学的"节奏"，节奏包含着教学中各种方式、方法、活动安排的顺序、时间、频率，也包含着方式、方法、活动使用的艺术性，也就是它们是在什么节点上产生，与内容是否契合，与教师的风格是否一致，对学生的需求满足是否恰到好处。

三 核心素养对物理教学的新导向

物理作为科学教育的一门最基础的学科，承载着培养学生科学素养的重要使命，也必须朝着"核心素养培育"这一宏伟的教育愿景迈进，紧紧围绕"物理学科核心素养"发展目标，不断深入推进物理课堂教学的变革。教学的三个基本问题分别是：为何教？教什么？怎样教？落实物理学科核心素养培育是物理教学的核心任务。基于核心素养培育的视角，回答好为何教、教什么、怎样教这三个问题，才能更好地培养学生的科学素养和创新精神，为他们的未来发展奠定坚实基础。

(一)以"育人价值"引领物理教学

核心素养背景下的物理课程价值定位已从"知识为本"转向"育人为本",即从过去追求学科知识掌握的教育目标转向以人的发展为目标。换言之,物理课程已将物理学科"育人价值"放到了首要位置。因此,物理课堂教学改革也必须坚持物理学科核心素养导向。核心素养导向的物理教学,就是要以物理学科核心素养统领物理教学,让教学目标确定、教学资源开发、教学活动设计、教学评价实施等一切教学要素都围绕物理学科核心素养的落地进行,并最终指向学生物理学科核心素养的发展。简单地说,就是将物理学科核心素养作为教学的出发点、着力点和落脚点。"育人为本"的核心是人,关注点是人,而不是物理学科知识。要实现"育人为本"关键在于我们要改变传统知识传授的教学观念,转向关注物理学科知识育人价值的实现。物理知识背后,蕴藏着物理方法、物理思想、物理观念、物理精神等丰富的育人价值,在教学中,亟须我们采取不同的教学行为去挖掘、激活这些价值,让物理知识成为学生形成和发展物理学科核心素养的载体,实现从"教知识给人"向"基于知识教人"的教学转向。

那么,物理学科的育人价值具体是什么?首先是物理知识,其次是物理知识形成过程中的基本物理方法和物理思想。学生学习物理知识背后的物理方法和物理思想,在运用物理方法和物理思想学习物理知识的过程中,形成物理观念和涵养物理精神。教学要基于物理学科知识,在物理学科教学活动中让学生去经历、感受和体验物理知识形成过程中所用的物理方法,形成的物理思想、科学精神与核心价值,并在这样的过程中去发现、欣赏物理学之美,丰富自己的认知结构和精神世界,满足生命自我成长的需要。首都师范大学邢红军等将物理教育比喻为大树。树叶好比物理知识,虽然容易一眼看到,但要防止知识对方法的遮蔽;树枝好比物理方法,隐藏在知识背后,走进知识才能找到方法,知识由方法得出;树干好比物理思想,方法的升华形成思想;树根好比物理观念,物理思想的凝结形成物理观念,物理观念是根基;土壤和水分好比物理精神,虽不构成大树本身,却是大树成长必不可少的养分,物理精神是物理育人价值的重要成分。[1]这一比喻对于我们认识、理解物理学科育人价值,以及在教学过程中挖掘物理学科育人价值颇有借鉴意义。

---

[1] 邢红军,张抗抗.论物理思想的教育价值及其启示[J].教育科学研究,2016(8):61-68.

(二)以"物理观念"统领物理知识

爱因斯坦在他的《物理学的进化》一书中指出:在建立一个物理学理论时,基本观念起了最主要的作用,物理书上充满了复杂的数学公式,但是所有的物理学理论都是起源于思维与观念,而不是公式。观念是客观事物在人脑中留下的概括性认识。物理观念是物理学家经历长期的实践和理论研究,概括总结出的对物理世界的根本认识。物理观念指导人们继续探索客观现象,在探索过程中随着物理学的发展而不断完善,物理观念在物理学理论形成和发展中发挥着重要作用。

物理观念不是对物理知识和结论的机械记忆,是对碎片化知识和技能的超越,是在物理知识体系建构过程中,对物理知识、物理思维、物理方法、科学精神的认识和理解基础上的内化,是一种深刻领悟物理本质的认知品质。学生物理观念的形成需要学生经历知识形成和发展过程,在探究中得到体验和感悟,具有发现问题和提出问题的能力,具有质疑和批判的能力,了解相关学科知识之间的有机联系,具有跨学科思考问题的能力。学生物理观念的形成要求学生从物理学的不同视角认识物理问题,运用多样的知识和技能综合地解决物理问题,从中思考和探索解决物理问题的方法和途径。

以物理观念统领物理知识,强调从更高、更系统的视角看待物理课程,强调在理解和掌握物理概念和规律的过程中,关注物理学家如何提出科学问题,他们在思考和解决物理问题过程中有哪些关键环节;关注在物理知识形成过程中,形成了哪些思想方法、研究规范,如何形成了知识系统;关注物理学在研究自然的过程中形成了什么观念,这些观念又是怎样发展并演进成为今天的物理观念。以物理观念统领物理知识,不是弱化对物理概念、规律的学习,而是强调不断加深对概念和规律的理解,促进思维的深刻和广泛,从而帮助学生逐渐形成科学地认识世界的意识,理智地判断和选择的能力,学会用科学的方法和规范思考问题,成为具有较高的科学素质的公民。[1]可以说,以物理观念统领物理知识,是"知识本位"的物理教学向"观念建构"的物理教育的转变。

---

[1] 冯华.以物理观念统领物理教学[J].课程·教材·教法,2014(8):71-73.

(三)以"科学思维"变革物理教育

思维是人脑对于客观事物共同的、本质的属性和事物间内在的、必然联系的间接的、概括的反映。科学思维是人脑对于自然世界共同的、本质的属性和事物间内在的、必然联系的间接的、概括的反映,是人们应用科学概念(本质上是人脑对自然界共同的、本质的属性的把握)、科学规律与原理(本质上是人脑对自然世界事物间内在的、必然的联系的认知与理解),解决科学问题的一种人类思维活动。[①]

德国物理学家劳厄说过:"重要的不是获得知识,而是发展思维能力。教育无非是一切已学过的东西都遗忘掉的时候所剩下来的东西。"在物理教育中,这种最终留在人的脑海中的,就是学习物理过程中发展起来的科学思维。高中物理课程标准中将"发展理性思维"作为培养目标之一。核心素养中的"物理观念"是在对物理概念和规律的概括和提炼中形成的,这种概括和提炼离不开科学思维;科学思维是科学探究的灵魂,问题、证据、交流、解释等四个科学探究的要素一个都离不开科学思维;认识科学本质和理解科学·技术·环境·社会的关系也需要科学思维。可见,科学思维是物理学科核心素养的核心,如果非要给它一个与其价值地位相称的名称来形容的话,那么我们可以说"思维是物理学科的灵魂"。

杜威认为:"就教育的理智方面而言,是同培养反省思维的态度紧密相关的,对已有的反省思维的态度要加以保持,要改变那些比较散漫的思维方法,尽可能地形成严密的思维方法。……教育在理智方面的任务是形成清醒的、细心的、透彻的思维习惯。"[②]教育的任务就是培养思维习惯,学习就是学会思维。物理教育的目标是育人,思维是人发展的内核,因此培育学生科学思维能力是物理教育中至关重要的任务和目标,要将科学思维作为物理教育的人文精神和学习精神的原动力,让科学思维教育成为物理教育的制高点,以科学思维来引领物理教育的变革。

首先,要打破知识教育为主的教育取向,将学会学习、学会思维作为物理教育的基本目标和要求来开展物理教学。

[①] 何善亮.科学思维的多维透视及其教育意义[J].苏州大学学报(教育科学版),2022(4):39-47.

[②] 约翰·杜威.我们怎样思维·经验与教育[M].姜文闵,译.2版.北京:人民教育出版社,2005:71.

其次,要大力倡导教师主导下学生自主学习的教学方式,强调学生通过学会学习提升自主学习能力,启发学生运用科学思维方法组织和建构物理学科知识体系。

再次,要通过真实问题和真实情境设计激发学生的思维活力,如实验探究情境、生活生产情境、物理学发展史情境等,通过丰富的思维材料促进学生科学思维的生成和发展。

最后,从思维发展的角度看,合作学习作为一种推动思维发展的学习模式,值得我们关注和重视。合作学习是一个开放的学习环境,在这个开放包容的学习氛围中,学习者之间展开信息交换,激活思维碰撞,有利于学习者锻炼思维表达形式,在与他人的思维碰撞中建构自己的思维方式和思维系统。

物理教学中的物理概念、定理、定律公式等,是物理学科核心素养形成和发展的基础和根本,这些物理知识背后蕴含的物理方法、物理思想、物理观念、科学精神等,构成素养的基本内涵。而从客观物理知识走向个体知识意义建构过程中的物理科学思维的形成和发展,才是物理教育的核心和灵魂。实现"以人为本"的物理教育,亟须由结果走向过程,从掌握知识转向发展科学思维,以知识为载体、实验为基础,牢牢把握"思维中心、发展思维"核心要义,对学生物理学科核心素养进行全面的培育。

(四)以"科学探究"落实学科实践

物理学是一门以实验为基础的学科,科学探究无疑在其发展过程中发挥着至关重要的作用,对物理教学产生深远影响。2001年我国基础教育课程改革就已经将科学探究作为我国科学教育改革的基本理念和重要内容。经过20多年的理论和实践探索,科学探究不仅被认为是实施科学教育的重要方法,更是一种高效的教学策略。科学探究不仅指导教学活动,也用于描述学生学习结果以及学生学习过程中的各种能力,"探究教学""探究学习""探究能力"等围绕"科学探究"衍生出的各种概念受到一线教育工作者的大力推崇。课堂教学评价也常常将"探究"视为衡量一节课堂是否有效的标准之一。高考试题命制中"开放性和灵活性"的要求也是对试题探究性的一种折射。可以说,科学探究作为一种基本理念,已经渗透到了"教、学、评、考"的各个环节。

然而,不容忽视的是,由于一线教育工作者对科学探究理论认识、理解、应用的偏离,科学探究在教学实践中存在被虚化和泛化等问题,我们可以把它们统称为"虚""假"探究。

一是科学探究实施程式化,为探究而探究。在课堂中让学生经历提出问题、猜想与假设、设计实验与制订计划、进行实验与收集证据、分析与论证、评估、交流与合作的环节(或部分环节)一步步得出结论,这种按部就班的教学设计僵化了教师的教学思想,严重忽视课堂教学的创造生成。

二是教师主导地位缺失。在实验探究中,对实验准备不够,对实验本质理解不够,无法及时指导学生解决实验探究过程中的困惑,甚至在实验探究课中成为旁观者,让学生"瞎"探究。

三是科学探究条件得不到保障,大班规模建制和实验器材配备不足造成多人一组,课堂时间有限不可能使所有学生都有较多的探究参与体验。

四是过分抬高科学探究的地位,把探究作为课堂教学的唯一教学方式。一节课安排多个实验探究活动,在实际课堂中有些同学探究还没有开始就结束了。

核心素养理念下的基础教育课程改革中,科学探究作为一种关键素养,渗透于各学科的素养培育中。高中物理课程标准中提出:在物理课程中,应注重科学探究,尤其应注重物理实验,这在培养学生的探究能力和科学态度等方面具有重要地位。2022年版义务教育课程方案指出:强化学科实践。注重"做中学",引导学生参与学科探究活动,经历发现问题、解决问题、建构知识、运用知识的过程,体会学科思想方法。加强知识学习与学生经验、现实生活、社会实践的联系,注重真实情境的创设,增强学生认识真实世界、解决真实问题的能力。2022年版义务教育物理课程标准中也明确指出:注重"做中学",教师要努力通过活动帮助学生学习和运用知识,提升学生的操作技能与探究能力。从义务教育和高中课程标准的比较来看,科学教育观念要完成从"科学探究"到"科学实践"的转变,具体到物理学科,就是要完成从"科学探究"到"学科实践"的转变。

学科实践是指具有学科意蕴的典型实践,即学科专业共同体怀着共享的愿景与价值观,运用该学科的概念、思想与工具,整合心理过程与操控技能,解决真实情境中的问题的一套典型做法。[1]科学学习心理学的研究观点认为:儿童都是研究者,他们能基于已有的知识、经验、能力进行逐步深入的学习;围绕核

---

[1] 崔允漷,张紫红,郭洪瑞.溯源与解读:学科实践即学习方式变革的新方向[J].教育研究,2021(12):55-63.

心概念的学习有助于学生对科学形成连贯性的理解;科学不仅仅包含科学知识,还包括形成、扩展和完善这些知识进行的科学实践。儿童的学习和科学家的研究本质上没有什么不同,差别在于他们原有的知识、经验和能力不同。[1]所以,科学教育要基于学生原有的观念,让学生围绕学科核心概念进行深入且连贯的理解,实现这一目标的方式就是参与学科实践活动。要特别明确的是,学科实践既不是抛弃学科知识,也不是否定科学探究。学科知识是学科实践的基础,学科实践强调对已有知识的运用,倡导学生通过学科实践巩固、建构、创新学科知识。真实的科学探究通常指科学家在开展实际的科学研究中进行的各种探究活动,核心是科学知识的生成和论证。[2]学科教育中的科学探究显然不是让学生生成和验证新知识,而是围绕学科核心概念理解科学知识及其产生的过程,运用知识解决问题,培养科学探究的能力,形成科学本质观和科学价值观。所以,探究本身就是一种实践形式,只不过真实的科学探究重视完整的研究过程,而学科实践则更注重探究过程中产生学科知识的具体活动。学科实践既重视学科性,更重视实践性,它倡导像科学家一样去思考和实践,在实践中学习、运用、建构、创造自己的学科知识。我们有理由相信,"源于实践、在实践中、为了实践"的探究才是真正的科学探究。

(五)以"科学态度与责任"凸显科学本质

科学本质是回答科学是什么的问题。基础科学教育领域对科学本质的理解主要包括:①科学知识的本质,如建构性、逻辑一致性、可预测性、条件性、暂定性、实证性等;②科学探究的本质,如科学与提出问题、假设与预测、数据的分析与解释、科学方法的多样性、科学的主观性、科学的创造性等;③科学事业的本质,包括对科学事业和科学家的认识、科学·技术·社会·环境关系的认识等。科学本质教育对学生认知、能力和情意等方面的发展具有重要的促进作用,正确的科学本质观有助于学生科学素养的整体提高。[3]

---

[1] 卢姗姗,毕华林.从"科学探究"到"科学实践"——科学教育的观念转变[J].教育科学研究,2015(1):65-70.
[2] 杨向东.教育中的"科学探究":理论问题与实践策略[J].全球教育展望,2011(5):18-26.
[3] 田春凤,郭玉英.高中物理教学中科学本质教育的现状与建议——基于对一线教师的调查研究[J].课程·教材·教法,2010(3):45-49.

科学态度与责任是物理学科核心素养的重要组成部分,是我国高中物理课程育人价值的最终体现。科学态度是指科学家在进行科学研究和探索时所持有的一种心态和行为方式,包括科学思想、科学情感、科学精神、科学行为倾向等。科学态度会随着个体科学认知的增长,及与社会的交互作用逐渐发生变化,因此,科学态度是通过后天学习获得的。科学责任是指科学家在进行科学研究时应该具备的社会和环境责任感,包括科学伦理、科学社会责任等。科学态度与责任中的社会责任主要包括科学伦理和STSE[①],科学伦理是指科学活动中人与社会、人与自然之间关系的科学准则,它规定了科学工作者应遵守的行为规范,揭示了科学、技术、社会和环境之间的关系,探讨了科学和技术的发展对社会和环境的影响。这种社会责任感需要个体表现出"愿意"承担责任的倾向,本质上也属于态度。

科学本质和科学态度与责任是密不可分的,在物理教学中加强科学态度与责任的教育,有助于学生更深入地理解科学本质。学习物理学科知识体系建立过程中科学家不断假设、质疑、求证、创新的科学态度,有助于学生对科学知识不断发展的本质的理解。了解物理实验研究中科学家客观、理性、求实、求真的科学态度,有助于学生对科学探究创造性、多样性、实践性等本质的理解。了解物理学研究成果为社会和人类的发展作出的积极贡献,有助于学生对科学事业本质的认识,从而激发其未来从事科学事业的决心和责任感。

科学本质教育是物理教育的重要内容,科学本质不仅是科学态度与责任素养形成和发展的基础,它和物理学科核心素养的其他各个维度都有密切的关联。在物理教学中,需要将科学本质教育全面恰当地融入核心素养的各个维度,特别是充分挖掘科学态度与责任素养培育的教学资源,设计显性化的科学态度与责任培育的教学活动,在物理教学中凸显科学本质的教育,真正让物理课堂成为基础教育学科中科学本质教育的重要场所。

---

① 指科学·技术·社会·环境。

第二节 悖离核心素养的物理教学境况

中国学生发展核心素养作为一种教育蓝图与愿景,引领着我国基础教育课程的全面变革。落实物理学科核心素养培育的课程目标,是不断深化和推进高中物理教学改革的首要任务。然而,新一轮课程改革实施多年来,物理教学依旧存在诸多悖离核心素养导向的情况。

一、物理课程的育人价值实现不完整

20世纪80年代以来,我国基础教育课程改革经历了三个阶段,课程目标从"双基"到"三维目标"再到"核心素养"。从课程价值追求上看,经历了从学科知识为本到关注学科本质,再到学科育人价值的转变。从教学理念上看,学习者成为教育教学的对象和目标,使学科教学回归到育人之本质,真正地体现以人为本、育人为本的核心理念。然而,在教学实践中,受长期应试教育强大压力的影响,物理学科教学的育人价值落实依旧未能突破"知识掌握"之禁锢,物理学的基本概念、基本规律(定理、定律)等知识的理解、掌握和运用依旧是物理学科教学的重点和核心,教学依旧以知识的牢固记忆、习题的强化训练、学生的熟练应答、考试能获取高分为直接目标。这样的物理教学,造成了物理教学育人价值落实的严重缺失。

首先,过分强化物理学科知识的教学,脱离了知识与知识形成过程的联系,脱离了知识与学生发现和解决问题过程的联系,脱离了知识与纷繁复杂的生活世界的联系,学生容易将物理概念、公式、定律等内容作为一堆死的结论进行机械记忆,形成如怀特海所讲的"惰性知识"。

其次,过分强化物理学科知识的教学,缺乏对学生作为一个活生生的人的关注。物理学科知识本身和学生成长的需求没有内在联系,似乎与学生毫不相关,学生学习物理只是因为要考物理,为了进入高一级的学习而学习。学生作

为成长主体,学习过程中的问题、困惑、期望、兴趣、毅力等无法体现,学生的成长需求被严重忽视,也可以说物理教学缺乏生命色彩。

二 物理教学中教(学)的方法不科学

物理教学有其客观规律性,做好物理实验,讲清物理概念和定律,同时注重培养学生解决问题的思考方式和习惯是基本的物理教学活动。在这些教学活动中,讲解物理概念和定律被认为是最基础的环节。物理是以观察和实验为基础的学科,学生在初中学物理时,往往因为物理实验的趣味性和神秘性,物理知识侧重定性,而喜欢物理学科。高中物理知识更加注重物理学科的逻辑体系,重视物理概念和规律的形成过程,侧重定律研究和科学推理,知识的关联性、逻辑性加强,更重视学生知识体系的建构,需要学生具备更强的科学思维能力、逻辑推理能力和数学表征能力,高中物理实验也要求学生具有较强的自主探究能力。高中物理学习内容增加,难度增加,应试压力也增大,学生物理学习的功利心也增强,对教师教学和学生的学习评价基本是"唯分数"论,导致教学走向"题海怪圈",以会做物理题为目标,而几乎不再关心物理知识的来龙去脉,把物理学习变成了物理解题。在教学方法上,充斥着大量"无概念的地方总结概念、无规律的地方总结规律、有实验的地方不做实验"的做法,从而让学生失去了物理学习的兴趣和乐趣,把生动的物理学习过程变为了机械的学习过程。

(一)用记忆方法教(学)概念

物理概念是物理事物的抽象,反映的是客观事物最本质的特征。在物理教学中,概念是认识物理规律的基础,是形成物理观念的基石。物理概念的形成过程是一个科学思维的过程,也是一个科学探究的过程。学生学习物理概念,首先要知道"为什么",为什么要引入这个物理概念,即明确建立概念的事实依据和研究方法;其次是要理解"是什么",即物理概念的内涵和外延,包括与相关概念的区别和联系;最后是要知道物理概念"能做什么",即学会运用概念解决问题。

物理概念教学的现实情况是,为了让学生快速接受物理概念,教师教学更多采用的是直接将物理概念以结论的形式呈现给学生,"一个定义,几项注意,几道练习"的概念教学方式充斥着物理课堂,以此强化概念的记忆,强化根据概念解决习题的能力。在这样的物理概念教学中,学生对概念的感知体验不足,抽象思维与探究过程缺失,导致无法有效构建概念间的关联,形成完整的概念体系。这种概念学习方式使得概念理解浅显、零散,缺乏根基,单调无趣。物理知识所承载的教育功能大大削弱,知识素养关怀亦严重不足。如学习"质点"概念时,学生记住了概念"用来代表物体的有质量的点即为质点",却不明白为什么要将物体视为质点,也就不会去深究什么条件下物体可被视为质点。"质点"这一理想化模型抽象过程的体验以及科学思维过程被忽略,何来素养培育?

(二)用解题方法教(学)规律

物理规律反映的是物理事物之间的联系。物理规律的发现是基于观察和实验,是经过科学探究和科学思维的探索研究过程。人类在探索物理规律过程中形成了基本的物理研究方法。物理规律的学习过程也是一个探索过程,其基本方法与物理规律发现过程中的研究方法基本一致。物理规律教学的一般过程应为:①提出问题,即明确物理规律所研究的问题;②搜寻建立规律的事实依据与科学方法;③理解物理规律的物理意义、适用条件和范围;④明确物理规律与有关物理概念、规律之间的关系;⑤学会运用物理规律分析和解决实际问题。

物理规律教学的现实情况是——题海战术。如果说"规律—例题—练习"是一种常用的规律教学模式,更严重的是"考题—规律—例题—练习"的教学模式。规律教学完全陷入题海,不仅题量多,题的难度大,甚至直接用高考题或者高考模拟题引入。而学生学习就像在题海中拼命地游泳,机械重复,他们熟悉的就是按部就班地根据题型去套用规律的公式。课堂上没有规律得出的探究过程,学生没有理解得出规律的科学方法,不理解不同规律之间的关联。依靠反复训练熟悉的解题套路一旦碰到新的复杂情境,其规律就变成了"惰性规律",无法实现有效迁移来解决问题。物理规律的教学逻辑本质就是科学研究的逻辑,也就是应用科学方法解决实际问题的逻辑,而不是简单的解题逻辑。例如"自由落体运动规律"的教学,教学时直接忽略自由落体运动模型的建构过程,忽略自由落体运动规律建立的研究过程,忽略自由落体运动加速度大小的探究过程,直接就告诉学生自由落体运动的基本规律是初速度为0,加速度为g的匀变速直线运动,而后就根据匀变速直线运动规律推导出自由落体运动规律的表达式,接着开始讲解规律应用的例题以及大量的课堂巩固训练。从规律的熟悉和应用的效果来说,这样的教学,学生应付解题的能力一定不差,但规律背后的思想、精神等育人价值却消失殆尽。

(三)用虚假探究教(学)实验

物理是一门以观察和实验为基础的学科。物理实验既是研究物理的重要方法,也是物理学习的重要内容,实验在物理教学中有着重要的作用和地位。物理实验对激发学生兴趣,促进学生理解知识、掌握方法,培养学生的科学思维,涵养学生的科学精神等都有重大价值。

尽管一线物理教师普遍认识到实验在物理教学中的关键地位,但在应试教育的大环境下,加之实验教师自身能力的局限以及实验教学本身的复杂性,使得实验教学的现状较为严峻。为了追求实验效果,课堂演示实验存在虚假实验的情况。如有教师在进行声音传播实验时,为了验证真空不能传声的原理,竟然选择使用遥控装置关闭真空罩内的闹铃。原本可以通过此实验让学生深入了解声音传播规律的整体过程,却演变成了一个单调乏味的实验结论。显然,这位教师并未深刻理解实验的意义,实验的目的真的只是得到一个干巴巴的实验结论吗?在日常实验教学中,探究实验形式化也是一个比较突出的问题。学生根据课本或教师给的实验步骤按部就班地进行实验,即便得到了错误的实验数据也不去分析实验中的问题和原因,甚至直接根据错误的数据得出正确的结论。

客观地说,高中物理实验的结论都是已知且正确的。学生能够通过实验得到正确的结论并非关键,真正重要的是实验探究的过程。物理实验的教学价值恰恰就体现在探究和实践的过程中。实验基本原理的理解、实验方案的设计、细致入微的观察和记录、实验数据的分析解释,以及交流与分享等才是实现学生核心素养发展的重要活动。

三 物理教学中对科学本质教育不重视

2021年6月,我国发布了《全民科学素质行动规划纲要(2021—2035年)》,明确指出:"科学素质是国民素质的重要组成部分,是社会文明进步的基础。公民具备科学素质是指崇尚科学精神,树立科学思想,掌握基本科学方法,了解必要科技知识,并具有应用其分析判断事物和解决实际问题的能力。"科学素质与科学本质内涵密切相关,认识科学本质是具备科学素养的基本要求,科学本质在基础教育中的落实,是提高公民科学素质的关键环节,这一点在国际科学教育领域已基本达成共识,多个国家和地区都将科学本质教育写入了教育类纲领性文件。

物理学作为自然科学中的基础学科,更能完整体现科学本质。在高中物理课程标准中"科学态度与责任"素养的描述中,已将"科学本质"列为首要要素。课程标准在物理课程性质的界定中提出物理课程要"引领学生认识科学的本质以及科学·技术·社会·环境(STSE)的关系"。课程基本理念的第一条即为"注重体现物理学科本质,培养学生物理学科核心素养"。在课程目标中,更是进一步明确了科学本质的相关要求:能正确地认识科学的本质;能基于证据和逻辑发表自己的见解,实事求是,不迷信权威;关心国内外科技发展现状与趋势,了解物理研究和物理成果的应用应遵循道德规范,认识科学·技术·社会·环境的关系,具有保护环境、节约资源、促进可持续发展的责任感。在课程内容中,通过"教学提示"和"学业要求"分别对每个模块的科学本质教育作出了提示和要求;在学业质量部分,将学生科学本质表现划分为 5 个水平,对学生自主学习和评价、教师开展日常教学设计、教育监测与评价均具有指导作用。

在物理学科核心素养中融入了科学本质的内涵,凸显出科学本质在物理学科教育中的重要地位和作用。但我国将科学本质教育正式写入课程标准的时间并不长,科学本质教育在物理学科教学中未得到足够的重视,主要表现为以下几点:

首先,教师缺乏科学本质教育的观念和意识。教师的科学本质教育观念受其自身科学本质观的影响,教师对科学本质含义的理解程度是其开展科学本质教育教学活动的必要条件。由于教师自身成长过程中未受过较系统的科学本质教育,对什么是科学本质、如何开展科学本质教育缺乏系统认识,影响科学本质教育的开展。

其次,教师对科学本质教育的地位和价值认识不足。不少教师虽然意识到科学本质教育在物理学科教育中的必要性,但认为对于中学生而言科学本质问题过于抽象,认为学生只要掌握物理和物理方法就够了,受学科知识本位的影响,依旧重视学科知识目标,而仅将科学本质教育作为提高学生物理学习兴趣和拓宽学生知识面的途径,忽视了其他更重要的教育价值。比如高中物理中大量物理学史素材中蕴含着丰富的科学教育的因素,但教师们更注重的是从知识讲授的角度或科学方法的角度开展教学,而较少深入探讨科学史料中所蕴含的科学本质及其他教育因素,帮助和引导学生正确把握科学价值观,培养他们的科学精神和品格。

最后,教师对核心素养中的科学本质意涵的理解不清晰。"人文底蕴、科学精神、学会学习、健康生活、责任担当、实践创新"六大素养中哪个蕴含着科学本质要素?具体有什么表现?物理学科核心素养"物理观念、科学思维、科学探究、科学态度与责任"四个方面又分别与科学本质有何关联和表现?只有厘清并深刻理解这些关系,才能在物理教学过程中将科学本质恰当地融入核心素养的各个维度,进而在物理教学实践中开展有效的科学本质教育。

第三节 惟真物理的现实意义

物理学是自然科学领域的一门基础学科,研究自然界物质的基本结构、相互作用和运动规律。物理学基于观察与实验,建构物理模型,应用数学等工具,通过科学推理和论证,形成系统的研究方法和理论体系。"惟真物理"是基于普通高中物理课程目标,直面当前物理教学中存在的悖离核心素养培育的教学现状而提出的教学主张。这一主张强调回归物理学科本质,以"培育物理学科核心素养,促进学生全面发展"为课程使命,真正实现物理学科的育人价值,使物理学科教学走向真正的物理学科教育。"惟真物理"教学主张是对核心素养育人目标的现实回应。

一、惟真物理的政策前沿性

2014年《教育部关于全面深化课程改革落实立德树人根本任务的意见》提出:"改进学科教学的育人功能。全面落实以学生为本的教育理念。……要在发挥各学科独特育人功能的基础上,充分发挥学科间综合育人功能,开展跨学科主题教育教学活动,将相关学科的教育内容有机整合,提高学生综合分析问题、解决问题能力。充分利用现代信息技术手段,改进教学方式,适应学生个性化学习需求。"中共中央办公厅和国务院办公厅2017年印发的《关于深化教育体制机制改革的意见》提出:"要注重培养支撑终身发展、适应时代要求的关键能力。在培养学生基础知识和基本技能的过程中,强化学生关键能力培养。培养认知能力……培养合作能力……培养创新能力,激发学生好奇心、想象力和创新思维,养成创新人格,鼓励学生勇于探索、大胆尝试、创新创造。培养职业能力,引导学生适应社会需求,树立爱岗敬业、精益求精的职业精神,践行知行合一,积极动手实践和解决实际问题。"2019年《国务院办公厅关于新时代推进普通高中育人方式改革的指导意见》提出要"积极探索基于情境、问题导向的互动式、启发式、探究式、体验式等课堂教学,注重加强课题研究、项目设计、研究性学习等跨学科综合性教学,认真开展验证性实验和探究性实验教学。"普通高中物理课程标准指出:"高中物理课程是普通高中自然科学领域的一门基础课程,旨在落实立德树人根本任务,进一步提升学生的物理学科核心素养,为学生的终身发展奠定基础,促进人类科学事业的传承与社会的发展。"

国家政策文件对"培养什么样的人""如何培养人"的问题给出了指导性的意见,核心素养的落实是全学科的共同责任,学科核心素养也必将成为学科课程实施的主要价值诉求。那么,素养导向的课程实施的核心是什么？显然不应只是学科知识。21世纪的教育要培养的是适应未来社会发展的创新型人才,而知识背后的学科思维方式和学科观念,是创新能力发展的基础。学科教育的共同价值追求应该以知识教学为基础,关注知识的发生、发展以及知识的价值、意义,关注学科知识背后的方法、思想等,引导学生从学科的独特视角去理解现实世界,形成学科思维的基本方式和学科基本观念。"惟真物理"教学主张的核心是追求物理学科育人价值的真正实现。物理教学"真正育人",就是要在教学中实现物理学科核心素养培育,完成促进学生全面发展的课程使命,使物理学科教学走向真正的物理学科教育。因此"惟真物理"教学主张的价值追求,顺应了国家人才培养需求及国家政策的要求。

二 惟真物理的实践需求性

《论语·学而》有言:"君子务本,本立而道生。"意为:君子专心致力于根本的事务,根本建立了,做事做人的原则就有了。那么物理学科的根本是什么？物理教学的根本是什么？物理学习的根本又是什么？这是值得每一个一线物理教育工作者思考的问题。

当前,我国基础教育正经历一场由知识教育向素养教育的深远转型。为此,一线物理教师亟须深入反思,以推动物理教学的转型升级。物理教学究竟要从哪些方面入手,进行根本性的变革,以真正让物理学科核心素养在课堂教学中落地生根,从而实现物理学科由知识教育向素养教育的转型？这正是惟真物理教学主张指导教学实践时要解决的问题。

(一)惟真物理坚持"育人为本",确定核心素养的教学目标

物理学科核心素养是学生学了物理之后逐步养成的必备品格和关键能力,它强调物理学科的育人使命是要使人"德""才"兼备,突出育人目标的整体性、发展性、情境性、实践性与反思性。

教学目标是对课程目标的具体化,起着指导课堂教学方向的作用。为实现这一目标,我们需要提升站位,将物理学科核心素养融入具体的教学目标之中,或根据物理学科核心素养的四个方面——"物理观念、科学思维、科学探究、科学态度与责任"来设定教学目标。我们不应仅关注某一知识点、主题或课时,而是要深入理解核心素养的内涵与要求,结合教学内容来制定学期、单元、章节、课时以及知识点目标,从而在教学设计中体现核心素养。

当然,不同的单元、章、节、课时教学内容性质和特点不同,设定教学目标时,核心素养培育的要求和侧重点也不同。比如物理概念和规律的教学内容的核心素养培育的侧重点是物理观念、科学思维;物理实验教学的核心素养培育侧重点是科学探究、科学态度与责任。所以,教学目标的确定不能简单地要求面面俱到。核心素养培育是一个长期的过程,是学生终身学习和实践积累的结果,至少在高中阶段的教学中,是三年物理学科课程学习的结果。要把握好"育人为本"基本原则,根据具体教学内容设定与学生学习水平以及能力发展相匹配的素养发展目标,也可以参照学业质量水平的层次划分来确定教学目标。教学目标要超越对知识的简单了解、识记与应用,关注素养整合,深层次追问掌握了知识与技能之后能做什么,思考如何将所学知识和技能转化为解决实际问题的能力。在"育人为本"的前提下,以素养培育进阶的方式,整体规划、逐级确定教学目标。

(二)惟真物理立足"知识统整",组织整体关联的教学内容

如何根据教学目标组织和呈现物理教学内容,是决定知识能否转化为学科核心素养的关键之一。在传统教学中,过于重视单个知识点的理解和应用,使学生学习时常常忽略知识之间的整体性和关联性,碎片化、点状式的教学不利于学生整体思维能力的发展,影响学生物理学科核心素养的形成和发展。知识统整是针对知识的孤立化、碎片化而言的,是指将零散的物理知识点整合为具有内在联系的统一框架,强调知识的结构化,使学生能够将所学的各个知识点融会贯通,形成对物理本质的深刻认识。要组织整体关联的教学内容,首先要

明确教学目标与教学内容之间的关系,明确教学内容的组织框架;其次要分析知识点间的联系和内在脉络,以建立知识体系提高整体关联,使学生能够通过掌握一定的原理和规律,自主地去理解知识点之间的这种整体关联,使学生能够更加深入地理解和掌握物理知识。

余文森教授认为,以学科大概念统整知识是组织整体关联教学内容的重要方法和路径。从学科知识论角度讲,大概念是处在学科金字塔顶端的上位知识,其抽象性、概括性、包容性强,对其所属的下位知识(小概念和学科事实等)具有统摄、组织、解释的功能。从学科认识论角度讲,大概念是一种学科的世界观和方法论,对学生的学科认识活动具有导向和引领作用。从学生学习角度讲,大概念能够把所学知识有机串联起来。大概念具有特别强的迁移性,学生一旦掌握了大概念,就容易达成举一反三、触类旁通的认知效果。[①]

在物理教学实践中运用大概念统整物理知识的方法有:①建构物理概念体系,根据物理学科大概念,构建知识框架或图谱。我们需要建立完整的物理概念体系,逐步把物理知识统归整理,形成以大概念为结构的体系。物理学科的大概念包括力、运动、能量、电磁学、热学、相对论等。我们可以根据这些大概念构建物理学的知识框架或图谱,在教学中凭借此框架,将各个物理概念融会贯通,形成内在联系。在教学中,可以将知识点之间的关系通过图表的形式呈现,引导学生形成思维模型。②强调物理学科大概念之间的联系。不同的物理学科大概念之间存在着联系,我们需要让学生从一个大概念看到另一个大概念,比较且了解大概念的异同,使学生愈加深入地理解大概念,建立起相应的概念体系,增强整体关联性。③借助物理学史观察大概念。借助物理学史的阅读和学习,从宏观上审视大概念的演化过程。例如牛顿运动定律的建立,破解了物体运动的自然密码。领域内大概念的进展演化,常常会伴随新知识点的一步步建立和结果的推论。教师深入掌握这些物理学史上的大概念,能够帮助学生更好地理解物理本质。

单元整体教学是以大概念为教学主线,将不同主题内容有机整合在一起,在单元结构和主题联系中进行的教学。这种教学强调的是在知识整体联系下

[①] 余文森.新课标呼唤新教学——新时代教学改革的方向与路径[J].教师教育学报,2023(2):43-49.

的知识点的学习和探究,可以帮助学生更好地理解不同的物理知识,将其中的关联加以强化,形成一个完整的物理学习体系。这样的教学方式,既能够促进学生基础知识的掌握,又能够提高学生的思维能力,使学生在更高的认知水平上深入理解物理学科的本质和内在联系,有利于学生深入理解物理学科,并形成物理整体关联的意识。例如:以串并联电路、电阻测量、电表改装、电源电动势和内电阻测量等知识来构建一个电学实验单元教学,可以将这个实验单元设计为如下几个主题单元:①串并联电路及基本电路定律的实验研究。包括串联电路和并联电路的概念特点以及基本电路控制和分析。②电阻测量及电表改装实验。包括掌握电阻测量的方法及相关电表测量原理、学习如何改装表头实现电表的自制和扩展功能、了解电表的内部结构和各部分功能。③电源电动势和内电阻测量实验。包括闭合电路欧姆定律、电源的电动势、实验测量电池的电动势和内电阻的原理。整个电学实验单元采用单元整体教学法,能够更好地加强不同电学实验和不同知识点之间的联系,形成一个完整的电学知识体系。

综上所述,物理学科大概念的构建,可以将教学内容归纳成为一个有机整体,在教学中,以单元整体教学创新教学方式,培养学生的联想思维、综合思维,有利于实现物理知识向物理学科核心素养的转化,全面提升学生物理核心素养水平。

(三)惟真物理强化"实验探究",开展具身体验的学科实践

"实践出真知"是一种古老而普遍的观点,是指通过亲身实践和经历,以更真实、更生动地理解和掌握某种知识或技能。这种观点在自然科学领域发展得很早,因为自然学科重在观察和实证,讲究实验和实践。"真知"是基于实践获得的知识,是真正理解后掌握的知识,这种知识是活的知识,这样的知识我们很容易将其迁移应用于新的实际场景中去解决实际问题。

新一轮课程改革强调学科实践,将学科实践作为撬动教学方式改革的支点,把学科实践视为激活知识、培养学生素养的一条重要路径。从学习的角度看,学科实践强调学生感知体验、态度情绪、思维判断等都参与到学习活动中,通过身心多样性的活动实现感性认识和理性认识的融合,有效实现知识向素养的转化。从教学的角度看,学科实践强调要把教学内容融入具体的情境、问题、任务里面,让学生必须进入情境、解决问题、完成任务,即所谓的让学生"做中学"。从学科的角度看,学科实践不能脱离学科本身,而是要突出学科特点和本质,以学科知识为载体,学习学科观念和学科方法,发展学科思维,同时以学科观念、学科思想、学科方法指导学科实践,充分实现学科实践的育人价值。

实验探究是物理教学中非常重要的学科实践活动之一。实验探究的主要目的是让学生在实践操作中,全面地、深入地了解物理学科所涉及的物理现象、基本原理以及相关应用。具体表现为:①实验探究不仅可以使学生真正理解物理学中的基本概念,而且可以帮助学生提高实践操作能力,增强解决实际问题的能力。②在实验探究过程中,学生需要探索和解决问题,同时体会科学实验的精神和方法,这有利于学生更深入地理解物理学科本质。③实验探究需要学生在实验过程中编写实验报告等有关文献,这能有效地提高学生以清晰明了的方式进行沟通和表达的能力,促进学生阐述和解释能力的发展。对于那些未来从事物理科学研究的学生而言,这样的能力显得至关重要。

从具身体验的角度看,物理实验探究的具身体验是一种深入探索的学习方式,它凸显了物理学科的实践性,是一种强化了具身体验的学科实践。实验探究不仅让学生亲身参与实验操作,亲身感受物理现象、模型的形成,真切体验到物理学科所关注的问题和研究的方法,更关键的是,在进行实验探究时,学生需要结合先前所学的知识,运用相关的物理知识推理和分析实验结果,从而在思考问题、解决问题的过程中进行科学思维。这样的学习过程中,通过提出问题、探索规律、寻求解决方案等活动,刺激学生的思维与想象力,从而丰富学生的思维体验。同时,通过观察和实践发现物理规律和原理,进而深入思考和归纳总结,学生不仅可以加深对物理学科概念原理的理解,还可以体会到物理模型和物理现象背后的本质和内在联系,这是实验探究过程思维体验的核心。实验探究的思维体验还体现在解决问题的过程中创造新思路和新方法,并启发学生在实验探究中探索新的问题、新的领域。

因此,实验探究是物理学科教学非常重要的实践活动。在教学过程中,教师可运用富有生动性、形象性和趣味性的实验,使学生更为真切地感知物理现象。通过多样化的实验方法,有目的地创设各种具体实验情境,让学生充分运用生理机制去体会物理现象的本质,并在亲身体验中深入发掘问题并思考解决策略。在实验探究过程中,通过实验操作、观察、数据分析以及总结与归纳等环节,强化学生的实践体验,提升其学科实践能力。总之,物理教学要基于物理学科本质,强化真实实验探究,开展具身体验的学科实践活动,以提升实验探究活动的育人价值。

(四)惟真物理创设"真实情境",促进问题解决的深度学习

学科知识是学科核心素养培育的主要载体。知识情境化可以活化知识,有助于学生深入领悟知识内涵,是将知识内化为素养的关键环节。如果把知识比喻成"盐",那情境就好比"汤",将盐溶入汤中,可以让人觉得味美易接受,如果直接把盐放入口中,显然难以下咽。也就是说把知识融入情境中,学生才容易理解和消化。因此,创设真实情境进行教学,对学生核心素养的培育具有关键作用。

物理概念的建立,是一个从表象到本质、从具体到抽象的过程。这个过程需要创设一系列体现概念本质的情境,充分展示物理现象的内在规律,帮助学生将已有的知识和经验与物理概念建立起紧密的联系,强化学生的直观感受,以便于学生更好地理解和把握物理概念,完成从常识经验到物理本质的转变。物理规律的探究需要创设问题情境,引导学生从具体的情境中发现问题、提出问题,对问题答案做出合理假设,并根据提出的问题制订计划、设计实验方案、获取证据,最终得出结论,解决问题。因此,物理知识的建构过程理应是基于真实情境的深度学习过程。而核心素养的关键表现,在于学生能否应用所学的物理知识解决真实情境中的复杂问题。学生解决真实情境中复杂问题的能力取决于学生将物理知识与情境相联系的水平。所以,在日常物理教学中需要创设源自生产、生活实践的真实情境,将问题融入情境中,让学生在真实情境中感知知识、解决问题,并在此过程中积累解决实际问题的经验,提高解决实际问题的能力。

真实情境为知识的深入理解和应用提供了真实场景,通过将知识嵌入到真实的情境中,让学习者理解知识的深层含义和实际应用,促进深度学习的发生。真实情境中的复杂真实问题的解决需要深度思考和创新,在解决复杂真实问题的过程中,学习者需要调动多方面的知识和技能,对问题进行深入的分析和理解,进而寻找解决方案,这有助于提升学习者的深度学习能力。在基于真实情境的学习中,学习者往往需要与他人进行合作和互动,以解决复杂问题或完成任务,这种合作学习的方式可以促进知识的交流和共享,增强学习者的团队合作能力和沟通技巧。

惟真物理倡导创设真实情境,在课堂教学中以真实问题解决为教学主线,围绕需要解决的复杂真实问题创设问题、引入情境激发学生学习兴趣,构建进阶问题情境激活学生思维,创设易于交互的活动情境开展协作,最大化地激发

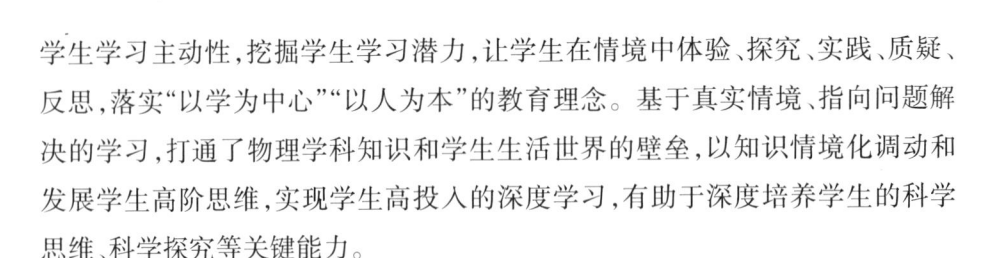

学生学习主动性,挖掘学生学习潜力,让学生在情境中体验、探究、实践、质疑、反思,落实"以学为中心""以人为本"的教育理念。基于真实情境、指向问题解决的学习,打通了物理学科知识和学生生活世界的壁垒,以知识情境化调动和发展学生高阶思维,实现学生高投入的深度学习,有助于深度培养学生的科学思维、科学探究等关键能力。

三 惟真物理的创新性

"惟真物理"是核心素养背景下,笔者结合物理学科特点和20多年的教学实践提出的教学主张,它的创新性体现在让"物理回归学科育人""物理回归科学求真""物理回归生活本源"三个方面。

(一)关注课程的育人价值,让物理回归学科育人

"学生为什么要学物理?""我们为什么教物理?"这是一个看似简单却又不好回答的问题。在过去的几十年时间里,我们坚信"知识就是力量""知识改变命运",所以物理的学习目标和教学目标都定位在物理知识的掌握上。然而,事实是我们的学生学习了那么多物理知识,但对于未来没有从事物理专业的人来说,在工作和生活中他们极少用到他们曾经学习过的大量物理知识,甚至若干年后,被完全遗忘。那是不是说当年他们学习这些物理知识完全没有用?也就可以不用学物理了?回答显然是否定的。著名物理学家陈佳洱院士说过:"物理学不只是图表和数据,它能带给你很多更珍贵的东西:一种理性的思维方式、人生的哲学和人生的道路。"可见,学生今天学习物理,并不是完全为了将来要研究物理,而是要学习物理知识背后隐含的思维方式和精神价值,为他们将来面对社会做准备,为自己身心发展和健康生活奠定基础。

一切教育都包含着生命教育的意涵,生命教育的目的在于"捍卫生命的尊严,激发生命的潜能,提升生命的品质,实现生命的价值"。科学教育究竟应该培养什么样的人?从学科教育的角度来说,学科教育包含着学科与教育双重因素,关键点是"学科"和"教育"。可以是学科取向的学科教育,也可以是教育取向的学科教育,关注的侧重点不同则价值取向也不同。学科取向的学科教育以教育为手段,学科知识技能的教、学与考成为最主要的出发点和落脚点;而教育

取向的学科教育以学科知识为基础或载体实现教育的目标,即学生通过每一门学科的学习实现其身心积极、健康的变化。在基础教育阶段,学科教育的重心应落在"教育"二字上,也就是说无论哪个学科,其最终目标都是让学生获得相应的发展。就如联合国教科文组织的报告《教育——财富蕴藏其中》中所讲的,学科教育最终的目的应该是培养会学习(learning to know)、会做事(learning to do)、会合作(learning to live together)、会生存(learning to be)的孩子。

物理课程的价值不仅仅是物理知识,中学物理教学要回归学科育人本源。中学物理教育的目标,不是培养物理学科方面的专业人才,中学物理学科知识,也不足以让学生成为物理学科研究的专业人才。物理学科知识是发展和培养人的载体,为的是培养具有基本科学素质的全面发展的人。物理知识固然重要,但物理知识产生过程中形成的科学研究方法、科学思想和科学精神等宝贵财富更为重要,更需要我们去挖掘和培养。对于大多数学生来说,今天的物理学习,不是为了明天从事物理专业活动进一步研究物理,而是为了今后应用物理学习过程中的思维方法和态度正确面对、解决生活和工作中的实际问题,为他们未来的文明、健康、高质量的生活奠定基础。正如《面向全体美国人的科学》一书中所说的:"教育的最高目标是为了使人们能够过一个实现自我和负责任的生活做准备。"因此,中学物理教学的宗旨是为构建学生身心全面健康发展的素养之塔添砖加瓦,提高全体学生的科学素养,其核心价值就是"育人"。

惟真物理之"真"的旨趣之一是回归教育的"育人"本真,促进人的全面发展。惟真物理教学的价值定位是要摆脱知识本位和学科本位的迷障,回归到育人本位的价值追求上来。通过物理教学,使学生将人类长期积累的知识成果内化于个人知识体系;将物理学发展过程中产生的物理思想、方法转化为学生探究未来世界的思维方式和观念;让学生将物理知识生产过程中的精神价值内化为自己的行为准则。物理学科教学回归育人本质的根本,就是要充分挖掘物理知识体系建立过程中的所有育人因素,实现真正的"以人为本"物理学科教育。惟真物理教学的核心就在于促进学生实现三个转化:一是把人类社会积累的知识转化为学生个体的知识,使他们知道世界是什么样的,成为一个客观的人;二是把前人从事智力活动的思想方法转化为学生认识能力,使他们明白世界为什么是这样的,成为一个理性的人;三是把蕴含在知识中的观念、态度等转化为学生的行为准则,使他们懂得怎样使世界更美好,成为一个有创造性的人。[①]

---

① 张世善.学校文化自觉与课程教学改革[M].北京:人民教育出版社,2012:7.

(二)强调物理的科学本质,让物理回归科学求真

物理是自然科学的基础学科,物理教育是科学教育的一部分,中学物理教学要回归科学教育本源。科学教育以提升科学素养为基本目标,并关注其中所蕴含的人文意蕴,强调科学教育中科学价值与人文价值的统一。科学教育的重要性不仅在于科学知识的传授和习得,更在于让学生认识知识的产生过程及历史社会背景,理解这些知识产生过程中的科学思想和方法,从而使他们具备利用科学知识和方法去探知世界、应对世界的变化与挑战的能力。目前国内外中小学科学教育中发展科学素养的主要关注点是,让学生认识科学本质和进行批判性思考、成为负责任和知情的公民;相应的有效途径是进行科学知识的运用和科学探究、参与社会性科学议题的讨论和科学问题的解决。[1]面向21世纪发展需要,中国科学院学部提出,科学教育是"将科学知识、科学思想、科学方法、科学精神作为整体的体系,使其内化成为受教育者的信念和行为的教育过程"[2]。

物理学之所以被公认为一门重要的科学,不仅仅在于它对客观世界的规律作出了深刻的揭示,还因为它在发展、成长的过程中,形成了一整套独特而卓有成效的思想方法体系。物理学发展过程中物理学家在长期科学实践中还创造出大量宝贵的精神财富。物理教育的重要使命就是发展和传承这宝贵的物质财富和精神财富。对学生进行科学素质的教育是物理学科承载的最本质、最基础,也是最重要的教育功能。科学基本理念就是理性思维和尊重实验,不迷信权威,始终保持严谨的科学精神。物理学是以实验为基础的科学,实践是物理学最基本的研究方式,物理学家在科学研究活动中最基本的态度就是实事求是,坚守"实践是检验真理的唯一标准"原则。正如物理学家费曼所说:"不论你的想法有多美,不论你多么聪明,更不论你名气有多大,只要与实验不符便是错了,简简单单,这就是科学。"物理学的发展史,就是一部不断修正错误、不断逼近真理的"求真"史。

物理学发展过程中产生的物理学基本概念、基本原理和基本方法包含了最重要的科学素质。物理教学应回归科学本质,重点关注物理知识是如何产生、

---

[1] 裴新宁,郑太年.国际科学教育发展的对比研究:理念、主题与实践的革新[J].中国科学院院刊,2021(7):771-778.

[2] 中国科学院学部.面向二十一世纪发展我国科学教育的建议[J].科学新闻,2000(36):2.

发展的。物理教学不仅要重视系统化的物理知识体系构建,更应重视的是知识系统构建和完善中不断发展和自我矫正的探究过程。惟真物理强调物理的科学本质,强调物理作为一门基础科学,要回归到科学知识的产生过程,回归到科学探究的基本方法,回归到科学研究过程形成的基本思想、科学精神、态度和价值观。通过回归科学本质的教学,激发学生的学习兴趣,培养学生的求真意识,培养学生的自主学习能力和创新思维能力,促进学生真实自主发展。

(三)重视物理课程的实践性,让物理回归生活本源

传统的教育以应试为主要目标,传统的教学重视基础知识和基本技能。传统的考试知识考核是最重要的内容,所以教学的习惯是考什么教什么,不考的就不教不学。尽管物理是一门科学,与客观世界联系紧密,但其教学也没能脱离这样的怪圈。学习目标重视知识,教学方法倾向传授,学习内容脱离生活和实践,学习结果用于解题和题海训练,学习内容多而难,学习强度大而枯燥,学生对物理的兴趣越来越弱,本应由物理学习萌发的对世界好奇和探索的热情荡然无存。教师的教学形式单一,缺乏对物理作为一门科学的本质认识,严重缺乏让学生在复杂真实情境中解决问题的机会。物理探究活动流于形式,不乏走流程式的、缺少思维容量的、缺乏真实体验的"虚假探究",根本无法发挥物理学科的科学教育价值。

德国哲学家胡塞尔在他的《欧洲科学的危机与超越论的现象学》一书中曾指出:科学的"危机"表现为丧失其对生活的意义,走出科学危机的出路是要让科学回归生活世界。这就告诉我们要从生活的视角来解读科学课程,将科学课程视为一种生活方式,充分尊重学生的生命价值。物理知识来源于客观世界和学生的社会生活,只有把物理和社会生活、社会发展紧密地联系在一起,让物理知识与学生生活实现对话,才能激发学生学习的好奇心和求知欲,引导学生探索物理知识的奥秘,自觉地遨游于知识的海洋中。无论是杜威的"教育即生活",还是陶行知的生活教育理论,"做中学"都是教育的核心,"做"指的是生活社会的实践。"做中学"的理论很适合作为科学的物理学科,因为科学强调的就是科学探究实践。科学探究实践活动需要紧密联系生活与社会实践,从真实客观世界的活动出发,用知识和经验去探究客观物质世界的奥秘。物理教学应结合学生的生活实际,开展主题明确、综合性强的"既动脑、又动手"的科学探究活动,为学生提供运用知识和经验解决生活中真实问题的机会,进而在这样的探

究活动中完善物理学科知识体系和认知思维方式方法,进一步全面理解物理学科学习的价值和意义。

毋庸置疑的是,当我们将物理课程回归到学生生活的时候,物理课程就自然承载了"人文功能",具有了人文价值。这种价值体现在学生通过体验物理学习的过程,增长了物理知识,培养了能力,形成了基本的科学理解和科学思想,发展出积极的情感和观念。显然,这也就是物理课程促进学生全面发展的价值体现。惟真物理重视物理课程的实践性,强调物理教学要紧密联系学生生活实践,回归物理学科的生活实践本源,让学生在真实问题的解决中得以发展科学与人文素养。

第二章

惟真物理的理论基础

"惟真物理"教学主张遵循"人本主义为基,建构主义为引,具身认知为径"的基本逻辑,将这三种理论作为主张建构的理论依据。人本主义理论、建构主义理论和具身认知理论都是心理学领域的理论,它们在理解人的行为和认知方面有着各自独特的观点。人本主义理论强调人的主观性和价值,认为人的行为是基于自己的意愿和选择;建构主义理论强调人的认知是通过与外部世界的互动而建构的;具身认知理论强调身体在认知过程中的作用。这三个理论也有相似之处,三者都强调个体差异和主观性,认为人的行为和认知受到个体经验和环境的影响。三者关系如图2-0-1所示。

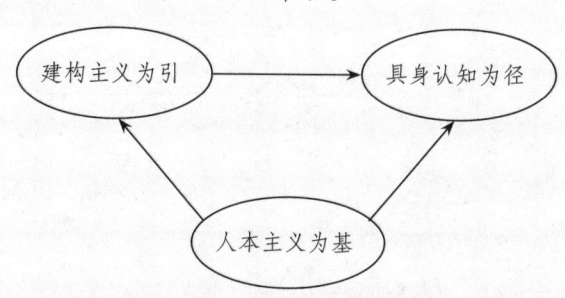

图2-0-1 惟真物理的理论基础

第一节 人本主义：惟真物理的价值旨归

教育的对象是人，教育的目的是培养人，因此关注人、关注教育的对象，理应成为教育最首要且最核心的问题。惟真物理教学主张的核心是物理学科育人，把"以人为本、育人为本"作为物理教学的价值追求，是人本主义思想在物理教学实践中的重要体现。

一、人本主义心理学思想

人本主义在20世纪50年代兴起于美国，主张心理学应该把人作为一个整体来研究，主张研究人的本性、潜能、经验、价值、创造力及自我实现。它的基本观点有：①强调人的潜能性。对人性持肯定态度，认为人性是积极的，每个人都具有本能地朝有利于个体潜能充分发挥的方向发展的内在需要和动力。②强调人的自主性。认为个人价值与目的决定人的行为，人的行为是有意识、有目的的，强调个人经验对人的行为的影响，自我意识对人的行为的决定作用。③强调人的自我实现。认为人生活的目的就是实现自我发展，把自我选择和健康人格作为自我实现的最根本目的。罗杰斯是20世纪美国著名的心理学家，他和马斯洛被称为美国人本主义心理学的创始人。

二、人本主义教育思想[①]

人本主义教育一直是西方一个重要的教育思想流派，其传统可追溯到卢梭的自然主义及杜威"以儿童为中心"的进步主义教育主张。人本主义教育思想主张教育要尊重儿童的天性、兴趣和发展需要，促进儿童身心健康发展。20世

---

① 赵同森.解读人本主义教育思想[M].广州：广东教育出版社，2006：109-129.

纪六七十年代,人本主义心理学对现代教育理论和实践产生了较大的影响。许多人本主义心理学家都是人本主义教育的积极倡导者。罗杰斯就是其中杰出的代表,他将以人为中心的人本主义心理学思想推广到教育领域,在《学习的自由》一书中提出了全新的人本主义教育思想。罗杰斯的人本主义教育思想是他的"非指导性"或"以人为中心"的咨询疗法在教育领域的延伸,他曾在多个场合讲到这"不是一种单纯的方法,而是一种观点、一种哲学、一种生活途径、一种存在方式,它适用于任何以促进个人、促进群体成长为目的的场合"[①]。人本主义教育思想的内涵主要包括以下几个方面:

(1)教育的目标是培养"完整的人"和"自我实现的人"。罗杰斯认为,真正有效的教育要帮助学生发展积极的自我意识,帮助学生充分发挥潜力,促进整体全面发展,尤其是学生的情感、精神和价值观的发展,即培养"完整的人"和"自我实现的人"。所谓完整的人是指融"身心健康、人格健全、心智成熟"于一体的人;而自我实现则是指立足于学生个性和潜能,唤醒学生的自我意识和激发学生自主发展潜能,促进学生自主自觉地发展。从这样的教育目标出发,学校就是要给学生提供能够调动其学习积极性、促进其自主学习的良好的教育环境,引导学生掌握正确的学习方法和途径,持续地保持求知欲与好奇心,不断地促进潜能的自我挖掘和发展。

(2)人本主义教育思想提倡的学习方式是"自由学习"和"有意义学习"。罗杰斯认为,人类从出生开始就对周围世界充满了好奇,这种好奇心使得人们产生了学习的自然倾向和内在动力,持续的好奇心将不断激发人的自主学习潜力,对人的学习起到推动作用。"自由学习"是指学生在教师创设的自由宽松的学习环境中,根据教师提供的学习范围自由选择学习方向,找寻最佳的学习方法,探索和发现学习结果,并对学习过程和结果进行客观的自我评价。"有意义学习"中的"意义",首先应该是学习内容对学生来说是有价值、有意义的知识和经验,满足学生求知的需要和激发学生学习的兴趣和动力;其次是学习材料接近学生的知识经验和认知水平,可以被学生理解,能激发学生的情感共鸣,并能够促进学生人格品质的完善和学习能力的提升;再者,有意义的学习应该是学生自我负责的自主学习,学生能自评学习过程的表现和学习效果,自我衡量和

---

① 曾德琪.罗杰斯的人本主义教育思想探索[J].四川师范大学学报(社会科学版),2003(1):43-48.

评价学习进步程度。因此,有意义学习的特征应该包括知识意义、情智投入、主动自觉、自我评估和全面发展等方面。

(3)人本主义教育思想提倡平等的师生关系。罗杰斯认为,营造有利于学习的氛围是实现有意义学习的关键。学生是受教育的主体,学生都具有内在学习的动力,他们是知识的主动学习者而不是被动接受者,他们需要的不是压抑的学习环境,而是能让他们的好奇心、求知欲和创造性自由舒展、自主生长的氛围,教师要做的就是在教学中努力营造这样的氛围。教师不是专家,而是学生学习的引导者和促进者,教师要充分信任学生,相信他们有自主学习的动力和能力。所以,在教学中教师要充分尊重学生的主体地位,与学生进行平等的对话和交流。具体表现为:要尊重学生个性差异和个体经验,信任学生能在自身经验基础上发展自己的潜能;要珍视学生情感,真诚关心,对学生有"移情性理解",即以客观共情的态度去理解、体验学生的所思所想。总之,教师要在教学过程中致力于创设"自由、真诚、接受和理解"的学习氛围,引导学生自主学习、自我实现。

(4)人本主义教育思想提倡的教学模式是"非指导性教学"。罗杰斯认为,教学应"以学生为中心",要把学生的经验放在教学过程的核心位置,教学过程的其他方面都应该围绕这个核心来展开。"非指导性教学"强调的是激发学生学习的积极性,培养学生的自主性、独立性,打破学生学习过程中的依赖性,要求师生共同参与学习活动,让学生的个性、态度、行为渗透到学习中去。"非指导性教学"原则具体表现在:①情境感知,营造开放、诚恳、融洽、相互支持的课堂氛围。②提供资源,教师要为学生提供丰富多样的学习资源,为学生搭建学习的脚手架。③启发诱导,让学生自发地学习,避免压制,避免灌输式的直接讲授,尽量做到潜移默化。④因材施教,根据学生原有的特点自主确定学习目标,让学生有所侧重地学习。⑤学习保持,教学的重点应放在学生学习持续性和深刻性的保持上,让学生持续自主地将情感、激情、思考、行动投入到学习过程中。⑥强化学生的自我评价和自我管理意识,学生参与学习评价并对学习过程进行反思,实现自我评价和自我管理。

人本主义教育思想使教育的立足点重新回归到以人为本的基本立场,突出强调了学生个体的发展价值,促进了学生个性化培养,其精神内核是指导当前教育改革和发展的重要理论,对高中物理教学改革也有重要的借鉴指导意义。

三 人本主义是惟真物理的价值旨归

人本主义教育思想的教育目标是培养"完整的人"和"自我实现的人",彰显了人的自主性价值,突显了教育的人文性,促进人的个性培养和教育公平。惟真物理的核心是追求物理学科的育人价值,将人的全面发展作为物理教学的终极目标。因此,物理教学的各环节都要体现人本回归,让物理教育为培养"完整的人"添砖加瓦,促进学生个人成长和全面发展,为日后的终身学习和幸福生活奠定基础。

(一)教学设计的开发要以人为本

在教学中以人为本,是要确立学生学习的自主地位,教师要帮助和激发学生拥有更多的学习自主权,让学生在教学活动中认识知识独有的意义和价值,充分发挥学生自主学习的潜能,最终达成学生主体的自我实现。因此,在进行教学设计开发时,要将人本主义教育思想内植于心,教学目标的设定、教学内容的整合、教学活动的设计,教学方法、手段、工具的选择和运用,教学的评价等各个环节都要把学生放在中心的位置,把调动受教育者的积极性、主动性、能动性作为教学实施的核心,真正实现学生主体的自我发展和自我实现。

(二)教学环节的实施要以人为本

在教学实施的过程中,教师要将人本主义思想外化于形。要在教学中实现人本回归,就要从激发人的自主性和能动性方面去选择多元教学方法,采用多维教学模式。在教学实施中彰显以人为本的教育理念包含着多重含义:一是尊重学习者的权利,启发学习自觉性;二是关注学习者的需要,调动学习积极性;三是挖掘学习者的潜能,激发学习创造性。

要启发学生的自觉性,关键在于激发学生学习的内在动机,以激发学生的好奇心来保持学生学习的动力。这就需要教师在教学过程中改变枯燥机械应试训练的教学模式,打破以应试为目标的程式化教学方式,将先进的教学理念和教学工具融入到教学实践中,实现教学方法和手段的多元化,激发学生学习的好奇心和求知欲。

要调动学生学习的积极性,就需要关注学生的学习需要和内心感受,了解学生的已有经验和学生间的个体差异,结合不同学生的身心特点,选择多元的贴近学生现实生活的材料来组织教学内容,在教学过程中采用异质分组等教学策略,充分尊重学生个体差异并利用差异,因材施教。

要激发学习创造性,挖掘学生的学习潜能,就需要教师创设平等自由的学习环境,构建自主合作探究的创造性学习模式,充分激活师生、生生等主体间的思想交流和情感碰撞,促进学生自主探索过程中自我感知力的发展和提升,满足学习者自我发展的需要。

(三)教学生态的构建要以人为本

人本主义教育理念强调"以学生为中心",突出学生的自主发展和个性发展。但教育的目的绝不仅仅是培养学生个性,实现学生的自我发展。教育更重要的目的是让学生能更好地适应社会发展,未来能过上理性的、秩序的、健康的生活。人的生活不能脱离社会,"以学生为中心""一切为了学生"固然重要,但绝不是教学的全部。

物理学科是研究自然规律的基础学科,人的成长也是基于客观世界的。因此,在物理教学中,要把握好"以学生为中心"的限度,把学生视为课堂生态的一部分,充分认识到客观世界对人发展的重要作用,保持人与自然世界的和谐交流。人本主义强调学生的学习是一个不断自我完善的过程,"以学生为中心"突出对学生的自主学习的重视,但并不意味着教师地位的下降与教师在教学中作用的弱化。恰恰相反,人本主义的教学观和师生观对教师提出了更高的要求,教师在教学中需要承担更多的责任,教师需要不断更新自身的教学观念和提升自身素质,以从容应对教学变革中的挑战。

教学是一个人与人、人与物、人与环境、人与文化、人与制度共同构建的生态系统。以学生为主体中的学生,不仅仅是学生个体,更是学生群体。强调以人为本的关怀,更要强调对学生群体的成长关怀,要在满足群体理性成长的前提下关注个体自主成长。因此,教学中要关注多元主体的互相影响、互相支撑,要给学习者以外的其他教学主体留下足够的空间,坚持教师、学生、资源、环境、制度等多元主体并驾齐驱,构建"以学生为中心、多元主体并重"的和谐教学生态系统,使每一个主体都能各得其所,为实现"学生自我实现和完整发展"服务。

第二节 建构主义:惟真物理的理念指引

建构主义,是在探索教育本真道路上逐渐崛起的一种富有广泛影响力的教育理念。建构主义强调知识的动态性,认为知识并非独立于学习者而存在,而是学习者在个人经验和认知的基础上主动建构的,这指引着我们重新审视学科的本质特征,审视学生在学习过程中的角色。那么,建构主义理论有哪些基本观点,它对物理教学可以提供什么理论指导,以及它如何影响我们对物理教学的理解和我们的物理教学实践,这是本节要讨论的话题。

一 建构主义理论

在儿童认知基础上发展起来的建构主义理论被誉为"当代教育心理学中的一场革命",是学习理论从行为主义到认知主义以后的进一步发展,它强化了认知心理学在教育教学领域的重要地位。随着建构主义学习理论的不断发展完善,它对学习过程的发生、意义如何建构、概念如何形成、理想学习环境如何创设等人类学习过程认知规律提出了新的解释,同时也为教学改革提供了一个新的视角。虽然不同流派的建构主义理论有其特别的理论倾向,但都坚信:知识是认知主体主动建构的结果,学习是意义建构的过程。

二 建构主义学习理论的基本观点[①]

(一)建构主义的知识观

建构主义认为,知识是对客观世界的一种解释或假说,它不是对客观世界

---

① 陈威.建构主义学习理论综述[J].学术交流,2007(3):175-177.

的最终准确表征,会随着人类对客观世界认识的进步而不断更新。知识不可能准确无误地反映客观世界的法则,也不能提供解决任何问题的方法。同样的知识,不同的学习者会有不同的理解。这种不同的理解体现在不同的学习者以原有知识经验为基础,在具体问题的情境中按各自的理解方式对知识进行再加工和再创造,从而形成新知识的增长点。这样的知识并不是统一的结论,而是一种意义的建构,所以知识是情境化、个体化的产物。

(二)建构主义的学习观

建构主义的学习观的核心是"学习主体可以主动建构知识,学习是一个意义建构过程"。可以从以下几个方面理解:①学习不是被动接受知识,而是学习者依据已有的知识和经验主动地加以建构,这种建构是别人无法替代的。②学习不是简单的信息输入,而是学习者基于自身知识经验和借助外界帮助,对信息进行选择、加工、处理的主观能动过程。③学习是新旧经验之间双向交互作用的过程,即通过同化和顺应两种途径的循环往复引发学习主体的认知结构重组的过程。④学习是一种具有创造性的活动,学习者应用过去经验,理解和建构现在状态,进而影响未来发展,动态发展新的知识。⑤学习是在一定的情境中发生的社会性活动。学习具有学习主体独特性的一面,同时也具有社会建构的一面,个体需要和其他个体进行对话、交流,学习不能离开实际生活、无法脱离和客观世界的联系,它们都属于完整学习体系的一部分。

(三)建构主义的教学观

建构主义认为,知识是认知主体个性化的产物,是学习主体基于自身经验的意义建构。因此,教学活动应以学生为中心,充分了解和认识学生原有的知识经验、学习需要和学习动机,尊重学生的主体地位,发挥学生的主动性、积极性、创造性,让学生基于原有知识经验在教师的引导下自主完成新知识的重组和建构。教师在教学活动中仅是学生学习的指导者、组织者、协作者,在学习环境要素的创设中发挥他们至关重要的作用。教师不再是知识的传递者和灌输者,学生也不再是知识的接受者和被灌输对象,学生成为学习的主人,教师成为学生学习的最重要的且不可忽略的合作对象。

三 建构主义是惟真物理的理念指引

惟真物理教学主张是在建构主义教学思想指导下,基于对物理学科本质的理解及物理教学实践凝练总结出来的物理教学新理念,其基本内涵源于对建构主义教学理念的思考和实践。

(一)建构主义知识观,指引我们理解物理知识的真实意义

建构主义强调知识的建构性,认为学习如果发生了,必然是以建构的方式发生的。知识是认知主体基于自己原有经验的自我建构过程。所谓建构,即对自身认知结构的重组和改变,是用自己的方式去理解真理性、客观性的知识,使之内化到自己的认知系统中,成为自己的知识。从这个角度来看,我们有必要重新认识和理解物理知识的真实含义。

首先,物理知识的客观性和发展性。物理知识是人类探索客观世界过程中对自然规律正确认识的结果和经验的积累,人类对客观世界的认识是在不断发展变化的,如对原子内部结构的认识,经历了道尔顿实心球原子模型、汤姆逊枣糕式原子模型、卢瑟福核式结构原子模型、玻尔电子轨道原子模型的过程。知识的动态变化和发展是在认识主体与客体不断交互的过程中实现的。

其次,物理知识的主体性和生命性。物理教育不能仅仅将物理知识作为真理性、客观性的符号知识传递和告诉学生。物理知识背后蕴含着人类认识客观世界的方式、思想、情感、价值观等,对于每个学生来说,具有多元的、多样的意义。物理知识是真实的、客观的,我们不仅要让学生掌握其科学性,更要关注物理知识对人成长的重要作用。理想的物理教育过程是物理知识与学生的一场美好相遇,可以促进作为学习主体的学生的生命智慧的生长,体现物理知识对学生发展的重要意义。

(二)建构主义学习观,指引我们构建物理教学的和谐生态

物理知识是人类在探索客观世界的过程中,经过系统理性的思维加工,并以特定符号表征的形式保存下来的,人类对客观世界认知的经验与认识成果。通过教学活动,让学生获得人类的这些经验和认识成果,是学习的重要目标。但如果将这一目标视为教学的全部,那是对物理学科教育目标的严重窄化,也是对知识意义和学习意义的严重窄化。建构主义学习观告诉我们"学习是一个

意义建构过程"。所以,作为符号表征的物理知识的掌握,并不是物理教学最重要的目标。将符号表征的物理知识作为物理教学的材料和载体,通过教学活动,让学生利用自身已有的经验,去经历物理新知识的再生产过程,去学习物理知识背后的人类探索客观世界自然规律的"认知逻辑形式",体验和感悟物理知识生产过程中凝结的理性和德性智慧,不断地产生新的体验、新的经验、新的观念、新的结果、新的价值的动态生成的过程,方能体现物理知识的认知建构价值,实现学习的转识成智。简单地说,意义建构就是要思考知识之后是什么的问题。学生获取物理知识,最重要的不是知道物理知识是什么,而是知道物理知识是怎么产生的,为什么产生这些物理知识。惟有如此,知识的意义建构才能走向深刻。

学生真正的意义建构,是基于自身经验背景,在具体问题解决时对具体情境进行再加工和再创造的过程中实现的,是个性化的、情境化的。学生意义建构的实现,需要有良好的教学生态,师生在积极交互的教育情境中围绕学习主题展开对话。

建构主义学习观告诉我们,良好教学生态的基本要素为:①情境。真实或类真实的教学情境,有利于激活学生建立已有知识经验与情境中问题的联系,启发学生对新事物的思考、发现和探索,从而架设学生内在知识结构和学科新知识结构的桥梁,提高学生在真实问题解决过程中自主建构新知识的能力。②协作和会话。在具体情境中的学习,离不开人与人、人与物、人与环境的协作和会话活动。协作和会话的前提是师、生及其他教学活动参与者的角色合理定位,学习者主体地位必须得到充分尊重和保障,其他教学活动的参与者(教师和其他教学资源)都是学生学习的合作者。要让协作和会话发生在学习过程的始终,让每个参与者都能充分发挥其在学习过程中应有的作用,通过多向度的协作和会话交互,实现不同学生个体个性化学习的意义建构。学生学习意义建构是整个学习过程的最终目标,学生建构知识的能力和获得知识的多少既取决于学习者自身,也取决于教学生态的质量。在教学中构建良好教学生态,是新课程教学的应然选择。

(三)建构主义教学观,指引我们探索惟真物理教学模式

建构主义知识观阐述的是对知识认识论的问题,关注知识的生存力和生命力,是建构主义教学观的前提。建构主义学习观的核心是阐述学习发生机制的

问题,是建构主义教学观的基础。建构主义教学观是建构主义学习理论实践的问题,是要探索与建构主义知识观、学习观相一致的教学实践方式。在建构主义学习理论指导下的教学实践中,产生了随机通达教学、支架式教学、抛锚式教学以及自上而下式教学等许多教学模式。在这些教学模式下也衍生了情境性学习、合作学习、交互学习、探究学习、在问题解决中学习等多种适合学生自主建构知识的学习方式。这些教学模式和学习方式也被许多一线物理教学工作者借鉴到物理教学实践中。

基于对学习的意义建构的认识,物理学习是学生以已有物理知识和经验为基础的建构新知识的活动。由于原有物理知识和经验存在个体差异,不同学生在学习同样的物理知识时的观察和理解也不同。这势必要求在物理教学过程中充分尊重不同学生的个体差异,采用多样化的教学方式和教学手段,努力创设一种能促进学生积极学习的环境,调动学生学习的主动性,培养学生的创造力。不仅要让学生认识理解物理学的基本概念和规律,将新知识融入到原有的知识体系中,更重要的是要让学生通过物理概念和规律的学习,提升物理学科思维能力和发展创造能力,并将这些能力应用于自己未来的学习生活中,提升面对真实客观世界时解决问题的能力。建构主义教学观,指导我们在物理教学实践中探索突出物理学科本质的教学模式和学习方式,让建构主义学习理论在物理教学实践中不断发展,促进物理教学方式的变革。

第三节 具身认知：惟真物理的实践路径

具身认知理论主张认知是通过身体与环境的互动产生的，强调身体感知、运动和环境交互在认知过程中的作用。物理学科知识来源于对真实客观世界的感知、理性思考和实践，是身心与真实世界交互的产物。从这个角度来说，具身认知理论为物理教学实践提供了一个全新的视角和路径。

一、具身认知理论的基本内涵

具身认知理论体系是20世纪80年代哲学家们在质疑和批判身心二元论的第一代认知科学理论体系基础上，将主体身体体验引入认知过程中发展起来的第二代科学认知体系。具身认知又称为涉身认知，其中心含义是"身体在认知过程中发挥着关键作用，认知是通过身体的体验及其活动方式而形成的"[1]。具身认知理论强调身体在认知发展中的重要作用，认为身体是认知发展的主体，身体经验是个体概念结构形成的本源。人身体的生理结构与感知系统通过与环境的相互作用，为认知的发生提供基础。其理论内涵可以从以下几个方面理解：

第一，身体决定认知，什么样的身体决定什么样的认知。身体参与了认知、认知由身体决定，主体身体的结构和性质决定了认知的种类和特性。具身认知不仅包含了思维、判断、态度和情绪等心智过程，也包括了身体结构和身体的感觉——运动经验。不同的身体结构和实时状态产生不同的思维方式，所以说"心智是身体的心智"。

第二，认知基于身体体验和个体经验。主体身体体验对心理活动产生影响，身体活动影响主体对客观世界的理解和表征，也就是说身体的体验制约着

---

[1] 叶浩生.具身认知：认知心理学的新取向[J].心理科学进展,2010(5):705-710.

心智活动。同时,主体身体基于个体经验与外界事物相互作用产生的感知和体验最终会内化为主体的认知,使主体以这样的认知方式来理解其他事物。可以说,身体与认知相互影响,相互制约。

第三,认知根植于环境,没有脱离环境的认知。认知、身体、环境相互影响,是一个有机的整体。认知是基于身体的认知,身体是环境塑造出来的,这意味着认知、身体和环境是一个紧密的联合体。心智在大脑中,大脑在身体中,身体在环境中。认知通过身体及其活动而超越了大脑和皮肤,与环境需求紧密联系在一起。身体和环境影响认知过程,许多研究也证实了身体状态和环境条件对学习过程的影响。但是,身体的感觉运动过程和环境特征也是完整学习过程的有机组成部分。身体和环境是认知系统的构成成分。[①]简而言之,具身认知的情境性观点认为认知是发生在现时的、具体的情境之中的,认知是身体与环境相互作用不断生成的过程。

二 具身认知理论的教学理解

具身认知理论强调身体在认知中的重要地位,认为人的心智具身于整个有机体中,而有机体根植于环境中,认知活动是大脑、身体和环境之间的相互作用的过程。其实,从我国教育课程改革整体趋势看,从"双基"到"三维目标"再到"核心素养",虽然我们的基础教育课程改革没有直接涉及具身认知理论,但却一直隐含着对具身化逻辑的内在遵循,倡导"具身参与"的影子一直伴随着我们的教育改革。尽管如此,受身心二元论思想的长期影响,根深蒂固的以学科知识和心智训练为主导的教学依然充斥着我们的课堂,学科课程与学生的主体经验分离、学习与个体情感割裂以及教学与现实生活环境隔离等问题依旧严重。随着具身认知理论的发展和成熟,具身思想对教育理论和教学实践产生了巨大的影响,越来越多的教育研究者将它引入教育学研究范畴,思考如何将具身认知理论融合到教育实践中,建构能真正指导教学改革的具身教育理论和框架,促进教育教学变革,引发教学理念的转变。

(一)知识观的转变

传统的以知识传输为主的教学认为知识是一种真理性的客观存在,知识是

[①] 叶浩生.身体与学习:具身认知及其对传统教育观的挑战[J].教育研究,2015(4):104-114.

确定的、客观的、现成的,因此教学过程就是根据需要选定教学材料,将现有的知识传输给学生。具身认知的知识观传承了建构主义思想,认为知识是主体基于已有的知识经验,在主体身体与认知对象、环境的相互作用中建构起来的。这种建构的知识强调知识的生成性,只有认知主体、认知对象、环境三者发生创造性的有效互动,才能够产生新的知识。这样产生的知识,不再强调传统知识观的知识真理性、客观性、确定性,而是从具身认知的角度强调知识的涉身性、丰富性、差异性。

(二)学习观的转变

具身认知的学习观认为:"学习既不是认知主体对信息进行简单的心智加工,也不是认知主体所处的自然环境对机体行为的机械作用,而是认知主体充分整合所处的自然环境与机体内部的生理资源,促进知识建构发生的过程,即促使身体与认知对象、环境发生有效的互动并达到动态平衡的过程。"[1]由此可以看出,具身认知的学习观首先强调身体对学习的重要性,具身学习发生的前提是认知主体对环境和身体内部生理资源的有效整合,学习是基于身体的,不同的身体会塑造不同的认知。其次,主体的认知和学习离不开有效的环境,脱离了环境,认知主体的学习无法顺利进行。为促使认知主体有效学习的发生,就要充分理解情境对知识学习的重要意义,为认知主体提供有利的学习知识的环境。最后,具身学习的本质是互动和生成,主体的身体参与学习和有利于有效学习的环境固然重要,但这远远不够,更重要的是主体身体、认知对象与环境三者交织的实践活动,通过进行三者整体关联的实践性活动,促进三者之间的有效互动,才能实现认知主体基于个体经验、环境的个体知识的建构,形成新的知识。

(三)教学观的转变

教师教的旨归是促进学生更有效地学。具身认知理论下的有效教学就是要围绕所学内容以具身观点设定合理的教学目标,设计教学活动,在教学过程中有目的、有计划地引导并促使学习者的身体、认知对象、环境有效互动并达到

---

[1] 范文翔,赵瑞斌.具身认知的知识观、学习观与教学观[J].电化教育研究,2020(7):21-27.

动态平衡。教学的核心就在于引导认知主体的身体与认知对象及其所处环境发生有效的互动,让教学具有具身的意义。

首先,要激发主体身体多感官参与。感官参与是实现意义建构的前提和基础。多感官参与能丰富主体体验,有助于主体的身体图式统合不同感官,促成感觉的丰富性和统一性,使主体的认知更加丰满。

其次,要促进身心的和谐统一。身心统一是实现意义建构的保证。当心理和生理的关系是和谐的整合关系时,人就具有了健康的心灵。身心分离的结果是生理-心理结构的分裂,会引发行为紊乱,知识建构也就无从谈起。

最后,要让认知主体在世界中身体力行,进而完成对世界的意义建构。人不能脱离世界,没有对世界万物的接触和感知,主体是无法完成对世界的意义建构的。只有将认知主体的身体置于世界万物中,通过具体的实践活动,让身体融入世界并激活,让身体在世界中不断地运动,去接触并感知,与认知对象、环境发生有效互动,认知主体才能完成对新知识的意义建构。

(四)评价观转变

基于传统知识观、学习观、教学观的教学评价观注重的是教师教学内容的完整性和对重难点的把握,学生对客观知识的掌握程度、学生的考试成绩等,考查的主要是大脑认知方面。具身认知理论下的教学评价则应结合具身认知特点,从身心一体、身心融合的角度建立教学评价体系。

首先,强化学生主体参与体验的自评。作为学习主体,学生就认知和学习过程中的参与程度,自己所感受到的兴趣度、喜悦度、兴奋度、紧张度、成就感等方面开展自我评价,客观评价身体介入认知学习活动的深度、广度和体验度。

其次,优化师生教学参与主动性和互动性的评价。教学过程中,教师为主导,学生为主体,要全身心地参与教学活动。要建立合适的评价指标体系,由教师评价学生的主动参与情况、身体参与程度和师生互动程度。也可以由学生评价教师的参与程度和互动程度,比如将学生主动提问、教师与学生对话的次数和质量等纳入指标体系。

最后,重视知识情境性和生成性的评价。如知识是否嵌入情境,情境是否贴近学生已有经验,是否有利于学生加深体验,是否有助于师生互动,是否有助于新知识的生成和建构。引导学生对学习过程中收获的新感悟、新体验、新知识等进行分析统计,关注知识生成性的评价。

总之,在具身认知理论下的教学评价就是要将学生学习活动过程中的身体介入度和体验度、主动参与性和互动性、知识情境性和生成性作为核心指标对教学过程进行全面评估,改变课堂教学单一的、只启动大脑的纯粹知识教学评估模式,建构出反映具身认知特点的评价体系。

三 具身化教学:惟真物理的实践指南

惟真物理教学主张,强调通过实验、探究、实践等方式,让学生亲身感受物理现象和探究物理规律,促进实现身心融合的学习模式,从而提升思维品质和实践能力,培养学生的创新精神。具身认知理论认为学习是身心参与的过程,强调身体感知、实践与反思在知识获取中的重要性,它为惟真物理的教学实践提供了新的视角和思路。

(一)具身化教学是惟真物理育人目标实现的必然选择

惟真物理是追求实现真实物理教育的教学理念,其核心指向物理学科对学生核心素养的培育和促进学生全面发展的意义。核心素养培育目标的核心是培养全面发展的人,包含学生的文化基础、学生的自主发展以及学生的社会参与三个方面。具身化教学是在具身认知理论视角下,在具身认知的知识观、学习观、教学观、评价观的指导下的教学实践。具身化教学的三个基本特征为"涉身性、情境性、体验性",强调的是教学活动要让学生通过身心参与获得完整的体验,这与人的全面发展的培养目标是一致的。

首先,具身化教学强调身心的和谐有机统一,这与核心素养培养全面发展的人的目标是一致的,具身化教学落实了以学生为本,为实现从知识学习上升到素养发展提供支撑。

其次,学生的自主发展中最重要的因素是自主探索。具身化教学强调身体的参与和充分的体验,倡导的是"做中学"的教学方式,重视学习过程的真实体验和积极思考,不以结果为唯一的评价依据,有利于激发学习的主动性和积极性,提升学生自主探索的意识和能力。

最后,具身化教学强调学生学习过程中个体与学习环境(包含自然环境和社会人文环境)的交互,这有助于学生养成社会参与意识、合作意识,提高社会参与的能力。

(二)具身化教学是开展惟真物理教学实践的必然路径

在物理教学中开展具身化教学实践,用具身认知理论指导物理教学改革探索,是惟真物理教学理念实践的必然路径。

首先,要坚持身心一体观,树立全面发展理念。一方面,要充分认识到学生是身心有机统一的完整个体,教学应充分调动主体积极性和主观能动性;另一方面,要转变只重视知识技能的教学方式,重视知识、情感、态度、价值观等方面的均衡发展,实现德、智、体、美、劳等的相互渗透。

其次,物理教学要回归学生生活世界,加强物理和生活的联系。怀特海说:"教育只有一个主题,那就是五彩缤纷的生活。"回归学生的生活世界,已成为当下教育改革的重要诉求。从学生的生活中来,回到学生的生活中去,应是物理教育最基本的要求。这就要求物理教学问题源自生活中的问题、教学内容和资源贴近学生的生活实际、将教学过程融入到学生生活中,以学生生活世界为背景,真正地让物理教学回归学生生活世界,实现与生活世界的有机统一。

最后,物理教学要创设有效的教学情境,强化学生的主体体验。物理是一门与实践紧密联系的学科,身体参与和体验的重要性尤为突出。体验依赖于情境,只有将认知主体置身于一定的情境中,将所学的物理知识融入到真实情境中,身体与知识、身体与环境的相互作用才会发生,学生才能在获得真实体验的基础上完成知识的主动建构。在物理教学中,要采用不同的方式和手段创设能够让学生获得身体体验、感受、理解、应用物理知识的真实或类真实情境,提升学生学习的有效性。当前科学技术、信息技术、虚拟现实技术的高速发展并运用于教学领域,为我们的教学突破时空限制提供了无限可能,也为学生在课堂上获得真实情境的体验提供了无限可能,这方面的空间有待我们努力挖掘。当然,物理教学情境的创设还包含师生、生生关系在内的人文环境以及真实情境中的社会环境。教学中应善于应用多样化的教学方式,创设与所学物理知识相契合的、能激发学生情感体验的学习情境,增强和深化学生对所学物理知识的感受和理解。

在具身认知理论指导下,惟真物理主张推动物理教学中的"身体"复归,构建根植于情境的体验式教学模式。要进一步强调身体的能动作用,通过在一定情境中的身体与环境的多维互动,主动完成物理知识建构,促进自身认知发展,从而为实现个体自由、自主、整全发展打下基础。

第三章

惟真物理的核心内涵

虽然目前学界对核心素养含义的理解纷繁复杂,但对核心素养表现的理解则大致相同,即具备核心素养的最真实表现就是"能解决真实情境中的复杂问题"。钟启泉认为"核心素养区别于应试学力的最大特质在于真实性。真实性是核心素养的精髓。"真实性是什么?教育中的真实性是指学生解决真实问题的能力,是指在学习知识过程中培养的超越知识成果,而能得心应手面对真实世界的能力。要能解决真实情境中的复杂问题,其根基就是两类关键素养群——像专家一样思考问题的素养和具有良好的合作协调沟通能力的素养,即专家思维和复杂交往。专家思维和复杂交往是真实性的两大支柱。[1]

惟真物理是基于核心素养的精髓——"真实性"提出的物理教学主张。惟真物理教学主张的核心是围绕物理学科核心素养的培育开展教学活动。这样的教学不再是去再现和记忆知识,完成知识的堆积,而是基于先行经验重新经历知识的生产过程,在解决问题的过程

---

[1] 刘徽.大概念教学:素养导向的单元整体设计[M].北京:教育科学出版社,2022:13-15.

中以科学探究方法发展学生的思考力、判断力、表达力等知识建构型学力,并将现有知识准确地迁移运用于新的真实情境解决真实问题。为此,基于惟真物理的理论基础,笔者从基本内涵、价值指向、实践取向等三个方面构建了惟真物理的核心架构,如图3-0-1。

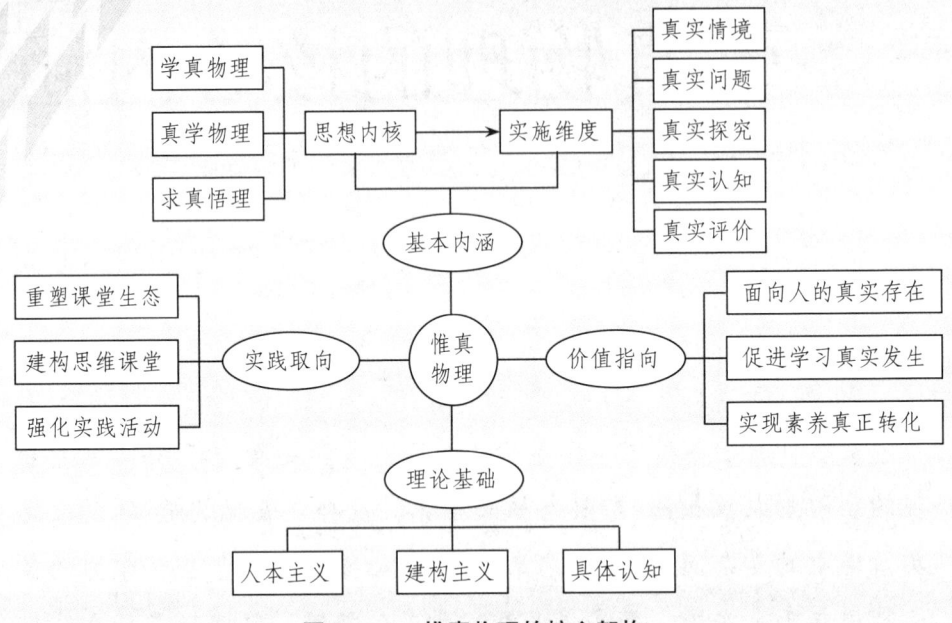

图3-0-1 惟真物理的核心架构

第一节 惟真物理的基本内涵

物理学是以观察和实验为基础的科学,物理学的研究方法一般是在观察和实践的基础上,对物理现象进行分析、抽象和概括,从而建立物理理论,之后再回到实践中去经受检验。所以,物理学科的客观属性即"真"。"惟真物理"中的"惟"有"惟有""崇尚""追求"之意;"惟真物理"中的"真"即"真实";"惟真物理"中的"物理",不仅指向物理学科,更指向物理教育。惟真物理教学主张一方面强调物理学科的"真实"本质,体现的是物理作为一门基础科学的学科特性;另一方面可以理解为崇尚、追求真实的物理教育,体现的是物理作为一门基础教育课程所承载的学科核心素养培育和促进学生全面发展的课程使命。惟真物理主张从物理学科本质出发,围绕"学真物理,真学物理,求真悟理"的思想内核开展教学活动,落实物理学科核心素养在课堂教学中的培养,实现物理教学向物理教育的转变。

一、惟真物理的思想内核

图 3-1-1 惟真物理的思想内核

"学真物理,真学物理,求真悟理"是惟真物理的思想内核(如图3-1-1),是基于物理学科育人价值缺失、教(学)的方法不科学、学科育人内涵不清而提出的。其基本解释如下:

学真物理:学真物理的"真",是针对当前仍然重视物理知识的教学而提出的。从物理学科的育人价值内涵分析,物理的育人要素包含物理知识、物理方法、物理思想、物理观念、物理精神等多个方面。因此,这里的"真"指的是物理学科教学要克服仅教知识的片面性,强调的是物理学科育人内容的完整性。

真学物理:真学物理是指用科学的方法学物理。物理学是一门基础科学,在探索和建立物理知识的过程中形成了物理研究的基本科学方法,这些科学方法也是学习物理知识的基本方法。真学物理中的"真",强调的是物理的学习方法要真。

求真悟理:求真悟理,是物理学习的结果。物理是一门科学,求真是它的本质特征。物理的求真,是求真知,真知包含知识本身,更重要的是知识背后的意义,即物理知识背后的方法、思想和精神。悟理,即能悟懂道理,指通过学习物理悟懂人生道理,追求人性和精神的成长。比如能从科学本质的视角理解这个世界和生活,能以科学态度和责任感融入现实与未来的生活世界。

二 惟真物理的实施维度

"惟真"是惟真物理教学主张的核心,物理教学要达成"学真物理,真学物理,求真悟理"的目标,需要围绕"真实情境、真实问题、真实探究、真实认知、真实评价"五个维度来开展教学活动。

(一)真实情境

学生学习的知识,只有当学生知道这些知识可以用在哪些情境中,以及能够将这些知识迁移到新的情境中解决问题时,这些知识才是有活性的知识,而不是惰性知识。真实情境有利于学生产生认知冲突,提出真实问题,激发对学习任务的兴趣,主动与自身已经具备的知识和经验联系起来,驱动学生自觉地进行学习探究。

真实情境的"真实",强调的是真实可靠及真实性,并非强调情境是完全真实的。不一定是真实场地,也不一定是真实物件,让学生身临其境也不一定算得上真实情境。"真实可靠"指的是与问题的提出有着必然的、合理的、关键的联系。教学中的真实情境的外在表征是"真实",强调的是对生活世界客观事物的还原;而情境意涵着场景的重塑和再造,是对事物发展过程和事物发展过程中主客体多元交互的再现,内隐着"模拟"的特性。"真实"和基于真实的"模拟"是真实情境的基本特征。

真实情境是链接学生已有经验、真实生活世界、学习资源以及知识迁移应用的重要场域,是转变学生学习从知识接受走向主动建构的重要载体,是实现知识与学生真实生活世界交互融合的重要桥梁。在探索真实情境的过程中,个体通过具身化的实践活动,实现了建构新知与生成经验的有效连接;借助群体间的交流互动,达到生发情感与建构认知的交互发展;而真实情境也作为承载一切学习发生、发展过程的现实空间,能够实现时空的融合统一。[①]因此,真实情境的创设要坚持三个基本原则:尽量联系学生的现实生活,基于生活世界创设情境;必须关注学生原有知识和经验,以学生原有认知水平为基础创设情境;更关键的是要紧密联系教学内容,聚焦于教学中的核心问题创设情境。这样的真实情境不是为了迎合教师的教学愿望,而是符合学生学习认知的需要,以引发学生的求知动机和欲望,在求知欲望的驱动下实现探究合作和主动思维,自觉主动地建构和完善自己的知识体系。

(二)真实问题

问题是思维的起点,思维的深入需要问题的引领。物理教学要倡导围绕问题展开,并最终实现问题的解决。问题是教学的核心,一节高效的课堂,需要由一系列的问题来串联教学过程,促进师生之间、生生之间思维碰撞,实现知识的内化与建构。然而,在教学实践中,问题的设计存在着"为了提问而提问"的现象,如问题缺乏价值、问题指向不清晰、问题过于简单或过难、问题缺乏梯度、问题脱离实际等。所谓真实问题,就是物理教学中有价值的问题。那什么样的物理问题是有价值的问题呢?

首先,真实问题是指向物理核心知识的问题。一个真实的物理问题应该明确地指向物理学科的核心知识,能够帮助学生理解和掌握物理概念、定律和原

---

① 王素云,代建军.真实性学习视域下"真实情境"探析[J].教育参考,2021(6):12-17.

理。问题的设计应该紧扣物理核心知识点,使学生能够迅速地把握问题的关键,引导学生进行有效的思考和探究,帮助建立已有知识和未知知识之间的联系,利于学生建构完整的知识体系。

其次,真实问题是基于真实情境设计的问题。素养导向的物理教学倡导基于真实情境的教学,情境是问题的来源,由情境引发问题,情境就是为了问题而创设的。将物理问题与现实生活或实验情境相联系,不仅能够激发学生的学习兴趣和探究欲望,增强学习的动力,还能使学生更好地理解物理知识的应用价值,培养他们解决实际问题的能力。

再次,真实问题是符合学生现有认知水平的问题。课堂中的问题面对的对象是学生,问题的设计一定要考虑到学生的认知水平,确保问题的难度适中,既不过于简单,也不过于复杂,问题的表述要清晰明了,易于理解。要避免提出的问题学生不用思考就能回答,或者学生怎么思考都回答不了,甚至根本不能理解问题本身。

最后,真实问题是促进学生思维不断进阶的问题。有价值的问题应目标明确、针对性强、能够引发学生的思考且能促进学生思维不断进阶。问题应按难易程度进行梯度设计,引导学生逐步深入地思考,帮助他们建立科学的思维方式,提高解决问题的能力。如教学起始的问题是针对性强,能激发认知冲突的趣味性问题;围绕核心知识提出的问题是层层递进、有一定深度,能激活学生思维火花的发展性问题;知识迁移应用的问题是能引发学生深度思考,培养学生创造性思维的开放性问题。

(三)真实探究

真实探究是针对物理教学中的"虚探究""假探究"而言的,其基本含义就是真实的科学探究。物理中的科学探究是物理学科核心素养中关键能力培养的重要内容,是物理学科的育人目标之一,物理教学不仅要培养学生的科学探究能力,同时也要通过物理教学让学生理解科学探究的本质。在物理教学中,科学探究既是教学方法,也是学习方式。科学探究在物理教学中被视为一种高效的教学策略,由教师根据所学物理知识设计探究活动,让学生作为探究主体,在教师的引导下从问题、证据、交流、解释等四个方面经历探究过程,实现物理知识的自主建构,并能通过真实的探究经历,加强对物理学科学本质的理解。

教学中如何突出探究的"真实"?首先,要关注问题的真实性。这意味着要强调探究的问题来源、问题背景或问题涉及的场景都要基于真实情境,只有确保问题的真实性,才能确保探究活动具有实际价值和意义,从而让学生在解决问题的过程中获得有价值的学习体验。其次,注重探究方法的科学性。探究过程中,我们需要遵循科学的研究方法,对研究问题进行深入剖析,运用恰当的实验手段获取证据、分析证据并进行合理的推理,这样才能获得真实可靠的探究结果,进而有效地解决问题。再次,要增强探究过程的体验性。这意味着在开展探究活动时,要强化学生的感受和体验,要通过提供丰富的学习资源、采用多样化的探究形式、鼓励多向度的合作与交流等,让学生在解决问题的过程中获得成长和发展。最后,要突出探究结果的客观性。在探究活动中,要引导学生尊重实验事实,用真实数据说话,要让学生在尊重事实和数据的基础上,深入分析影响探究结果的各种因素,确保探究结果的真实性和客观性。

总之,突出"真实"二字,旨在强调物理学科的实践特性,避免"为了探究而探究",充分挖掘科学探究所蕴含的育人要素,让学生能够在探究实践中获得真实的发展,追求物理学科育人价值实现。

(四)真实认知

认知是指人的个体知识形成过程,是获取知识、加工信息、应用知识的过程。认知的核心在于对"认"的本质、"认"的过程以及"认"的方式的深刻理解。在这个过程中,"认"的含义是指客观形象"走入"主观意识,将外部世界对个体的影响在内心深处得以体现,进而转化为感觉、思想、动机、意志等。"知"的含义是主体在接触和感知生活中的客观事物后,借助自身经验与思维,在意识中建构出具有信息性和内容性的稳定图式。认知的"知"既代表着个体基于理性实践对客观存在所形成的理解,指向真理世界,同时也体现为个体在生活体验中对文化、美德与信念的感悟,指向价值世界。

素养导向的认知过程是以发展个体知识为载体,激发积极求知情感,形成正确价值观念的个体认知建构过程。这样的认知过程不仅包括知道和如何知道知识,也隐含着个体如何面向真实自我以及个体与社会的关系,是人和自我、社会、文化和谐相处的价值实现过程。素养导向的认知具有真实性的特征。认知的真实性是指个体融入真实情境,面对真实问题,在积极的求知意愿的驱动下,展开具身体验和实践,进而实现知识的同化和顺应,不断完善自身的认知图式。王素云、代建军对真实性学习开展了系统研究,提出:

真实认知是一种价值负载的综合性能力,是个体置身真实情境,进行知识架构、问题解决、人际理解与自我超越后达成的。真实认知指向"真理世界",也面向人的"意义世界",更立足"文化世界",是关涉主体价值的知识、能力与情感、价值观的多维合金。在真实认知的形成过程中,个体依靠情境中的探究性行动,实现知识的建构;借助自身解决问题的过程,达成共同情感的生发;以个体场域中形成的综合能力,彰显自身的价值理念。根据真实认知本身内蕴的知行合一性、问题解决性和素养导向性,在真实性学习视域下,真实认知的实践路径为:让个体置身真实情境,使其在体验中生疑,由惑而识;引导个体在情境中运用,由学而能;促使个体在行动中完善,行以致知。[①]

可见,真实认知的本质在于具备了"人为"的过程性和"为人"的价值性,是个体融入真实情境、与他人交互过程中自主建构的产物。在物理教学中,真实认知的实现需以"真实情境"及其中的"真实问题"为基石,构建学生认知与客观现实世界深度交流的纽带,进而在这两者之间营造出一种生态关联,从而跨越物理知识领域与现实生活场景之间的界限,真正实现物理学习与学生现实生活的视野融合。

(五)真实评价

教学评价是为了促进学生的发展,课堂教学评价主要是教学过程的形成性评价和学生学习的反思性评价。教学活动中学生的学习需要和教学需要是构建课堂教学评价的重要依据。基于学生学习的视角,学生需通过自我反思及与同伴互动,明确学习的长期与短期目标,了解应保持何种态度与动机投入学习,并选择适当的学习策略。此外,还需判断自身是否达成学习目标,并认识进一步优化学习策略的方向,适时调整学习目标,以实现最佳学习成效。立足于教学的角度,有必要采取恰当的检测方式来实时掌握学生的学习起点、投入程度、学习方法、所遇难题、达成水平,以及谋划后续教学策略等。教师应通过与学生的互动以及自我观察来获取实证,深入了解学生在学习过程中的实际表现,特别是关注学生的学习兴趣、意愿和态度,学习策略和方法,元认知能力,以及在学习过程中体现出的与成长和发展紧密相关的观念转变等。在此基础上,对学

[①] 王素云,代建军.真实认知:内涵、特征与实践路径[J].当代教育科学,2022(5):10-16.

生的学习进行定位,明确后续教学的方向和手段。

真实评价是指以核心素养培养为导向,围绕"真实情境、真实问题、真实探究、真实认知"的四个"真",借助教学过程中的多种任务情境,收集和获取学生学习行为的表现信息,对学生学习的真实状况进行的综合性评价。真实评价把实现育人价值视为核心目标,旨在客观全面地评估学生在学习基础知识和基本技能的同时,是否形成了相关的物理观念,是否掌握了科学的思维方法,是否具备探究和解决实际问题的能力,以及是否养成了科学的态度和社会责任感,以此来判断学生物理学科核心素养的发展水平。

从评价理念来看,真实评价力求实现从"唯解题考试重结果评价"到"全面考查学生学习过程中综合表现的重过程评价"的转变。从评价的维度和层次来看,真实评价的各个要素都具有多向度和多层次的特点。如学生对情境的理解度、参与度,提出问题的思想性、针对性,对问题思考和表达的准确度、深刻度,真实探究的参与程度、合作意识、行动表现、操作方式,以及认知过程的积极性、主动性等。

真实评价强调评价过程的多元性、评价维度的多向性和评价层次的多样性,使得评价结果具有客观具体、有效可信的优点,有利于促进学生全面而有个性地发展。

第二节 惟真物理的价值指向

真实的教育是面向人的教育,旨在唤醒人的精神力量,培养人的美好品德;真实的教育是关注学习本质的教育,旨在通过有意义的学习促进人的成长;真实的教育是关注生活现实的教育,旨在提升人面对真实世界的生存能力和向善品质;真实的教育是尊重个性,彰显个体独立性、发展性、实践性的教育,旨在实现个人价值,追求个人价值与社会共同价值的融合。

"真实"是惟真物理的核心,惟真物理教学主张是对真实物理教育的呼应,呼唤物理教育要回归真实。回归真实的物理教育,是面向人的真实存在、促进学习真实发生、实现素养真正转化的教育。

一 面向人的真实存在

雅斯贝尔斯曾说:"所谓教育,不过是人对人的主体间灵肉交流活动(尤其是老一代对年轻一代),包括知识内容的传授、生命内涵的领悟、意志行为的规范,并通过文化传递功能,将文化遗产教给年轻一代,使他们自由地生成,并启迪其自由天性。……教育活动关注的是,人的潜力如何最大限度地调动起来并加以实现,以及人的内部灵性与可能性如何充分生成,质言之,教育是人的灵魂的教育,而非理智知识和认识的堆集。"[1] 由此可见,教育的本质,就是人的自由生成、人的本真回归。

教育的真实首先是面对真实的人。所谓真实的人,就是全身心参与教育活动的人。惟真物理指向物理教学活动中真实的人的回归,强调物理学习过程中认知、行为、意志、情感的协调统一。物理教学的目的不在于物理知识本身,而是要学生通过具身实践去获取和发现物理知识蕴含的教育意义,生发理性和德性,发展高阶思维,升华情感、养成态度、树立正确价值观。惟真物理强调以联系学生真实生活、回归物理科学本质为基础,以真实物理问题为主线,创设真实

---

[1] 雅斯贝尔斯.什么是教育[M].邹进,译.北京:生活·读书·新知三联书店,1991:3-4.

或类真实的学习情境,让学生置身于科学探究实践活动中,通过学生具身参与多元互动,达成物理知识的意义建构,提升学生面对真实世界,解决现实问题的能力,实现个体发展,彰显物理教育的人本回归。

首先,尊重学生个体的自我存在。惟真物理重视学生在对物理问题的科学探究实践过程中,借助身体的多维度感知,形成个性化体验,基于真实个性化体验和已有的实践经验,建构和完善自身经验和新的认知体系。在这一过程中,学生借助真实情境中的具身体验,让身体主动参与到探究实践活动中去,学生不再是被动接受的客体,而是具有能动性和创造性的学习主体,学生主体的个体经验、情境感知、主动实践成为学生"自我实现"的基础,强化了学生作为学习主体在学习中的个体性存在和实践性存在的特征。

其次,强调主体多维交互的关系性存在。"假如我把人身上的一切都归结为个人,并否定人们之间的相互联系和个人与整体的相互联系的链条的话,那么人的本性和人的历史对我们来说都是难于理解的了,因为我们中的任何一个人光靠自身都不能成为人。"[1]这告诉我们要关注教育中人与他人、人与客体(情境)的复杂关系,充分尊重并善于利用教学活动中人与人之间的相互影响及交互作用,帮助学生克服个体学习的局限,走向多维的关系交互,在真正的交往互动中涵养和发展个性品质。惟真物理倡导的学习情境是真实或类真实的复杂学习情境,学生不仅要突出主体身份进行主动建构,同时离不开与情境中的客观事物、其他多元群体的交互和对话。在复杂的生活真实情境中,学生必须借助自身与环境的交互,借助自身与群体的身体互动、言语交流,在多维(身体、思维、心理)的对话和联合中走向问题的解决。物理学科科学探究实践活动中,学生与实验器材、现代媒体技术等环境的交互,学生之间、学生与教师之间、学生与学科领域专家之间对探究问题的交流、解释、论证,都体现了学生在复杂学习场域,以共同行动解决真实问题的真实多维交互的实现。

二 促进学习真实发生

建构主义学习观认为"学习主体可以主动建构知识,学习是一个意义建构的过程"。学习的真正意义在于学习者超越知识的习得,在知识建构过程中发

---

[1] 鲁洁,夏剑,侯彩颖.鲁洁德育论著精要[M].福州:福建教育出版社,2016:158.

展能力、形成品格,最终获得人性的成长。核心素养视域下的学生学习,主要强调三个方面:习得知识、运用知识、在习得知识和运用知识的过程中涵养人格。因此,学习不再是简单的知识记忆和积累,而是在学习过程中,借助联系真实生活世界的情境,通过与他者的对话交互,真正实现知识的意义。简而言之,就是进行有深度、有广度的学习,让学习真实发生。

惟真物理教学主张提出物理学科要基于"真实情境",提出"真实问题",开展"真实探究",促进"真实认知",实施"真实评价"。这与传统认知理论指导下的知识学习不同,不是给一些东西让学生去学,而是将所学知识融入到具体的情境当中,由学生在和情境的交互体验中去发现和提出一些真实问题,把问题作为一项任务去解决。在解决问题的过程中,一方面能让学生有亲身经历和体验的主体性参与;另一方面还要求学生立足已有的认知经验,积极主动实践和行动,调用主体思维,进行实践探究方案的设计和实施,实现主体与他者之间的对话和协作。通过真实情境中的主体参与、对话交流、共同协作来创造性地解决问题,实现学生知识结构的重建,这是学习真实发生的重要表现之一。

物理教学中的实验和理论探究,是物理学习最主要的方式之一,体现了物理学科的实践性。物理的真实学习,离不开惟真物理所强调的"真实探究"。一方面,学生探究行动是学生身心高投入参与教学活动。学生探究行动以激活学生真实体验为目的,充分调动学生视觉、听觉、触觉等多感官系统,在真实情境中经历多样的行动方法,获得不同的身心体验,充分发挥身心行动价值,形成个体自我新认知。另一方面,学生探究行动是持续深度思维的学习活动。学生在学习过程中是否开启思维的大门,进行深入的思维,是物理学习是否真实发生的重要标志之一。探究行动中必须融入学生的思维,认识事物的直觉思维、想象事物的形象思维、推理论证的逻辑思维、寻求新方法的创新思维等。在探究行动中发挥多种思维力量,主动调动思维能力,去发现情境中的问题,去参与学习过程中的与多维群体的交互,学会借助情境和多维交互去更迭、发展、完善自身思辨能力,并在尝试解决问题的过程中不断优化、反思自己的思维方式,进一步发展和提升自身的高阶思维能力。可以说,学生探究行动不仅需要学生的思维广度,更需要学生的思维深度。开展真实探究即是从"问题"到"问题解决"的实践过程,更是从"相遇不懂"到"发现喜悦"的思维进阶过程,这也是惟真物理促进学习真实发生的重要表现。

三　实现素养真正转化

核心素养包含个人、社会、文化等多个向度,培育学生核心素养就是要实现多向度的均衡发展、整体发展和全面发展。多向度素养的养成不仅要让学生的学习融入真实的生活情境,还需要学生在情境中去发现问题、行动体验、构建经验,这样才能最终形成适应社会和未来发展的必备品格和关键能力。惟真物理教学主张,以物理实验为根,创设真实问题情境;以科学方法为翼,让学生围绕真实问题开展物理学科实践活动;以科学思维为魂,让学生在积极的探索和互动中获得真实体验,建构个体经验,发展关键能力,养成必备品格,生发正确的价值观念。这样的物理学习过程,学生立足客观世界、正视自我发展、理解物理文化,实现自身多向度素养的生成和发展。

首先,学科教学中基于真实情境的真实问题,是学生个体素养生成的起点。个体的求知欲望来源于对客观真实世界的疑惑,也就是真实情境中的问题,所以问题是学生求知的逻辑起点。学生解决问题的过程,是学生个体知识、方法和能力的发展过程,也就是学生素养的生发过程。惟真物理强调教学过程中问题的真实性,探索的问题必须来源于真实客观世界。在物理教学中,让学生回归到物理知识生产过程的真实情境中,围绕真实问题持续探索问题解决的方案,并进行反复思考和验证,在与情境的多维交互中发展人际交往、高阶思维和科学探究等综合能力,并由此提升对真实情境的适应能力。因此,真实问题是学生素养发展的关键要素,对真实问题的探究过程是学生个体素养生成的重要过程。

其次,学科教学中的学科实践活动,是学生社会素养深化的过程。学科实践活动不仅是学生学习过程中感知体验的重要途径,同时也是学生个体融入社会,进行持续交互行动、建构共同情感的重要方式。实验探究是物理教学中最重要的学科实践活动。惟真物理强调"真实探究",旨在激活学生在实验探究中的具身行动,充分调动学生多种感官感知实验对象和环境等客观事物,调动复杂思维与实验场域中的真实群体开展多维互动,发展学生对物理实验的个性化认知及适应实验环境的能力和智慧。实验探究是一种感官式、具身化、思维性相融合的,具有复杂性的人与情境的社会化交互活动。在这种具有物理学科本质特征的复杂性社会化交互活动中,学生与实验环境、实验客体、其他真实群体之间发生真实具体的相互作用,彼此之间发生持续的相互影响,学生个体的社会素养就在这种真实学科实践活动中生成和发展,并在学生个体与多元群体的交互中不断得以深化。物理学科实践活动中的真实探究成为物理教学中个体发展社会素养的重要载体,实验探究过程中的合作交流、解释分享、反思改进等与其他多元群体的互动,成为发展学生未来社会适应能力的重要方式。

最后,学科教学中自我建构的个体经验,是学生文化素养养成的载体。学生个体经验是在个体与社会、文化交互中形成的,学生在学习学科知识过程中与其他多元群体进行深层交互,真实地面向生活,理解他人、理解学科文化,形成对学科文化的多元认识和体验,促发自我价值理念的建构,实现自我文化素养的发展。惟真物理注重物理学科的文化价值挖掘,物理文化不仅仅是一种科学文化,同时也是一种人文文化。物理文化是物理学家在长期的物理科学研究实践中创造的宝贵的物质和精神财富。物理学是以实验为基础的科学,实践是物理学研究的最基本方式,讲究实证是物理学研究最基本的态度,"求真"是物理文化最根本的特征。物理学的发展史,就是一部崇尚真理,不断修正错误的"求真"史。物理学的研究成果最终体现在造福人类上,"向善"是物理学研究的目的。物理学研究致力于解放人类,使人类享受高品质的生活,培养健康生活的信念和意识;物理学家的行为是向善的,他们的德性修养以及科学精神是人类弥足珍贵的人文财富。物理学是"臻美"的。物理学因她的"真"而美,物理学因她的"善"而美,这是一种文化的美。物理学具有科学的美,简单、对称、统一构成物理美的基本准则。"求真""向善""臻美"展现物理文化的高品位、高层次。物理教学就是要让学生在知识建构过程中去感受、去体会、去领悟物理文化的真正价值,将物理文化的精髓融入到个体经验的建构过程中,生成、发展、完善个体的文化素养。

第三节 惟真物理的实践取向

惟真物理需要的教学环境是一种交互的、动态生成的生态境脉。在这样的教学生态境脉中,学生将所学物理知识融入到自己熟知的真实情境中,在与情境的交互中产生认知的渴望,并提出具有现实意义的问题,进而运用自身经验和知识基础及已经掌握的物理研究方法开展真实探究,在具身体验的探究过程中完善自身的认知图式。同时,将多维度、多层次的评价贯穿于整个教学过程,形成客观真实的评价结果,促进教师和学生对教学过程的自我反省和调整。重塑物理课堂生态、构建物理思维课堂和强化物理课堂实践是构建这一理想教学生态境脉的实践方向。

一 重塑物理课堂生态

课堂教学是学校教育的主阵地,也是学校生活的最基本元素。努力让课堂成为人与人之间的思想、文化、情感交流的主阵地,充分激发课堂中学习参与者的生命活力,确保师生生命在场,以师生生命活动之间的有效交往为基础,以师生共同成长特别是学生的全面发展为价值追求,构建和谐生态课堂,是实现以人为本、育人为本的基础。

(一)传统课堂与生态课堂

传统课堂是一个封闭、孤立的系统,课堂与完整的教育和人的现实世界几乎是割裂的。传统课堂追求的是秩序性、确定性,践行技术化和程序化,忽视教育主体的对话权利和需求,缺乏生命活力。就像叶澜教授所说:"学生在学校里的生活大多是被动的,程序化的,尤其在课堂上。孩子们不仅要按课程表的规定和手中的教科书上课,而且一切行动要依照老师的指令……在这里,教师是学生精神王国的主宰者,学生是教师意志的服从者……学生只是教育这台大机器上的一个个'零件'……活生生的'人'被埋没和忽略了。"[1]

---

[1] 舒扬.走进"新基础教育"——华东师大叶澜教授访谈录[J].基础教育,2004(5):6-11.

生态课堂则是从生态学的视角审视分析课堂,认为课堂具备了生态系统的形态结构和功能运转体系。从形态结构上看,课堂具备了课堂生态主体(教师和学生)、课堂生态环境(物质和精神环境)两大生态因子;从运转机制来看,通过课堂生态活动(教学活动)实现主体与环境进行物质、能量和信息的交流,形成了一个人工的相互联系、相互作用的课堂生态系统。课堂生态系统作为一种"为人的"和"人为的"系统,不仅具有像自然生态系统一样的整体性、开放性、多样性和共生性,还具有文化生态的特殊性。生态课堂就是运用生态哲学的理论、方法和思维建构的课堂,是遵循生态规律、蕴含生态理念、彰显生态精神、体现生态气质的课堂。[1]

(二)当前高中物理课堂的生态"失衡"现象

基于生态课堂的价值理念,从生态化视角并结合高中物理学科特点来审视高中物理课堂教学,我们不难发现在物理教学系统中的诸多非生态的"失衡"现象。

1.教学情境与真实情境的失衡

物理知识不是凭空产生的,物理概念和规律的建立来源于对客观世界的观察和思考,与生活生产及社会发展进步紧密相连。传统的物理教学,常常忽视物理概念和规律的建立过程,忽视知识建立的背景和真实情境,将物理概念和规律的理解建立在简单的习题背景中,进行的是无情境、去情境,甚至是假情境的教学。这种脱离真实情境的教学,缺乏对学生现实生活的理解基础,缺乏对物理知识意义的深入思考,学生学习的知识是简化的、刻板的、没有生命力的,学生对知识的理解是肤浅的、表面化的、功利的。

2.教学主体关系的失衡

尽管随着课程改革的深入,学生在教学过程中的主体地位越来越受到重视,但在多数的高中物理课堂中,教师依然保持教学的高度权威,把持甚至垄断了课堂上的"话语权"。教师按照自己对物理知识体系的理解和既定的教学思

---

[1] 岳伟,刘贵华.走向生态课堂——论课堂的整体性变革[J].教育研究,2014(8):99-106.

路把学生的思维引入教学计划之内,严重制约了学生对学习的自身领悟和思考,抑制了学习的生成和学生创造力的发展,学生主体地位难以得到真正的体现。例如,为了突出学生的主体地位,教师会在教学设计中有意识地设计更多的师生互动环节。然而,这样的互动对话和交流停留在教师设计的问题链中,基本处于你问我答状态,所有学生无论是否理解了前面的问题,都得跟着老师亦步亦趋,被动地接受课堂教学的结论。这样的互动缺乏学生相互之间的交流与对话,缺少学生主体间的思维互动,削弱了学生的问题意识,知识的合作学习和自主建构难以体现。

3. 物理实验教学地位的失衡

物理学是以观察和实验为基础的学科,物理实验在物理教学中的地位毋庸置疑,新课标强调物理实验要以全面培养学生科学素养为目标,更加凸显了物理实验在物理教学中的重要地位。而现实的高中物理课堂中,"演示实验常常不做,分组实验一略而过"的现象非常普遍。很多老师缺乏实验素养,经常在黑板上"讲实验",或者借助"视频实验"或"课件实验"取代本应实际操作的实验。分组探究实验流于形式,经常是"因为课标要求做实验而做实验",课堂上让学生进行分组合作探究,却没有让学生搞清楚究竟为什么要探究,要如何进行探究,也不明确合作探究的分工与协作内容,更不明白该实验探究的重点环节是什么,按部就班地按照探究基本步骤进行,形式掩盖了本质。这样的物理教学严重背离了物理学科本质,忽视了实验在物理教学中的重要地位,弱化了实验的教育价值和功能。

4. 解题与解决问题关系的失衡

尽管新课标提出改进教学评价方式,但就当下而言,卷面考试成绩依旧是教学评价的主要方式。各种考试的重点依旧是对学生物理知识和技能的掌握和应用情况进行量化考查。这就造成了许多教师将课堂教学的重心放在训练学生用物理概念和规律解题上,依赖于习题的反复训练强化来促进学生对物理知识的理解和应用,提高学生的解题能力。这样的教学,重复机械训练过多,增加了学生的课业负担。不少老师错误地认为提高了学生的解题能力,就提高了学生解决问题的能力,这显然是狭隘的。通过反复训练得以强化和提升的解题能力,无非是提升了知识应用的熟练度,而并不能真正提高学生面对真实生活情境中的真实问题时解决问题的能力。从这一点来说,我们的物理教学要走向解决真实问题的教学,还有很远的路要走。

5.科学教育与人文教育关系的失衡

作为自然科学基础的物理学,不仅有重要的科学价值,同时也蕴含着丰富的人文价值。物理教育的目标是培养全面发展的人,通过物理教育促进学生科学素养和人文素养的提升。物理不仅是一门科学,同时也是一种文化。但是,传统物理教育重视的是物理的科学性、工具性,物理教学被简单地等同于物理知识的教学应用和物理习题的反复演练,而忽视了物理学发展过程中积累的物理思想方法、科学家精神等物理知识之外的人文意涵的传播。教学过程中忽视物理与学生生活世界的联系,忽视学生个性发展,物理学科的人文关怀和价值等人文教育功能被遮蔽,导致教学过程中科学教育和人文教育关系的失衡。

(三)物理生态课堂构建

针对物理课堂中的生态失衡现象,教师要基于现有资源积极挖掘潜在资源,主动开发创生资源,通过整体协调组织教学系统中的诸多要素,有效整合和充分利用多样化课程资源,营造对学生有意义的真实情境,组织有利于发挥学生主体性、发展学生个性、提高学生参与性的教学活动,构建一个开放的,学生与其他成员、物理环境和社会环境持续互动的课堂生态系统,促进课堂教学目标的有效达成。

1.创设贴近生活的真实情境,让课堂回归学科和学生的生活世界

学生只有对学习情境熟悉,才能感觉到真实,才能够获得真实的体验。有了真实体验,才有可能将体验与原有知识和生活经验建立联系。因此,选择学生身边的现实生活、社会和自然中的"事""物"来建立与所学知识的联系,使教学内容情境化、问题化、任务化,能让学生感觉到知识的意义,进而产生学习兴趣和探究欲望,积极参与到教学活动中。更重要的是,学生在熟悉情境中的学习活动,有利于学生对知识产生个性化的理解,并将这种理解融入自己的知识经验中,进行知识体系的个体化建构。新课标的基本理念之一是物理课程应加强与学生生活、现代社会及科技发展的联系,关注物理学的技术应用所带来的社会热点问题。强调的就是从学生日常生活经验入手,创设贴近生活的教学情

境,将生活资源转化为教学资源,强化学生的生活体验,引导学生在体验中学习,在体验中探究。

2. 开展主客体间的多元对话,激活教学中的互动创生

课堂是一个和谐统一的教学系统,包含了众多的组成元素,如专业而富有热情的教师、勤奋好学的学生以及丰富多样的教科书等。在日常的课堂教学中,教师和学生都应该重视多元化的对话交流,对话的范围包括师生之间的深刻对话,生生之间的热情对话,以及师生与教科书等其他教学资源的智慧对话。这样的多元化对话,可以有效地激活教材中的核心教学知识、教师在日常生活中积累的丰富知识以及教师本身的教育智慧,同时也能够激发学生在生活中积累的经验以及学习的热情。教师和学生应该积极地与教科书以及其他教学资源互动。在这些互动的过程中,各种教学资源的隐性知识将被唤醒,从而形成一种生命智慧的碰撞。最终,这种碰撞将催生出丰富而充满活力的活性知识,为师生的成长创造一个与生活密切相连的学习环境。

多元交流对话的课堂教学是一种充满生机和活力的教学方式,具有灵活多变和现场即时性的特点。课堂教学不仅仅是单一的知识传递,而且是一个持续变化、不断发展的动态过程,通过不断交流对话、互动研讨和实践活动,促进学生的思维拓展和能力提升。教师作为课堂教学的引导者,需要时刻关注每一位学生的学习需求和发展动向,运用多种教学方法和手段,激发学生的学习兴趣和热情。在课堂互动和实践活动中,教师要善于倾听和引导,鼓励学生积极发表观点、分享经验,从而促进学生的思维能力和综合素质的提升。此外,教师还需要关注课堂现场的动态变化,依据实际情况随时调整教学方案,使教学过程更加贴近学生的真实需求,推动学生的全面发展和实现个性化教学,从而显著提升教学效果。

3. 尊重和激发学生个性生命,构建和谐共生的动态生命场

传统的课堂是知识至上的课堂,片面追求知识而无视"人"的存在。而生态课堂是追求人性关怀,关注师生生命,促进师生全面发展的人本课堂。

尊重学生个性特征和成长规律,是确保课堂生命在场的前提。只有在尊重学生个性生命的基础上,才有可能在教学过程中去感受、尊重、理解和接纳,才有可能对学生的学习起到促进和引领的作用。反过来,这样的尊重会以润物细无声的方式影响学生的心灵,教会学生尊重和关爱他人、尊重和关爱自然。物理教学中要尽量发现和挖掘学生在物理学习方面的特长,采用不同的方式鼓励他们在学习过程中发挥个性和特长,激发兴趣,激活求知热情。

课堂生命在场是教师和学生的共同生命在场。教师生命在场是指教师的课堂教学不再是简单机械地完成知识的讲授,而是将自己的知识和情感全部投入到课堂教学中,用自己的爱心和对教学的激情去感染学生、打动学生,激发学生对学习新知识的向往和对课堂学习交流的渴望。学生的生命在场,不是指学生坐在课堂中的身体在场,而是指学生在课堂中能真正参与到学习活动中,积极主动地和学习环境中的其他客体进行有效的互动交流,发展自己的潜能,提升自己的能力。更重要的是,学生能将学习的意愿在教师的引导下主动地延伸到社会中去,将这种主动学习的生命在场延伸到自己的生活世界中,去探索更多的知识,培养自己的能力,促进自我发展。

由此可见,要把课堂视为一个动态的生命场,在课堂教学中,教师和学生的交往是动态生命场的重要构成要素。教师的职责在于积极构建动态的生命场,而学生则通过在场来实现个人的成长。当教师和学生共同在场时,这样的生命场会不断丰富,生命不断得到升华。由此产生的教育生态,将会呈现出更好的教育效果。

4.丰富物理实验内容和实验方法,增强物理课堂实践体验

学生学习过程中要将知识转化为素养,关键在于教学过程中的教学活动设计。教学活动的核心是让学生产生深度的参与体验。物理教学活动中的体验,是指学生在具体的物理情境中认识事物的基本特征,与物理现象或规律产生情感共鸣。体验使物理学习进入生命成长的范畴,有体验的学习已经超越了知识的理性范畴,扩展到情感、心理和人格等领域,从而使学习从知识增长过程走向学生身心和人格发展的过程。

物理是一门以观察和实验为基础的学科,物理实验能让学生亲身体验物理现象,增强课堂教学中学生的真实体验。演示实验、课堂分组实验、分组探究实验在教学中有它们各自不同的功能,但无论哪一种实验,都能增强学生的真实体验。在教学中,教师要充分挖掘与物理知识相关的实验内容,从学生熟悉的生活入手,多做实验并争取让学生多做实验。通过更生动、形象、有趣的实验体验来帮助学生真切地感受物理现象。除了实验内容的丰富之外,也要结合现代技术手段,采用不同的实验方法。一方面增强实验可视性,达成好的实验效果;另一方面,让学生理解实验方法的多样性,并学习利用现代技术进行实验研究。在课堂教学中,有意识地创造各种具体多样的实验场景,让学生充分感受物理现象并透过现象思考物理本质,深入发现问题并思考解决方法。

综上所述,在物理教学过程中,教师需要根据不同教学内容和学生的特点丰富实验教学内容,采用不同的实验方法和形式让学生充分感受物理现象,增强学生切身体验,促进和提高学生学习的身心参与度,从而提高课堂教学效果。

5. 充分挖掘物理学科的文化内涵,重视物理学科的人文教育价值

物理不仅是一门科学,同时也是一种文化。物理文化包含了物理知识生成过程中形成的科学思想和创新智慧的科学内涵,还有物理与社会、物理与人的发展的人文内涵。物理教学既要突出物理学科的科学性,也要重视物理学科的人文性,要建构科学与人文融合的物理教育。物理教学的本质是育人,要关注学生的人性发展,强调人与自然、人与社会协调发展。物理教学不仅要培养学生对科学的热爱,也要着眼于未来,培养学生对自然的热爱,让学生认识到物理知识与社会的发展和进步紧密关联,培养学生将物理知识应用于解决生活和社会的实际问题的意识,提升学生的社会责任感和使命感。

物理学科文化中蕴含着丰富的人文内涵,这些丰富的人文内涵有利于物理学科教学中科学教育与人文教育的有效融合。物理起源于哲学,物理概念和规律到处都蕴含着丰富的哲学思想,如运动思想、守恒思想等。物理学的发展和进步,不断地为人类创造新的物质文明和精神文明,影响着我们社会生活的方方面面。在教学中,要充分挖掘和利用物理与现代科技及日常生活紧密相关的内容,让学生感受物理知识的实际应用,同时也要让学生了解科技进步给人类社会带来的如环境污染、能源枯竭等负面的影响,让学生理解人与自然、社会和谐发展的重要性,形成可持续发展的意识和观念。物理学史无疑是一部科技进程的全景画卷,在教学过程中,应当适时且充分地展示我国古代科学家对科技进步和世界文明的深远影响,叙述自新中国成立以来,我国在社会主义建设和科技领域取得的重大成就,以此让学生领略中华文明的璀璨光辉,并借此激发他们的民族自豪感,培养他们的爱国主义情操,最终引导他们形成正确的政治立场与观念。科学并无国界之分,但科学家对祖国却有着深厚的情感,教学中通过像钱学森、邓稼先等伟大科学家的科学精神与爱国主义精神完美融合的典型案例进行爱国主义教育,是物理学教育义不容辞的责任。

二 建构物理思维课堂

物理学的研究需要进行观察、实验、思考、归纳和推理,这与人的思维活动密不可分,也就是说,离开思维是不可能研究物理学的,思维是物理学的灵魂。物理学科核心素养包括物理观念、科学思维、科学探究、科学态度与责任。物理观念是物理概念和规律的凝练和升华,观念的形成离不开物理思维;科学思维的模型建构、科学推理、科学论证、质疑创新等要素是物理思维的重要成分;科学探究中问题的提出、证据分析、结论解释、成果交流等各要素也离不开物理思维;科学态度与责任需要认识科学本质及科学·技术·环境·社会的关系,同样也需要物理思维。可见,思维是推动物理学科发展的动力,是物理学科的灵魂。物理教育最核心的目标就是培养学生的物理思维能力,这是发展学生物理核心素养之根本。素养导向的物理教学要实现知识为本到素养为本的转变,其中的关键就是要将学生思维发展作为课堂教学的核心,构建物理思维课堂。

(一)物理思维课堂

重视物理课堂中的思维活动,提高物理课堂教学实效是一线物理教育工作者的普遍追求。然而,在教学实践中,知识为本、大量灌输的物理课堂依旧大面积存在,学生获得的是大量无法激活的惰性知识。因为不是由思维得到的知识,使用的时候也就无法精准有效激活,课堂教学中的思维训练名存实亡,学生思维能力得不到发展。

厘清思维课堂的内涵,要明确知识与思维的关系。知识和思维是学习的基本内容,它们有着密切的联系。知识是思维的对象,也就是说知识是思维发生的材料,没有知识,思维就失去了根基,就不可能有思维训练。通过思维对知识的组织和深入加工,学生实现了对知识的理解和建构,将公共知识转化为个性化知识,将知识活化。学生在加工知识的过程中必须应用思维技能,思维技能得到训练。学生通过激活思维调用知识去解决问题,实现了思维能力的提升。

物理思维课堂是以思维发展为核心的课堂。思维发展是由一定的思维起点向一个确定的发展目标进阶的过程。首先是能利用已有的思维经验技能对所学知识进行组织加工,实现知识的理解和个体化建构;其次是在建构知识的过程中学习新的思维方法;最后是能将习得的知识和思维方法应用到新情境,实现思维迁移应用,发展高阶思维能力。

惟真物理教学主张下的物理思维课堂,是以物理知识为载体,基于真实情境提出真实问题,设计以学生物理思维发展为主线的教学活动,引导学生利用科学方法主动建构知识,指向真实问题解决和实现学生高阶思维能力发展的课堂。

(二)物理思维课堂的构建

1.依据具体教学内容,明确思维发展目标

课堂教学要有明确的教学目标,通常我们设定教学目标时,比较重视内容目标,而学生思维发展目标往往被忽视。虽然2001版物理课程标准中的"三维目标"将思维包含在"过程与方法"中,但由于"过程与方法"没有明确指出"思维"的内涵,更没有给出思维教学的基本方法,导致教学实践中思维目标被忽略。2017版高中物理课程标准,把科学思维作为物理学科核心素养培养目标,这为我们在物理课堂教学中开展思维教学提供了依据。在教学目标设计时,除了设定教学知识目标,还应该设定清晰的思维发展目标。课标虽然没有提供思维发展目标的划分标准,但我们可以从发展的进程出发,将思维发展目标划分为学生已具备的思维方法和技能的应用、新思维方法和技能的习得和将思维方法迁移应用到新情境中实现对新问题的思维加工和解决。

布鲁姆把认知领域目标分为"提取""领会""应用""分析""评价"和"创造"六个层次。人们通常认为,"提取""领会""应用"属于低阶认知(思维)目标,"分析""评价"和"创造"属于高阶认知(思维)目标。[1]在具体的教学过程中,需要应用思维可视化方法和策略来实现这些目标。在设定具体目标时,教师应根据具体的教学内容设定思维目标,如"学生能根据平抛运动的对比实验,领会平抛运动两个方向的运动性质","学生能应用力的分解方法解决生活中的实际问题"等。

教学思维目标的设定还要考虑学生的实际水平和能力。挑战性的目标更有助于学生思维发展,思维目标的设定要基于学生现有的思维水平和能力,思维的起点目标应立足于学生现有水平,思维的过程目标要呈台阶型逐级递增,跨度不能过大,思维的终点目标要符合学生能力发展水平并指向实际问题的解

---

[1] 赵国庆,熊雅雯,王晓玲.思维发展型课堂的概念、要素与设计[J].中国电化教育,2018(7):7-15.

决。如自由落体运动的教学,学生的思维起点目标是"构建自由落体运动模型",思维过程目标是"用实验+推理探究自由落体运动的规律",思维终点目标是"能应用自由落体运动规律及相关的物理方法解决生活中的实际问题"。

2.优化教学活动设计,突出知识形成过程

课本呈现的物理知识,由于略去了知识产生的过程而变得更为抽象。任何知识的形成过程,都蕴藏着丰富的科学探索过程。课堂教学中要让学生完成知识的自主建构,就必须让学生去经历知识的产生过程,在经历中理解知识、学习方法、训练思维,促进学生思维能力的发展。需要明确的是,知识的产生过程不同于科学家发现知识的完整过程,它是教学意义下的过程重组和再现,保留的是知识产生过程中的那些具有育人价值的关键步骤。教学中,通过优化教学活动设计,再现这些关键的步骤,让学生去经历和体验、领会内隐于知识形成过程中的物理方法、物理思维,使知识的生成与学生的认知经验、认知规律相结合,让学生在经历和体验中借鉴和吸取前人的经验和智慧,发展自己的思维能力。比如,如何重视概念的形成过程?一是要让学生了解为什么会产生这一概念;二是要理解通过什么物理方法得出了这个概念;三是要了解这个概念在学科结构中的地位和作用;四是要能够利用这个概念以及得出概念的物理方法解决实际问题。学生如果按照这样的过程完成了概念的建构,思维层次呈阶梯式上升,概念建构的思维能力和思维方法就能得到很好的发展。

3.营造良好思维环境,促进学生主动思维

思维课堂的核心是学生在课堂中能积极主动地思维,而学生积极主动思维的前提条件是具有良好的思维环境。在具体的课堂教学中,创设问题情境、融洽师生关系、加强对话交流等手段都有利于营造良好的主动思维环境,对促进学生主动思维有重要的作用。

(1)创设问题情境

古人云,"学源于思,思起于疑"。问题是思维的起点,也是学生学习的动力。思维的材料和对象是知识,将物理知识融入真实情境中,让学生进入情境,在与情境进行情感交互的过程中提出问题,产生学习的动机和欲望,激发学生学习的兴趣,才能开启学生的思维之门。因此,好的问题情境,是打开思维大门的基础,是思维发展的依托。那么,什么样的问题情境是好的问题情境?需要

明确的是,情境的创设要根植于学生生活世界,基于学生生活经验,贴近学生认知的最近发展区。更重要的是,无论采用何种方式和手段创设问题情境,呈现的情境材料都要指向需要提出的物理问题,情境很重要,情境中的问题更重要。问题指向明确的情境,有利于学生基于自己的知识基础和经验进行观察、比较、分析等,对情境中的材料进行加工,激活自己的思维,促进思维的发展。

(2)融洽师生关系

融洽的师生关系会对学生的学习产生积极的影响。课堂教学虽然是一种比较特殊的人与人之间的交往方式,但交往的基本法则还是尊重和平等。课堂教学中营造民主、平等的教学氛围,学生才能积极参与课堂交往,才有可能激活学生的思维。

课堂上,学生思维过程的表现之一即学生的表达,包括师生之间的提问与回答、学生之间的讨论与交流。要构建思维课堂,就要让学生在课堂中能够积极主动地将自己的思维过程表现出来。教师要尊重学生,以学生的思维和课堂体验为中心开展教学,让学生敢于在课堂上说自己的话、说想说的话、说真实的话,鼓励学生大胆质疑、积极表达。这不仅仅是培养学生思维能力的过程,也是塑造学生品格的过程。值得注意的是,营造和谐师生关系仅仅是一种调节学习积极情感的手段,不是思维课堂的本质,一定要避免形式上的和谐平等、生动活泼。

(3)加强对话交流

课堂教学中的思维方式一种是独立思考,更重要的一种是对话交流,课堂的对话交流最能激发学生思维。对话过程中,学生必须认真倾听获取信息,经过思维分析作出判断,最后形成自己的观点进行表达,这一过程中大量的活动是在思维的参与下完成的。所以,课堂中最能激起学生思维的不是听老师讲授,而是课堂中的对话,师生间的对话和生生间的对话。

师生对话是一门课堂艺术,对话的本质是激发学生的思维。师生对话,不是简单的教师提问、学生回答,而是将对话作为启动学生思维、激活学生思维的一种主要方式,"不愤不启,不悱不发",启发才是对话的最本质特征。提问作为师生课堂对话最主要的方式,是师生思维活动的桥梁和纽带。从这个意义上来说,学生课堂上思维发展的一种方式就是提问、解答、追问、明朗的过程。教师提问的方式,是能够调动和拓展学生思维的关键要素。师生对话,要讲究语言艺术,尽量不使用强制式话语而采用探究式话语。"进行谈话并不要求否证别人,而是相反地要求真正考虑别人意见的实际力量。因此,谈话是一种检验的艺术。"[1]探究性话语具有犹豫性和不完整性,其特性在于使发言者得以尝试各种观点,倾听它们所产生的声音,观察他人在创作过程中如何构建它们,并能够将信息与各种观点以不同模式排列。探究性话语式的对话,有利于学生在教师的引导和对自身思维过程的反思中修正自己的理解,形成新的认识,提升质疑和创新意识。[2]

生生对话交流,也是促进学生思维碰撞、产生新智慧的重要学习方式。课堂学习的优势就在于克服了学生个体学习中孤独无伴、遇到问题无法交流的弊端。课堂是一个学生智慧交融碰撞的场所,生生之间的对话交流,不仅满足学生交往的情感需求,激发竞争意识,还有利于学生之间的交流协作,在交流协作中进行思维的互动和碰撞,在与同伴的思维碰撞中吸收他人的思维经验,促进自身思维能力的提升。

4.强化变式迁移应用,提升物理思维品质

思维课堂强调的是通过教学活动将知识产生的逻辑过程转化为学生思维、训练和发展学生思维能力的过程。物理教学的结果是让学生将所学知识应用到实际问题的解决中,而解决问题的过程,是学生应用物理思维方法的过程,是提升学生思维品质的过程。学生的思维品质是思维能力强弱的表现,是在学习物理知识和解决物理问题过程中表现出来的一种智力特征。思维品质主要包括思维的深刻性、灵活性、批判性、独创性和敏捷性。这五个特征往往互相交融,很难一一区分,但总体反映学生思维的全面性。

从教学的角度来看,迁移是指学习者将已经学到的知识、技能和持有的态度应用于新情境中,以解决问题或进行新的学习活动。它是一种学习过程,涉及将先前获得的知识、技能和态度应用于新的情境或任务中,从而促进新知识的理解和应用。学习的价值就在于学生能将学习的知识迁移应用于要解决的实际问题。变式是指给学生呈现不同形式的直观材料和事例,变换同类材料中的非本质属性,其核心在于通过变化使学生能够把握事物本质,而将所学知识

---

[1] 加达默尔.真理与方法:哲学诠释学的基本特征(上卷)[M].洪汉鼎,译.上海:上海译文出版社,1992:472.
[2] 张光陆.有效的课堂对话与学生核心素养的养成[J].课程·教材·教法,2017(3):52-57.

和方法迁移应用到变式的问题中来。变式迁移应用需要学生对提供的变式材料进行深层次思维加工,把握其本质属性,需要思维的关联、迁移和整合。变式迁移应用可以从正面、反面、侧面等多个角度,通过正向、逆向等不同思维过程强化学生思维训练。因此,变式迁移应用是促进学生思维方法迁移的有效手段,有助于提升学生思维品质,促进学生思维能力的全面发展。

三 强化物理课堂实践

《义务教育课程方案(2022年版)》将"变革育人方式,突出实践"作为义务教育课程应遵循的一条基本原则,明确提出"强化学科实践"是"深化教学改革"的重要任务。学科实践是教育视角下的实践活动,强调"做中学",注重从做事、探究和经验中求学问,从做事中获得知识和技能。

(一)学科实践是新一代的学习方式[1]

学科实践超越了知识授受和探究学习,是新一代的学习方式。

首先,学科实践是对知识接受学习的超越。学科实践的前提是学科,其次才是实践,是在学科的学习过程中实践,也是通过实践的方式学习学科知识。学科知识是基础,实践活动是方式和手段。学科实践强调学生应通过实践去获取、理解、运用学科知识,并在实践活动中内化、建构自己的学科知识,是对知识接受学习的超越。

其次,学科实践是探究学习方式的升级迭代。探究学习作为课程改革进程中一种备受推崇的学习方式,在课堂教学方式改革中发挥了重要的作用。探究学习是一种模拟学科专家开展学科研究的过程,旨在通过探究过程使学生获得、理解、运用知识,其本质是一种实践的形式。但在多年的课堂实践中,出现了盲目探究、形式单一、程序固化、脱离学科特性、为了探究而探究的情况,探究学习没有达到预期的效果。学科实践既突出学习的学科性,又强调学习的实践性,强调探究理念与学科本质的融合,强调学科来源于实践,最后回归到实践中去解决问题。学科实践是一种以学科素养发展为导向,符合学科特性的,形式多样的学习方式,是探究学习方式的升级迭代。

---

[1] 崔允漷,张紫红,郭洪瑞.溯源与解读:学科实践即学习方式变革的新方向[J].教育研究,2021(12):55-63.

(二)物理实践活动的特征和价值

物理实践是以学生为主体,以物理学科世界为对象的实践活动。物理实践让学生不但能够掌握物理知识,而且能够利用学习物理知识的方法建立物理知识与自身认知的联系,建构自己对物理世界的认知方式。物理实践活动本质是一种学生用实践的方式探索物理世界的社会性活动,学生在探索物理世界的实践活动过程中与物理世界的事物互动,主体意识得到增强,主观能动性被唤醒,个体创造性被激发。

1.物理实践活动的特征

第一,学科性。物理实践活动是整合物理学科逻辑和学生经验逻辑的活动过程,学科逻辑指物理学科知识体系和物理学科的认知方式,学生经验逻辑是指学生已有活动经验的做事逻辑。物理实践强调通过实践的方式理解和运用物理知识,让学生在实践中重组和完善自己的物理知识体系。

第二,实践性。实践是物理实践活动的核心,学生在真实情境中切身参与,通过实践互动对物理学科知识进行加工形成科学认知,并在实践中解决物理问题,以此检验认知结果的正确性。

第三,针对性。学生参与的物理实践活动是经过教师系统设计,并在教师指导下进行的实践活动,具有明确的目标针对性。

第四,创造性。物理学习内容来源于前人探索客观世界过程中积累的知识和经验,包括物理基本概念和物理基本原理等,学生要通过物理实践活动掌握这些基本概念和基本原理,实质上是借实践之手的探索再发现、知识再创造、经验再丰富的过程。

2.物理实践活动的价值

物理实践活动是物理教学过程中最重要的教学活动,从发展学生的视角来看,是促进学生全面发展,实现物理知识转化为物理核心素养的重要手段。

(1)指向立德树人,促进学生德、智、体、美、劳全面发展

物理实践活动让学生有更多的机会和他人进行交往,与人交往的过程需要学生处理彼此之间的关系,学会对实践活动中他人和自己的表现做出价值判断,有益于良好道德品质的养成和正确价值观念的形成。物理实践活动相较于其他教学活动,更能体现"做中学"的教育理念。物理实践活动的开展,需要学

生以物理知识和技能为支撑；物理实践活动还需要融入对物理美的鉴赏能力、实践操作的动手能力,全身心投入其中。相较于传统教学方式,物理实践活动更有利于实现"五育"融合,促进学生的全面发展。

(2)强调知行合一,促成物理知识转化为物理学科核心素养

传统的物理教学,过分注重课堂中物理知识的掌握以及知识应用于解题,将物理学习局限在听、看、记、练上,物理教学内容被"教条化"地传授给学生,学生学习以"反复训练""熟能生巧"的"练中学"的方式为主,物理知识的学习脱离学生现实的生活世界,导致学生无法建立知识与生活的联系。物理实践活动强调"以做求学""以用促学""学以致用",是一种"知行合一"的学习方式。学生获取物理知识的渠道是"做"的活动,强调在"做"的活动体验中获得真知,而不是等待教师的传授;学生通过运用物理知识和方法来促进新知识的理解和学习,强调在"用"的过程中学习新知;学生将新学习的物理知识应用于解决真实生活情境中的问题,强调的是"用"的物理素养的养成。物理知识是物理学科核心素养之一,但仅掌握物理知识是无法形成物理学科核心素养的,只有通过对物理知识的探究、运用和实践,才能形成和发展学生的物理学科核心素养。因此,物理实践是化物理知识为素养的中介,是促成物理知识转化为物理学科核心素养的必然路径。

(3)关注个体知、情、意、行统一协调发展

从学生个体发展视角来看,物理实践活动更加关注学生知、情、意、行等的统一协调发展。

其一,能让学生对物理知识进行深层加工。在知识传授的传统课堂中,学生获得的是经过教师加工的、静态的、结果化的物理知识,学生探索发现知识的过程被弱化。物理实践强调物理知识应在真实情境中由学生探究去获得和理解,并运用于真实情境中去解决问题。开展物理实践活动,意味着将教学中加工物理知识的任务交给了学生,引发学生对物理知识的切身感知,教师作为学习的指导者,启发指导学生在参与物理实践活动的过程中探索物理知识,搞清知识产生的来龙去脉,在情境中发现物理知识之间的逻辑关系,进而建立结构化的物理知识网络。

其二,能激活学生探索欲望和创新精神。物理实践活动源于真实情境中的物理问题及学生的困惑,这些问题能激发学生的探究欲望。在解决实际问题时,学生需要综合运用物理知识,提取真实情境中的有用信息,对信息进行分

析,提出解决问题的新方法,学生在这一过程中展现出来的信心、智慧、勇气和意志等构成学生的创新精神。物理实践活动的基本要义就是解决问题,这需要学生不断地超越自己原有的认知系统。物理实践活动有助于引导学生的创新动机,激发创新意识和培养创造性思维。

其三,能培养学生的系统思维能力。系统思维能力是一种解决复杂问题时审视"全局"的思维模式、观念与意志的外在表现,是学生未来成长为复合型人才解决复杂问题时应该具备的基本素养。[1]物理实践活动中的系统思维主要表现为在探究真实的物理问题时把解决问题的过程看成一个系统,关注问题解决过程中"提出问题→实践活动(设计、论证、实施)→解决问题"内部各要素之间的相互联系及关联制约,整体把握物理问题的结构,在综合分析理解基础上进行合理推断,最终实现问题的解决。因此,物理实践活动为培养学生的系统思维能力提供了更多的可能路径和锻炼机会。

其四,能提高学生的多维度实践能力。学生的实践能力是指学生参与学科实践活动过程中表现出来的能力。物理实践能力不仅仅是物理实验的动手能力和操作能力,更重要的是物理学科理性下的实践能力。如物理实践项目设计能力(提出具体问题)、方案实施能力(整体设计、系统思维)、问题解决能力(证据收集、分析、评价)等。

(三)物理课堂实践活动

"一切真实的教育都直接或间接发生于实践场域中,都是经由(by/in)实践、为了(for)实践、属于(of)实践的。"[2]如果我们把学习视为一种实践活动,那么"课堂教学应成为基于实践、通过实践、为了实践的实践过程"[3]。首先,课堂教学的基础是实践,课堂教学的内容是认识客观世界的实践活动的产物。其次,实践是课堂教学的重要方式,只有学生亲自去"做",才能实现学生对知识的自主建构和"做"的方法、观念及态度的形成。再次,实践是课堂教学的目的,课堂教学的"追求"在于实践,让学生在实践中获得"敢实践""会实践""能实践"的发

---

[1] 傅曼姝,王兆璟.学科实践的本质特点、教学目标与实施路径[J].课程·教材·教法,2023(6):19-23.
[2] 黄英杰.论实践教育哲学的教育信条[J].教育理论与实践,2017(31):7-10.
[3] 余文森,龙安邦.实践:指向核心素养的课堂教学行动属性[J].教育研究与实验,2023(2):58-65.

展。实践取向的物理课堂,具有明确的与学生真实生活及经验联结的现实导向,以引导学生在真实情境中发现问题、提出问题、分析问题、解决问题为基本过程,学生通过解决问题过程中与他人及他物的交互,以及对实践过程的反思等活动,发展能力和形成品格。因此,物理课堂教学就是通过开展和不断优化物理实践活动,以实践的方式开展学习活动,让学习更具真实性。在物理课堂教学中开展物理实践活动,是学生获取物理知识进而转化为物理学科核心素养的重要途径。

1.物理课堂实践活动的基本特征

课堂中的学科实践不同于一般意义上的实践,它是一种学科育人的活动。物理教学的目标是培养学生物理学科核心素养,这为物理课堂开展物理实践活动指明了方向,聚焦物理核心问题、体现物理学科本质、发展物理专家思维是物理课堂中物理实践活动的基本特征。

(1)聚焦物理核心问题

问题是实践的起点,没有问题就没有实践,问题引导实践的方向,使实践具有价值。因此,要在物理课堂实践活动中培养发展学生的核心素养,必须将物理实践的关注点聚焦在物理核心问题上。物理核心问题不是一般的问题,也不是物理常识的问题,而是关联物理核心概念和规律的问题,关联具体真实情境的复杂问题,这样的问题同时也是最具育人价值的问题。将物理实践聚焦于物理核心问题,学生围绕核心概念和规律开展具体的实践探索活动,进行实验探究、激活科学思维、形成科学态度、培养科学精神、建构和完善物理观念,学科核心素养得到整体性发展。

"无处不在,无时不生,无人不有的惑,是认识主体的进步之源。"[1]学生的疑惑以及解惑之欲,驱动着自己朝着问题解决的方向前进。关联真实情境的复杂问题具有悬疑性,对学生来说是未解之题、疑惑之题,能激发学生的探究欲望,引导学生的实践探索方向。学生物理学科核心素养的发展正是在这样一个开发探索的进程中实现的。当然,物理核心问题也不能是真正的原始问题,关联真实情境,并不意味着就是真实情境,它是在原始问题情境上经过了教育学改

---

[1] 张诗亚.惑论——教学过程中认知发展突变论[M].重庆:西南师范大学出版社,2003:249.

造的问题,更加突出物理学科的育人价值,学生围绕着这样的问题进行物理实践活动,关键是通过"做事(解决问题)"而实现"成人(发展素养)"。

(2)体现物理学科本质

学科本质是学科的内核。学科表层是学科事实,即学科范畴内的客观事实存在;学科知识相当于学科的中间层,学科知识是对学科事实研究得到的结果,是学科事实的符号表征;学科的内核即学科本质,是学科活动据以展开的学科思想、学科方法和学科价值观。学科实践是基于学科的实践,是立足于学科开展的实践活动,体现学科本质应该成为实践活动开展的目标。物理实践活动要体现物理学科本质,就要区别于一般实践和日常实践,突出学生以物理学科的价值立场来看待具体问题,用物理学科方法解决问题,在实践过程中感悟物理学科思想,从而能以物理学科的视角把握物理客观事实,认识和理解新的物理知识,并建构完善自身的物理知识体系。强调物理实践活动体现物理学科本质,就是要让实践活动从物理事实出发,在对物理事实的研究中获得物理概念、物理规律,更深层次的是,在实践探索过程中学习和使用物理学的研究方法,感悟和体验物理思想,培养和形成物理精神。

(3)发展物理专家思维

课堂中的物理实践活动,不是物理解题活动,而是一种定向地解决物理问题的活动。解决物理问题所使用的思维,显然不同于一般日常解决问题的思维。日常解决问题的思维在面对较为复杂的物理问题时显然是力不能及的。物理专家思维是指在特定的复杂情境中,能运用物理学科的基本方法和思想,去分析复杂问题,发明解决复杂问题的新方法来解决复杂问题的能力。物理实践活动本质上是以问题为起点,以问题的求解为主线,以物理概念、规律的学习为目标的一种物理思维活动。从这一点来看,物理实践活动侧重发展物理学科专家思维,在课堂上要求将学生当成物理专家来看待,让学生作为专家去体验探究物理知识的过程,寻找解决物理问题的方案。需要学生经历物理问题的发现、对结果的假设和猜想、实践方案的探究制定、证据和资料的收集分析、探究结论的呈现和交流等一系列旨在解决物理问题的信息加工过程。这一过程既是科学思维的基本过程,也是物理专家思维发展的必然过程。指向物理问题解决的过程需要思考物理客观事实是怎么发现的,物理问题是如何提出的,物理概念是如何建立的,物理规律是如何发现的。物理实践活动能让学生经历物理概念的形成过程、物理规律的发现过程、物理问题的解决过程、科学想象和科学创造的产生过程以及这些过程中的思维操作与加工的方式,发展学生的物理专家思维能力。

2.物理课堂实践活动的设计

开展物理课堂实践活动,目标是让学生通过"做事"实现"成人"的转变。以问题解决来驱动学生调用已有的知识和经验,引导学生进行新知识的自主建构、思维的持续深入、知识的应用迁移,提升学生综合实践能力,促进学生的全面发展。其设计思路为:

(1)以大概念(大主题)为统领,设计物理课堂实践活动

大概念(大主题)统摄下的教学,体现为多个具体概念、规律以及相关方法的综合应用,并迁移至新情境中解决问题。这样的教学,不仅有利于学生知识的系统化、结构化,更体现对知识和方法的活化运用。物理实践活动的设计,要聚焦于具有统领功能的大主题,在以大主题为统领的单元教学中融入物理实践。以大主题为中心,把物理实践活动与学习主题、学习目标、学习过程等要素有机结合起来。大主题需要分解为若干个小主题,小主题结合具体的问题设计实践活动,形成一个结构化的物理实践活动安排。对一些聚焦核心问题,又能短时完成的实践探究活动可安排在课内完成;对一些课堂内无法完成的专题性物理实践,可以安排在课外在教师的后续跟踪指导下完成,并在完成后组织学生开展对实践过程和结果的评价反思活动。以大主题为统领的物理实践活动,要以大主题的学习理解为核心,注意不同实践活动的具体目标及功能价值。课堂内的物理实践活动,要兼顾学生生活经验、兴趣动机,强调学生在发展思维和探究体验中解决与所学知识高度关联的真实问题,强化学生的"做中学",在物理实践活动中理解物理概念、原理和方法。课堂外的物理实践活动,要引导学生关注问题的选择,物理知识的运用,实践成果的交流、反思、评价,强调在实践活动中感受和理解与他人、与社会的关系及交往能力,提升与他人协作的能力,形成积极的态度和品格。

(2)以物理核心问题为主线,确定物理课堂实践任务或项目

物理概念和规律无疑是物理教学中的主体核心内容,这些内容也是培养学生物理学科核心素养不可或缺的关键载体。设计和组织物理实践活动的关键在于以概念和规律形成过程中的核心问题为主要线索,引导学生深入思考并设计与核心问题密切相关的实践任务或项目。这些实践任务和项目的设计必须

充分考虑学生的学习特点,满足学生的需求。一方面,这些实践任务和项目应该与学生的生活和学习体验紧密相连,这将有助于激发学生的求知欲和探索积极性,充分调动学生的学习兴趣。另一方面,实践任务和项目的设计也应该体现适当的探究性和开放性,引导学生在实践中寻找答案。聚焦物理核心问题的实践任务和项目,真正体现物理学科的本质特征,从而满足学生的学习需求,激发他们的学习兴趣,并在实践过程中不断培养学生的创新精神和实践能力。

(3)以强化身心体验为重点,设置物理课堂进阶性实践过程

物理实践活动强调学生将已有的知识和方法融入完成项目或任务的实践活动中,在实践过程中完成新知识的理解和建构。在这个过程中,学生要主动提取已经具备的物理知识和方法,并将这些知识和方法发展为解决问题的新方法,进一步提升对物理知识和方法的理解和应用的能力。为了实现这一目标,需要设计多层次、多类型、有梯度的实践活动,让学生全身心地参与到实践活动过程中,不仅实现身体感官的丰富参与,更重要的是在实践过程中保持积极的心理状态以及思维的活力和张力。多层次的实践活动,可强化学生的身心体验,不仅让学生能更好地理解物理知识的内涵,更重要的是,让学生在实践活动中不断锻炼发展自己的思维能力和提升实践技能,为核心素养的发展奠定坚实的基础。

(4)以获得元认知策略性知识为目的,反思物理课堂实践活动

元认知策略是帮助学习者更好地理解和控制自己的认知过程的学习策略,包含规划、监控、调整等。我们把这些策略应用到实践活动当中,可以更好地理解其实施过程和效果。实践活动中的规划关注的是"实践什么"和"如何实践"的问题,监控则是针对"实践过程是否达到了预期目标"的评估,而调整则着眼于"如何优化实践过程"的提升。通过"为什么这样实践""实践活动还有改进的地方吗""有没有更好的实践方案"等问题引导学生进行实践后的反思,实现学思合一、知行合一,以获取元认知策略性知识。[1]对物理实践活动的反思不仅有助于提高课堂实践活动效果,还能引导学生更好地掌握和运用元认知策略。因此,实践后的反思是培养学生创新精神和实践能力的重要方式,是化行动为素养的关键环节。

---

[1] 张玉峰,姚建欣.基于大概念的三类物理课程:必要性、可行性与设计[J].教育科学研究,2022(5):49-55.

第四章

惟真物理的教学模式

"模式"一词的英文是model,其含义为"模型""范式"等,一般指被研究对象在理论上的逻辑框架,是经验与理论之间的一种具有可操作性的知识系统,是再现现实的一种理论性的简化结构。有研究指出:所谓教学模式,是指在一定教育教学思想、理论或原理的指导下,教学系统内基本构成要素(主要指教学结构、教学过程与教学方法)之间彼此联系、相互作用、协调运行的,静态与动态相统一的有机整体。教学结构、教学过程与教学方法三要素构成如图4-0-1所示的运行机制。[1]

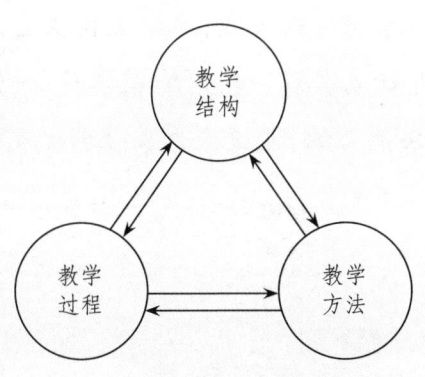

图4-0-1 教学模式要素关系图

[1] 袁顶国,刘永凤,梁敬清.教学模式概念的系统分析——教学模式概念的三元运行机制[J].西南师范大学学报(人文社会科学版),2005(6):110-114.

建构物理教学模式的意义在于:通过搭建教学活动的基本框架,遵循一定的教学程序和操作样式,促进学生更好地学习物理并实现发展核心素养的教育目标。物理教学模式建构的基本目标有:

1.提高学习动机。物理教学模式要能深入挖掘学生的学习需求和学习物理的兴趣,引导学生积极地参与课堂内外的学科实践活动,让他们更加频繁地在解决实际问题的活动中展现自我。

2.深化学习过程。物理教学模式要能促进学生积极参与学习过程,通过自主探究、解决问题和合作学习来深化对物理概念和规律的理解。

3.引导学生思维。通过建构独特且科学的物理教学模式,有效地激发学生主动提出疑问、勇于发表独特观点,促使他们积极参与讨论,引导学生积极思维,从而锻炼学生的思维能力。

4.促进实践与合作。物理教学模式要强调实践和物理实验,学生通过亲身参与物理实验来掌握科学方法、数据收集和分析等实践技能。这种实践性的学习有助于学生更好地理解物理的科学本质,同时也能增强他们的物理实验设计和操作能力。

总之,建构物理教学模式的目标在于让学生获得丰富的学习体验,促进学生深入思考和积极实践,为学生提供更为丰富和有价值的教育过程,使他们更好地理解和应用物理学科知识,培养具有批判性思维和实际问题解决能力的、能适应未来社会发展的学习者。

第一节 "5TE"教学模式的基本内涵

教学模式可以基于不同的教育理论、学科特性和学生需求进行设计。在现代教学理论视域下，我们有理由认为，教学模式是指教育过程中采用的一种系统化和有组织的方法，旨在促进学生的学习和发展。惟真物理的"5TE"教学模式，是基于惟真物理教学主张基本内涵的"真实情境""真实问题""真实探究""真实认知""真实评价"等五个实施维度，参考美国生物学课程研究开发出的"5E教学法"，提出的一种物理教学模式。

五个"TE"具体为真激发（True Excitation）、真体验（True Experience）、真阐述（True Exposition）、真拓展（True Expansion）、真评价（True Evaluation）等五个教学环节，五环节的逻辑关系如图4-1-1所示。"5TE"教学模式的每个教学环节充分强调学习情境的真实性、学习方法的真实性、学习过程的真实性和学习评价的真实性，重点指向以深化学习过程促进深度学习的落实和实践，促进学生核心素养的养成，推进物理课堂教学的变革。

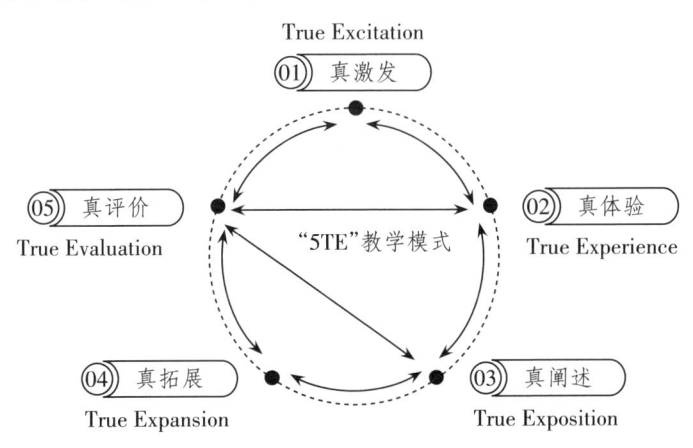

图4-1-1 "5TE"教学模式教学环节逻辑关系图

一 真激发：强调物理与真实世界的联系性

"真激发"是"5TE"教学模式的起始环节。这一环节的主要目标是抛出学习任务，唤醒学生的前概念和经验，激发学生的学习动机，让学生对学习任务产生学习兴趣，刺激学生的学习欲望。学习需要动机，惟真物理需要的学习动机是学生感受到学习与真实生活的关联而激发的动机，是一种主动学习的动机。

"5TE"教学模式强调通过创设真实情境来建立物理与真实世界的联系性。只有把所学知识与学生真实生活联系起来，让学生知道这些知识可以用在哪些情境中，以及能够将这些知识迁移到新的情境中解决问题时，这些知识才是有活性的知识，而不是惰性知识。真实情境有利于使学生产生认知冲突，提出真实问题，激发学生对学习任务产生兴趣，主动与自身已经具备的知识和经验联系起来，驱动学生自觉地进行学习探究。创设有效真实情境要坚持三个基本原则：尽量联系学生的现实生活，基于生活世界创设情境；课前了解学生前概念和经验，关注学生原有知识和经验，以学生原有认知水平为基础创设情境；更关键的是要紧密联系教学内容，聚焦教学中的核心问题利用不同的手段创设情境。这样的真实情境不是为了迎合教师的教学愿望，而是符合学生学习认知的需要，能真正地激发学生的求知动机和欲望，使学生在求知欲望的驱动下探究合作和主动思维，自觉主动地建构和完善自己的知识体系。

当然，学习是一个持续的过程，我们不仅要在学习开始时激发学生的学习动机，更重要的是要让学生在整个学习过程中都保持这种学习动机。通过创设与学生真实生活世界紧密联系的真实情境创造"惊奇"，把惊奇作为学习的导火索，使学生在学习过程中被"悬念""神秘""冲突"等元素所吸引，让学生在探索未知的过程中保持内在的学习动机，去经历从发现问题到解决问题的循环，在问题、困惑中体会学习的真实意义和价值，获得自我的满足感和成就感，从而促进学生高质量地学习。

二 真体验：强调物理学习的具身性

"真体验"是"5TE"教学模式的关键环节。此环节的主要目的是基于真实情境中提出的真实问题，在教师的引导下对所提出的问题开展真实有效的探究，通过合作学习的方式设计实验方案，并付诸实施，在实施过程中针对出现的问题，进行进一步的调整、修正，使得探究活动不断真实有效地进行，使得学生学习时身心体验不断深入。

物理学科的观察和实验体现了物理实践性的特征，实践离不开身心的参与。因此，物理学习过程中学习主体的真实具身体验是物理教学模式的关键环节。学生知识的获得与建构、方法技能的掌握都要通过这个过程来实现。具身体验的核心是开展真实的探究活动，只有真实的探究才能获得真实的具身体验。

一方面，"真体验"强调的是探究过程中的实验操作中学生与实验器材互动的体验，也包括实验过程中与教师、其他合作者之间的合作交流的体验。

另一方面，"真体验"更强调观察实验现象、分析实验证据、概括相关规律、建立事物之间本质联系的思维体验。在学习过程中，学生不仅仅要记忆和接受事实，还要学会质疑和分析信息，需要学生提出新的假设、构思独特的实验方法，或者创建模型来解释复杂的物理现象，利用这样的机会培养创造性思维；要通过引导学生思考实验结果、物理现象的原因和背后的科学原理，评估假设的有效性，并从中得出结论，借此培养学生的批判性思维。在学习过程中，学生亲历了包括观察、实验、数据分析和理论构建等科学方法的应用过程，有助于深刻地理解科学方法的重要性，以及科学研究如何推动科学知识的发展，还有助于培养逻辑思维能力和实验设计能力。

再者，从情感体验的角度而言，学生与探究合作者之间的交流互动，有助于增强学生的合作体验，提升学生的合作意识和合作能力，学生因成功解决问题而获得的成就感能增强他们学习的自信心，激励他们更加积极地学习，也更有信心面对新的学习挑战，提高自身面对新问题和新情境的能力。

教师在这一环节中的角色，主要是成为学生的合作者、观察者和促进者，重点是观察、分析学生的学习行为，进行持续的跟踪和调适，适时就出现的问题进行反馈，给学生充分的学习自主权利和时间，促进学生的身心全方位地参与学习探究活动，确保探究实践活动真实有效进行，高质量地学习。

三 真阐述:强调物理知识表征的层次性

"真阐述"是"5TE"教学模式的核心环节。该环节是深刻理解物理新知识,建立新旧物理知识联系,并将新的物理知识内化于原有知识体系的过程,是新知识、新方法的明确化、可理解化的过程。此环节最重要的是要提供充分的机会让学生描述和阐释观察到的实验事实和现象,并引导和指导学生利用实验探究活动中获得的证据对观察到的事实和现象进行科学的解释,形成充分的证据和逻辑关系。在这一环节中,教师还要引导学生用不同的科学表征方法来阐释说明实验探究的过程和结果,促进学生对物理概念、规律的深刻理解,进而使学生完成知识体系的自主建构。

真阐述是促进和检验学生理解物理知识的重要方式,也是学生完成物理知识自主建构的必然路径。真阐述的意义在于能基于对物理问题的不同理解层次,合理运用不同的表征方法,尝试阐述自己对物理概念、规律的理解。总结国内外学者研究的观点可以发现,物理知识的表征可以归结为三类:一是经验和事实;二是物理思想和方法;三是数学和符号。[1]从对真实情境中的物理事实和现象的直观感受和客观描述的经验表征,到尝试运用物理语言、物理方法、物理观点来阐述物理表征,再到物理和数学公式的符号表征,知识的抽象程度越来越高。学生的物理知识的学习,先是建立在生活经验、实践经验等事实基础上的,再经过一系列的探究和思维活动,把事物的本质特征进行归纳概括和总结,然后以简洁严谨的物理文字或简单的模型图呈现出物理事实背后的本质属性和特征,最后再上升为简洁明了的物理专业符号和数学公式(图像)。真实阐述,就是强调物理教学环节要重视学生遵循知识形成的基本规律和方法,以符合知识形成逻辑的顺序展开对所学物理知识的不同层次的表征,不仅是学习物理知识表征的方法,更重要的是通过丰富多层次的表征,深化对物理知识的理解,完成物理知识的个性化建构。

---

[1] 张正严,唐欣,钱慧玲,等.物理概念学习的三重表征理论建构[J].物理教学,2023(7):2-6.

四　真拓展：强调物理知识的应用性

"真拓展"是"5TE"教学模式的延伸环节。"学以致用"是学习知识的基本目的，只有让知识成为学生能够灵活调用的知识，才是有用的知识，也就是活性知识。强调拓展应用的真实，是要避免将物理知识拓展应用变成促进知识简单记忆的强化，避免拓展应用成为强化学生惰性知识的手段。在经历了探究过程的充分体验后，学生的观察、实验、操作、测量、记录等实验技能得到了训练，学生的假设、分析、推理、解释能力得到了提升，学生的自身知识体系得到了完善。真实拓展环节是要提供和创设学生新知识的应用场景，引导学生在理解知识的基础上，运用获得的新知识解决新的问题和应对新的情境，并获得应用新知识的新方法，将应用新知识的新方法与原有的知识体系建立关联，构建新的知识网络。学生具有运用学习到的物理知识去解决相似甚至陌生情境中问题的意识，能够面对新情境提出方案、设计实验、收集证据并进行分析，尝试解决问题，在新情境中对所学知识和方法进行实践、验证和巩固。这一过程，本质上是促进学生问题解决能力提升的过程，他们需要学会分解问题，尝试运用不同的知识和方法，去寻找问题解决的路径。这一过程既是通过新知识的拓展应用对新知识不断深入理解、内化的过程，更是培养学生问题解决能力的过程。

五　真评价：强调学习评价的多元性

"真评价"是"5TE"教学模式的反馈环节。真评价，重点是强调学习评价的多元性。"5TE"教学模式是以发展学生核心素养为目标建构的一种教学模式，核心素养作为一种生产性发展性目标，具有鲜明的过程性，素养的形成与发展和学生学习过程的表现息息相关。惟真物理的"真激发""真体验""真阐述""真拓展"所呈现的是一种动态的、丰富的学习过程。因此，学习的评价不能仅仅停留在以习题、检测、考试的成绩为评价手段的单一评价方式上，应该更加重视学生探究的过程、学生的参与程度，应评价学习的全过程，形成以过程性评价和终结性评价相结合的评价方式。过程性评价旨在发现学生是否掌握所学的知识和概念，具有诊断性和增值性的功能。终结性评价旨在评价学生是否达到教学目标的要求，它所覆盖的范围是综合性的。如在"真体验""真阐述"的教学环节中，教师需要根据学习内容和方法设置评价标准，通过记录对话、讨论，记录学生的实验操作情况、实验结果的展示和纸笔评价等,收集学生思维和行为证据;在"真拓展"环节要观察学生如何应用新的概念和规律来解决问题,并提出开放性的问题评估学生对新概念和规律的理解以及应用情况;教师还要鼓励学生对自己的学习进行自我评估,从而形成客观、全面和真实的评价。总之,评价的目的在于确保学生活动的方向或鼓励学生对研究过程进行反思,同时,评价也为教师提供了一个评估自己教学过程和效果的机会。[①]

"5TE"物理教学模式的五个教学环节既相对独立,又互相联系,每一个教学环节背后蕴藏着核心素养的教学理念,每个环节都可以在素养理念的指引下根据物理学科的特点去探索一定的教学方法。根据教学模式的五个环节分别针对概念课、规律课、实验课建构不同课型的教学样态(如图4-1-2),形成惟真物理教学主张下的课堂教学基本范式。"5TE"物理教学模式旨在引导教师在物理教学设计和教学过程中注重围绕物理学科本质,遵循物理知识的产生过程,引导学生像科学家探索客观世界一样思考和学习,引导学生深刻理解物理概念、规律,培养学生的科学实践能力,帮助学生实现个体知识体系的建构和完善。这一教学模式的提出,旨在解决物理教学中重知识轻思维、重结果轻过程的教学浅层化问题,实现课堂教学模式的转型和核心素养课程目标在教学中的落实,促进学生在认知领域、人际领域和自我领域全面发展。

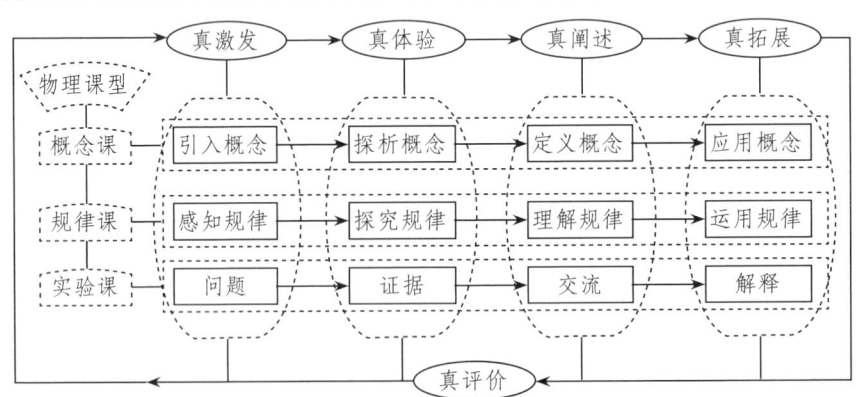

图4-1-2 "5TE"教学模式三类课型教学流程范式图

[①] 吴成军,张敏.美国生物学"5E"教学模式的内涵、实例及其本质特征[J].课程·教材·教法,2010(6):108-112.

第二节 惟真物理"5TE"教学模式的本质特征

惟真物理"5TE"教学模式的建构以"提高学习动机、深化学习过程、引导学生思维、促进实践与合作"的目标为指南,坚守学生立场,以"课堂对话"为手段,关注学生的知识经验和情感需求,设计符合学生实际的教学内容和方式,突出学生主体;坚持学习立场,把激发并保持学生学习的积极性和主动性作为教学的要旨,关注学习的深度、广度和效度,促进真实学习的发生;坚守学科立场,聚焦物理学科本质、凸显物理学科思想、落实物理学科育人价值,准确把握物理学科学习方法,为学生提供高质量的学习体验。

一、以"学生学习"为中心,强调自主建构

惟真物理教学主张将建构主义作为教学实践的理念指引,强调学生在教师的指导下对知识的主动发现、主动探索,理解知识的意义并完成知识的自主建构。强调学生学习过程中全身心参与和主动认知,以实现对物理概念与规律、物理思想与方法及科学本质的全面掌握。惟真物理的"5TE"教学模式,通过创设真实、具体的情境,或唤醒经验,或引发新的认知冲突,帮助学生发现与学习内容紧密相关且自己感兴趣的问题,激发出学生的探究欲望,促使他们主动参与学习;通过组织学生开展观察实验、小组讨论、实验操作、数据分析等活动,让学生自主探究问题,寻找答案;倡导学习过程中学生应该有机会阐述自己的观点和想法,并与他人进行交流和讨论,进行深层次的阐述和表达;设计紧密联系生产生活的应用情境,让学生将所学知识迁移应用到实际生活中,让学生运用所学知识解决实际问题;更加关注学生深入情境的能力、提出问题的质量、主动参与和合作的程度、阐述表达的准确性、应用知识解决问题的能力等的评价,充分体现以"学生学习"为中心,让学生在深度学习的教学活动中完成知识的自主建构和物理知识体系完善。

二 以"知识形成"为核心,构建教学逻辑

在物理教学中,我们应当重视知识的获取过程,而非仅仅关注结果。传统的教学方式往往让学生依赖于记忆来获取浅层、惰性的知识。然而,素养导向的物理教学强调通过教学过程培养学生的物理学科核心素养。素养怎么培养?素养要在学生获得知识的过程中培养,这意味着物理教学要重视知识形成的过程。只有以"知识形成"为核心,将物理学知识的来龙去脉充分还原,通过教学过程的合理展开并清晰地展示出来,让学生切身经历提出问题、设计方案、收集证据、思维加工、形成结论和应用迁移的"知识形成"过程,才能真正促进学生在学习知识的过程中,思维能力和探究能力得以形成和发展。

知识形成的逻辑,实质上是科学方法的逻辑,是人类探索自然世界规律的逻辑。在课程标准中,将"科学思维"和"科学探究"作为物理学科核心素养的组成部分,体现了从知识本位向重视科学方法转变的教育理念。因此,物理教学的开展也应遵循科学方法的逻辑。惟真物理的教学,不仅要关注学习结果(知识的获得),更要重视教学过程(运用科学方法获得知识)。物理知识系统包含物理知识和学习物理的科学方法,任何物理知识(概念、规律)的获得与运用都离不开科学方法。因此,物理教学需要遵循这一逻辑展开,重视"过程",强调"科学方法",这是惟真物理"5TE"教学模式开展物理教学的基本逻辑。

在教学模式中,"真体验"强调科学思维和科学探究的体验。科学思维和科学探究作为认知手段和方法,在物理教学中发挥着关键作用。方法是推动思维的引擎,在物理概念和规律建立过程中重视显化科学方法的运用,强化学生对科学方法的体验,对学生理解物理的科学本质及培养学生科学思维素养至关重要。"真阐述"是学生对物理概念和规律的科学表征,科学表征离不开抽象、概括、数学表达等科学方法。"真拓展"的本质是借助科学方法应用物理概念和物理规律解决实际问题。以牛顿第二定律教学为例,获得牛顿第二定律需要使用控制变量法、实验法、图像法和比例系数法等,表征规律需要用到图像法、数学表达法,而应用则需要使用隔离法和整体法。

三 以"物理实验"为根基,彰显学科本源

实验是物理学的基础。进行实验时,我们既要动脑也要动手。理解实验的目的,明白为什么要这样做而不是那样做,是非常重要的。实验不仅锻炼我们的动手能力,更重要的是培养我们思考解决问题的方法。如果我们能够自己设计并创新实验,即使它显得粗糙简单,那也是值得肯定的。

物理学是以实验为基础的一门学科。从教学内容的视角看,物理实验是物理教学的重要组成部分,是物理教学的重要内容,是发展学生核心素养的重要载体。从教学方法的视角看,物理实验是物理学知识体系构建中的重要的研究方法,是物理教学中最重要的教学方式。在中学物理教学中,无论是物理概念教学、物理规律教学、还是物理实验教学,甚至物理习题课的教学都离不开物理实验,可以说物理实验是中学物理教学的根基,离开了物理实验,就谈不上物理教学。

惟真物理教学主张强调对物理实验以及物理实验教学的重视。在教学模式构建中,无论是概念教学、规律教学还是实验教学,都将物理实验作为最重要的教学方式和手段,或演示新奇现象激发兴趣,或创设情境引发认知冲突,或开展分组合作探究,或生成问题促进创造性问题解决。通过加强实验设计的针对性、突出实验过程的主体性、加强实验教学的思维性、强化实验方案的创新性等来突出物理实验在物理教学中的"根基"地位,不断改进和优化实验教学的方式方法,以挖掘实验的育人价值,充分发挥课堂实验的教学功能(如表4-2-1所示),促进物理教学走向物理教育,以全面培养学生的核心素养。[1]

表4-2-1 课堂实验的教学功能

分类	激疑启思	直观体验	探究规律	验证结论	问题解决
功能解释	在课堂引入环节,通过意想不到的实验现象让学生产生认知冲突,激发疑问,启发学生思考	通过实验将抽象的物理现象具象化,注重多感官体验,方式有看、听、触等	用实验探究物理量之间的关系,一般遵循从定性到定量、从具体到一般的原则	用实验验证理论推导的物理结论,增强结论的可靠性	通过实验创设问题情境,让学生用所学知识进行解决,体会学以致用

---

[1] 柴宏良.例谈指向物理核心素养的课堂实验教学主张[J].物理教学,2021(5):24-28.

续表

分类	激疑启思	直观体验	探究规律	验证结论	问题解决
实验要求	情境性、针对性、启思性等	主体性、体验性、启思性	主体性、启思性、严谨性等	趣味性、创新性、针对性等	情境性、趣味性、挑战性等
实验实例	用"消失的硬币"实验引入光的折射定律的教学	用"千人震"实验让学生体验断电自感	实验探究碰撞过程中的动量守恒	实验验证自由落体运动机械能守恒	学习力的分解后做"一人拉动多人"的实验

四 以"课堂对话"为手段，突出学生主体

课堂对话是课堂教学中最为基本且至关重要的环节。对话是启发，对话是引领，对话是互动交流，对话是评价和反馈。物理是一门需要不断思考和实践的学科，而课堂对话则是一种能够激发学生思维、促进知识内化的有效手段。"5TE"教学模式的五个环节都离不开对话，对话是各环节教学策略有效实施的重要手段。

在"真激发"环节，基于情境体验的对话引导学生主动思考，发现并提出问题，激发学生的学习兴趣。在"真体验"环节，通过对话了解学生的思考过程，显化学生的思维，发现学生的困惑和问题，引发学生持续深入地思考，获得深度的思维体验，拓展学生思维的宽度和广度。在"真阐述"环节，师生、生生间的充分对话交流成为阐述的基础，阐述是交流后的表达，是基于课堂对话的科学表达。"真拓展"中的对话，是对学生的激励和引领，引导学生去质疑，引导学生利用所学知识去解决真实情境中的问题。而"真评价"中的对话，是对学生课堂表现的及时反馈，是学生持续参与到学习活动中的动力。

惟真物理教学主张倡导的课堂对话，是一种以学生为中心的逻辑来设计问题链引领的对话，是一种思维进阶型的对话。对话可以突出学生主体地位，发挥学生学习主观能动力，让学生保持学习兴趣，促进有效互动的持续进行。

第三节 物理概念课的"5TE"教学模式

物理概念是构成物理知识体系的重要组成部分,也是建立和完善物理理论的基础和前提。因此,帮助学生准确理解物理概念和建立物理概念体系是物理教学的首要任务。为了有效地进行物理概念教学,教师首先需要了解物理概念的基本特征。

一 物理概念的基本特征

概念是反映客观事物本质属性的思维形式。物理概念是某类物理现象和物理过程的共同性质和本质特性在人们头脑中的反映,是对物理现象、物理过程抽象化和概括化的思维形式。物理概念是自然科学概念体系的一个子范畴,它既有一般自然科学概念的共性,又有物理学科本身的特性。[1]

(一)抽象性

物理概念是从同一类物理现象中概括和抽象出来的,反映了物理研究对象的本质属性和内在联系,物理概念产生的源泉是对物理现象和科学实验的观察、总结、概括和抽象。比如质点、点电荷、理想气体等。

(二)客观性

物理概念是在大量的物理现象和事实的基础上建立起来的,是对物理现象和事实的近似描述,更是对其本质属性和内在联系的突出反映,而这种本质属性和内在联系是物体固有的客观存在,具有普遍而确定的客观含义。比如速度、温度、磁感应强度等。

---

[1] 冯杰.物理概念教学与物理规律教学之差异性探讨[J].物理教师,2020(1):2-8.

（三）主观性

物理概念的基础是客观事实，但离不开人的感觉经验，它不是感觉经验的逻辑推论，而是人脑对具体的客体和过程自发加工的产物，是对具体客体和过程的超越。可以说物理概念源于实践又高于实践，所以物理概念是人脑主观意识的产物，具有较强的主观性。比如能量、动量、电场等。

（四）阶段性

物理概念的形成和掌握是一个发展进阶的过程，根据学生思维特点和学习能力的不同，同一概念在不同阶段有不同的教学要求，这就是物理概念的阶段性。比如机械功的概念。初中是：力与物体在力的方向上通过的距离的乘积，给出的定理公式是 $W = Fs$。而到了高中阶段，力和位移都是矢量，给出的是矢量公式：$W = Fs\cos\theta$，更重要的是高中阶段需要学生从功能原理的层面理解功是能量变化的量度。

二 物理概念教学与核心素养

形成和掌握物理概念是中学物理教学的中心任务之一，也是发展学生学科核心素养的重要内容，它对于学生的成长和发展具有深远影响。因此，我们要充分认识到物理概念教学的重要性，从落实核心素养的高度重新审视物理概念教学的价值。

（一）物理概念是形成物理观念的基础

高中物理课程标准指出："'物理观念'是从物理学视角形成的关于物质、运动与相互作用、能量等的基本认识；是物理概念和规律等在头脑中的提炼与升华。"由此可见，学生物理观念的形成基础在于对物理概念与物理规律的学习掌握。例如，学生只有在逐步深入学习了机械运动、质点、参考系、坐标、位置、位移、时间、时刻、速度、加速度、匀速直线运动、匀变速直线运动、匀变速曲线运动、圆周运动和简谐运动等基本概念后，才能逐渐深入地形成"物质是运动的"这一重要观念，并形成运用这些观念解释生活中的运动现象的思维方式和方法。

(二)物理概念的建立是科学思维的过程

高中物理课程标准指出:"'科学思维'是从物理学视角对客观事物的本质属性、内在规律及相互关系的认识方式;是基于经验事实建构物理模型的抽象概括过程;是分析综合、推理论证等方法在科学领域的具体运用。"物理概念是对客观事实和经验的抽象和概括,反映的是事物的共同属性和本质,抽象和概括的过程离不开科学思维,概念是思维的产物。例如,"质点"概念的建立过程:不同的运动物体的形状、大小都不同,当这种形状、大小的差异对所研究的运动没有影响或者影响可以忽略时,则可以将物体视为一个只有质量的点。这一过程是一个突出主要因素、忽略次要因素的理想化模型的抽象和概括的过程,即模型建构的科学思维过程。

(三)物理概念的建立是科学探究的过程

高中物理课程标准指出:"'科学探究'是指基于观察和实验提出物理问题、形成猜想和假设、设计实验与制订方案、获取和处理信息、基于证据得出结论并作出解释,以及对科学探究过程和结果进行交流、评估、反思的能力。"物理概念的建立一般要回答清楚"为何""是何""何为"三个问题。首先是基于观察到的新现象提出新问题,已有概念不能阐释这个问题时,需要引入新概念,明确概念引入的必要性。其次是对新问题进行合理的猜想和假设,并设计方案对新问题开展探究,在新概念建立和辨析的过程中理解概念的内涵和外延,理解概念的本质特性。最后是概念的拓展运用,应用新概念来解释和解决生活生产中的真实问题,概念的应用既是对概念的充分解释,也是对概念建立过程的科学思维方法的反思和评估。例如,加速度概念的建立:一是从不同车辆启动的快慢不同,说明引入加速度概念的必要性;二是用比值定义的方法探究加速度描述速度变化快慢的内涵,理解加速度概念的本质;三是通过对加速减速运动的分析应用,进一步理解加速度描述速度变化快慢的意义,特别是加速度方向的意义。

(四)物理概念的建立和迁移应用是科学态度与责任培养的过程

高中物理课程标准指出:"'科学态度与责任'是指在认识科学本质,认识科学·技术·社会·环境关系的基础上,逐渐形成的探索自然的内在动力,严谨认真、实事求是和持之以恒的科学态度,以及遵守道德规范,保护环境并推动可持续发展的责任感。"在物理概念的建立过程中,常常把与学生生活紧密联系的问题或现实生活情境中的热点问题、现代重要的科技成果等真实情境引入课堂，激发学生的学习热情，引导学生对真实情境中的问题进行思维加工来建立和学习新的物理概念，并运用物理概念分析和解决生活生产情境中的真实问题。这样的过程是学生审视情境问题，并对信息进行合理质疑的过程，有助于学生养成良好的科学态度和责任。例如，在学习电动势概念后，尝试让学生判断自己家里的充电宝（如20 000 m A·h）是否符合机场关于"严禁携带额定能量超过160 W·h的充电宝搭乘飞机"的规定，学生对这个问题的深入思考，拓展了物理概念的迁移应用，加深了对电动势概念的理解，在概念应用过程中培养了学生的科学态度和责任意识。

三 物理概念教学的反思

（一）物理概念教学的研究回眸

在中学物理教学领域中，物理教育工作者一直重视物理概念的教学研究，他们对物理概念教学的要求具有较高共识，主要从物理概念的意义、内涵、外延、关联等方面对物理概念教学提出了明确的要求。

乔际平等曾经总结过概念与定律（规律）讲授的要点，包括：(1)讲清它的内涵；(2)讲清它的外延；(3)讲清相近概念与定律（规律）的区别和联系。他和续佩君1992年出版的《物理教育学》中对引入概念的必要性进行了论述，提出："根据物理概念的实践性，使学生理解概念的物理意义，增强学习的主动性"，并将"物理意义"界定为"侧重指物理学引入和建立某一物理概念的原因，即为什么要揭示某一研究对象的物理属性，它对物理学本身的发展或生产实践有什么意义"。[①]许国梁等将物理概念教学的过程总结如下：物理概念的教学过程是在教师的指导下，调动学生认知结构中的已有感性经验和知识去感知理解材料，经过思维加工产生认识飞跃，最后组织成完整概念的过程。具体地讲，物理概念教学可分为"概念引入""概念形成"和"巩固加深"三个阶段。概念引入阶段主要是提供感性认识，而概念形成阶段则是上升到理性认识、抽象思维的阶段，需要通过分析、对比，厘清一类物理现象和过程中主要的、本质的因素，从而突

---

① 乔际平,续佩君.物理教育学[M].南昌:江西教育出版社,1992:133.

出本质,摒弃非本质,引导学生用恰当的语言文字或数学表达式简洁、准确地将概念表述出来,最后讨论概念的物理意义。[①]阎金铎等将物理概念的过程归纳为:物理概念的教学应当根据课程标准的要求、物理概念的特点和学生的认知规律展开,其教学过程大致包括以下三个环节。第一,创设学习物理概念的情境,以引导启发学生发掘问题、思考问题、探索事物本质属性。第二,引导学生运用科学思维方法建立物理概念。即先引导学生运用比较、分析、综合等思维方法,对感性材料进行思维加工,进而抽象概括出事物的本质属性,从而使他们形成概念。在此基础上,引导学生用精练的语句将这个概念的内涵表达出来。对于物理量,还应引导学生从实验数据或实例分析出发,紧扣其物理意义,运用一定的数学知识,得出其定义式。第三,选择具体问题,运用物理概念。当学生初步形成概念后,必须及时给他们提供运用概念的机会,让他们将抽象的概念"返回"具体的物理现实中去,以巩固、深化和活化概念。[②]从这些学者的观点可以看出,概念教学应把握获取感性认识、突出本质属性、注意阶段性等要点,强调"讲清来龙去脉"。

(二)物理概念教学的现状思考

1.学生学习的困难

物理世界是一个千变万化、神秘奇妙的客观世界,学生普遍存在着好奇心、探究热情和欲望。学生对客观世界的认识有自己的感受和理解,学生学习概念的过程存在着诸多困难,主要有:

(1)感性认识的缺乏

物理概念是对客观事物本质属性的抽象,抽象的基础是对物理客观事物有充分的感性认识,这些认识就是学生学习新的物理概念之前积累的基于生活的经验性常识。如果学习在某个方面没有相关的生活经验的积累,就不可能基于经验来抽象出物理概念。学生在某些学习领域中,对客观事物缺乏必要的感性认识是造成学生概念学习困难的主要原因。

(2)相关概念的干扰

---

① 许国梁,陶洪.中学物理教学法[M].3版.北京:高等教育出版社,2020:65-69.
② 阎金铎,郭玉英.中学物理教学概论[M].4版.北京:高等教育出版社,2019:129-131.

学习的本质是经验的生长和改造,学生的经验是教学的基础。然而,学生先前经验对于学生的学习并不一定都是起正向作用的,有时候也会起到负向干扰的作用。学生学习概念之前不会是一张白纸,他们在日常生活中形成了一些与所学物理概念有关的感性认识,即前概念。由于学生头脑中的前概念是在观察和思考的基础上自觉形成的,没有经过科学的实践证明,所以学生头脑中的前概念有些是片面的,有些是错误的,这些前概念会影响学生正确概念的形成。例如,重的物体下落得更快,摩擦力总是阻力,有力才会运动等。另外,学生其他学科知识的概念也会影响到物理概念的形成。比如有的学生认为"合力一定大于分力"就是受数学"合数大于分数"的影响。再者,物理学习过程中的相近或相似的概念,也会影响学生正确概念的形成。如位置和位移、速度和加速度、热量和内能等。

2.教师教学的误区

在新课程背景下,物理教师普遍认同物理概念学习对培养学生的核心素养至关重要的观点。然而,教学实际与这一目标仍有较大差距。具体表现为如下几点:

(1)过分注重结果,概念教学严重浅层化

许多教师认为物理概念的形成过程中的科学思想和方法对学生来说很难掌握,而且对这些思想和方法的掌握情况很难在书面化的考试中体现出来,学生对概念形成过程理解不到位,也不影响学生的考试成绩,这就导致很多师生不重视学习过程。在现实教学中,简单概念用自学,重要概念靠强化。物理概念的教学出现了"新课教学的复习化",教师往往以"呈现一个定义和几项注意,再做几道概念巩固的习题"的方式进行。重结果、轻过程,重记忆、轻实验,重知识、轻情感的概念教学模式比比皆是,学生概念学习是单调的、无趣的、一知半解的,物理概念教学所承载的教育功能严重缺失。

(2)囿于教学经验,对教学起点认识不足

"一般而言,教学方法上的基本错误在于假定学生经验是可以假定的。我们主张必须有一个实际的经验情境作为思考的开始阶段。"[①]教师教学往往依据以往的教学经验和自身的主观判断来确定新知识的教学起点,现实教学中很难

---

① 约翰·杜威.民主主义与教育[M].魏莉,译.武汉:长江文艺出版社,2018:138.

做到在每一课的新知识学习之前对学生的相关前概念进行前测和分析。这种基于教学经验臆定的学习起点,造成教与学的断层和割裂,教师的设计与学生的学习水平不在同一个频道。教学预设是必不可少的,但许多教师在实际教学中无视学生水平,依然按原来的预设进程进行,导致教学难以达到预想的目标。

(3)缺乏思维引导,科学思维过程被虚化

物理概念的形成过程,是对客观事物共同属性、本质特征进行抽象概括的过程。学习物理概念的过程是发展学生科学思维的重要途径之一。在现实中,物理概念教学中思维能力培养缺失的现象尤为突出。当学生没有足够经验时,教师多采用强行植入的方式,而不是花时间做实验帮学生建立相关经验;当学生对概念的理解存在疑惑时,不给学生足够的质疑和讨论的时空,在疑惑还未得到解释,错误的理解和认识还没有被纠正的情况下,就开始了生搬硬套的应用。学生的物理概念不是在观察和实验获得足够感性认识体验基础上的概括抽象,而是机械重复地强化记忆,这种缺失科学思维过程的概念学习,导致学生无法深入理解概念本质,更谈不上概念的迁移应用,发展学生思维能力的功能被虚化。

四 物理概念课的"5TE"教学模式

物理概念是对物理事实高度抽象出的知识,它既是物理知识,也是一种思维方式。物理概念教学既是物理教学的重点,也是物理教学的难点之一。从前文的分析我们可以看出,物理概念教学之难虽有学生自身认知经验和能力问题,但更主要的是在概念教学过程中过于重视物理概念的知识性,忽视了物理概念建立的过程性,忽视了学生概念建立过程的思维和情感体验,学生学习概念的过程不是主动建构而是被动接受,导致难以真正理解物理概念的实质。

物理概念的教学重点是概念建立的原因及过程。物理概念教学理应以基于核心素养的真实评价为导向,着力于把物理概念的形成、发展、应用过程尽可能完整、生动地展现开来。通过创设丰富、直观、具体的真实情境,丰富学生在经历概念形成过程中的具身真实体验,促使学生运用科学思维方法建构概念和真实阐述,深刻理解物理概念的内涵和外延,在此基础上应用所学物理概念去解决真实情境中的问题,以实现新概念真正内化于自身的物理知识体系,完善物理知识结构。基于此,笔者提出如图4-3-1所示的惟真物理概念课的"5TE"教学模式。

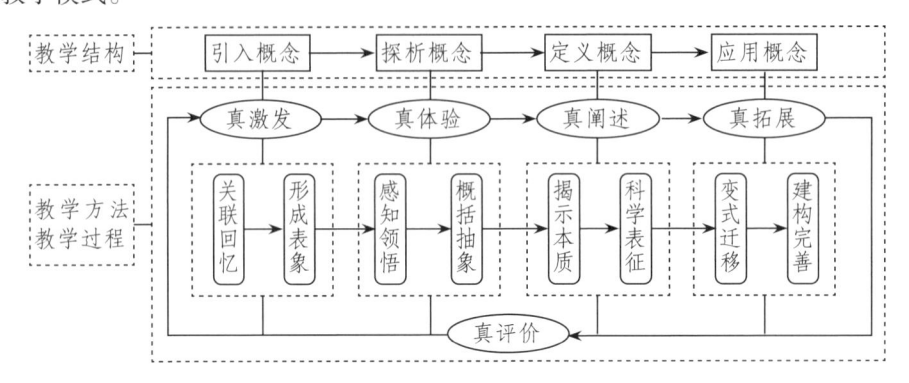

图4-3-1 物理概念课的"5TE"教学模式图

真激发是物理概念引入的环节,它是形成物理概念的前提。激发意味着刺激学生的内在动力,唤醒他们的求知欲望。教师应充分利用不同的教学资源(如物理实验、生活生产中的事例等)和呈现方式,创设与教学内容相关的生活、生产和现实情境,引导学生全身心投入到真实的活动情境中。在与情境的互动中,学生可以捕捉到能引发疑问的信息,发现并提出与知识相关的问题,从而开启思维的大门,自发地沉浸在形成概念的思维过程中。这一环节的关键是为学生提供感知材料,唤醒他们的知识与经验。只有在感知材料的过程中,学生才能基于观察和知识经验在头脑中形成表象。因此,设计这一环节的前提是教师充分认识学生的前概念,充分分析学生的最近发展区,预判学生可能形成的表象特征,并设置具有针对性的典型情境。

真体验和真阐述是物理概念形成的关键步骤。这两个环节对于物理概念的形成至关重要。学生通过与情境互动,获得足够的感性认知,形成初步的表象。然后,教师需要引导学生运用科学的思维方法对感性材料进行思维加工,主动建构新的物理概念。在概念建立过程中,真体验强调的是通过对现象进行分析比较、抽象概括、类比推理等思维加工,抽象出物理事物和现象的共同属性和本质特征,从而形成初步的物理概念。而真阐述则是指要尽可能给学生表达、讨论、解释的时间和空间,让学生描述观察到的现象、体验获得的感受。这样,学生在阐述表达、讨论交流中可以显化自己的思维过程,将物理思维方法融入到物理概念的表征中,形成基于物理方法和物理语言的物理表征。最后,在教师的指导下,抓住概念中的核心词、字,最终转换为物理符号和数学公式。真阐述(物理概念表征层次递进)的过程,既是思维加工过程,也是概念理解的阶梯式上升过程。在这一环节中,我们需要重点关注如何遵循学习逻辑,有效地运用科学思维方法帮助学生积极地思考和主动地建构物理新概念。例如,我们需要考虑什么样的问题设计能使学生持续深入思考,什么样的感知材料能引导学生进行分析比较、抽象概括、类比推理,等等。

真拓展是物理概念的应用环节,学习的最终目的是实现知识的迁移和应用。学生在初学一个新的物理概念后,初步理解其内涵和外延。为了帮助学生深化理解,可以从不同角度和层次提供概念的变式,创设不同的问题情境,并设计阶梯式问题,让学生在迁移应用过程中暴露出对概念认识的不足,从而检验和诊断物理概念的学习情况。真拓展强调教师应提供真实的新概念应用场景,使学生学会在新情境中运用概念,实现概念的完善和扩展。最终,将新概念内化于原有认知系统中,使概念结构化。真拓展的迁移应用既包括将新概念同化和顺应的过程,也包括将内化知识外显化和操作化的过程。

真评价并非一个具体的环节,而是贯穿于整个教学过程。它通过事先设计的评价指标来检测和反馈每个环节中的教学方式、学习状态和学习结果。并根据教学理论反思教学方式的合理性和有效性、学生素养培养的达成度以及教学设计的改进空间,为教学改进和更好地促进学生发展提供依据。同时,通过评价引导教师对教学过程进行更深入的思考:教学过程中存在的问题是什么?为什么会有这些问题?如何改进这些问题?学生已经达到了哪些素养目标?为什么有些素养目标没有达成?如何才能实现更多的素养目标?总之,真实评价不仅对各个教学环节进行检测和反馈,更重要的是通过评价促进学生在课堂中获得更好的发展。

基于以上对物理概念课"5TE"教学模式的分析,以鲁科版(2019)高中物理必修三第一章第3节"电场与电场强度"第1课时为例,探讨如何采用该教学模式进行物理概念课的教学。教学流程如图4-3-2所示。①

---

① 该课例根据福建省同安第一中学杨婷婷老师提供的教学设计改编。

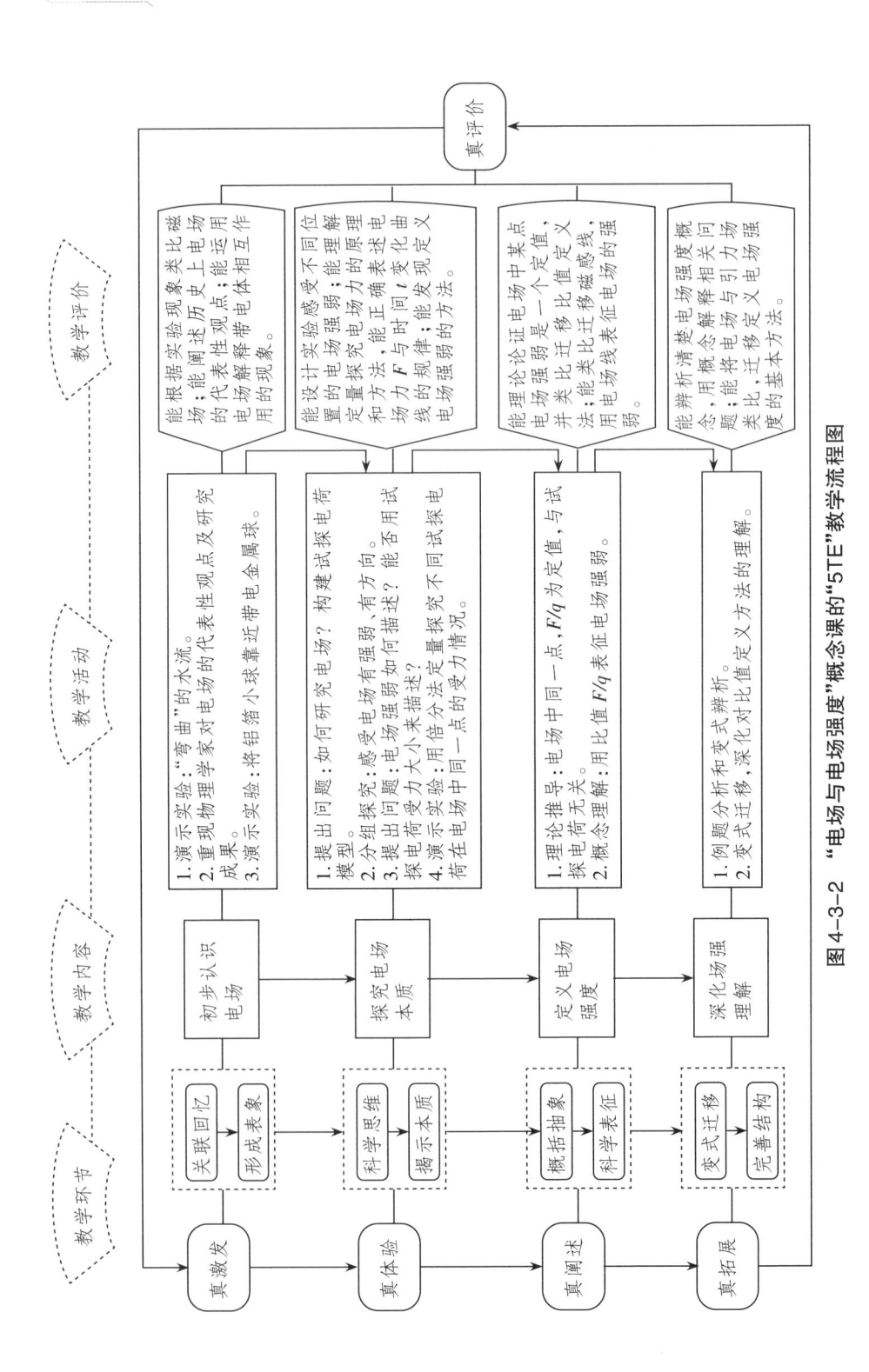

图 4-3-2 "电场与电场强度"概念课的"5TE"教学流程图

教学环节设计如下：

【环节一】引入概念—真激发—关联回忆、形成表象

教学内容	初步认识电场
教学活动	【演示实验：创设情境、提出问题】"弯曲"的水流。 引导学生类比磁场进行猜想：带电的橡胶棒和水流之间的静电力是如何产生的。 【电场研究史：历史回溯，初建观念】 组织学生根据时间线重现物理学家的电场代表性观点及研究成果。 【演示实验：解释现象，形成表象】 将铝箔小球靠近带电金属球。引导学生观察现象，分析得出结论。 电荷A ──产生→ 电场1 ──施力于→ 电荷B 电荷A ←施力于── 电场2 ←产生── 电荷B
教学意图	1.设疑激趣，运用类比思想引入"电场"概念。 2.物理学史教育，进行科学态度与责任的培养。 3.真实感知电场的存在，加深对电场物质性的理解。
教学评价	A.学生能类比磁场，猜想带电体之间的相互作用是通过电场发生的。 B.学生能通过关于电场的物理学史的学习，初步建立电场的概念。 C.学生能运用电场概念合理解释带电体相互作用的现象。

【环节二】探究概念—真体验—科学思维、揭示本质

教学内容	探究电场本质
教学活动	【提出问题:明确对象,建构模型】如何研究电场?(场源电荷与试探电荷模型) 【分组实验:实验探究,具身体验】 介绍器材:感应起电机、固定在量角器上的铝箔小球。 引导学生根据器材设计实验并进行实验,分析、归纳,得出结论。 结论:同一电场在不同位置强弱不同;距离场源电荷越近,电场越强;电场有方向。 【提出问题】能否用试探电荷所受的电场力 F 来表征电场强弱呢? 引导思考:相同试探电荷在不同位置受力不同;电荷量不同的试探电荷在相同位置受力不同;不同试探电荷在不同位置,所受电场力可能相同。 【观看演示实验视频:科学探究,揭示本质】 不同试探电荷在电场中同一位置的受力情况。 1.介绍器材:感应起电机、高精度电子秤(精度 0.000 1 g)、铝箔小球、橡胶棒、泡沫塑料、一次性筷子。

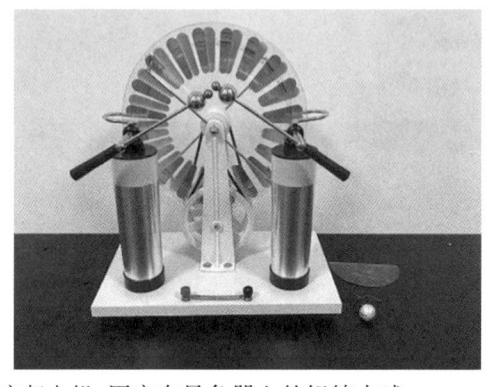

续表

	2.引导学生明确实验目的,测量试探电荷所受电场力 F;根据实验设计理解实验基本原理。 3.观看实验视频,注意观察示数的变化。 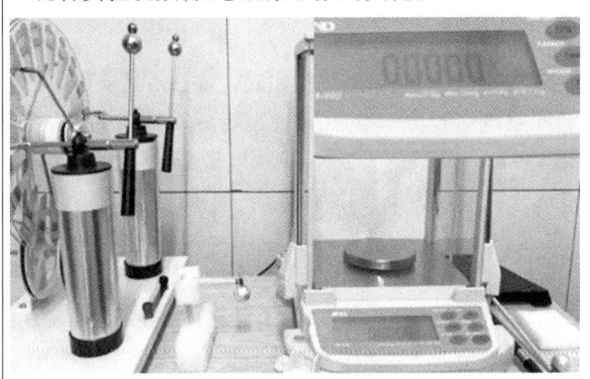 4.数据处理与分析,引导学生寻找表征电场强弱的物理量。 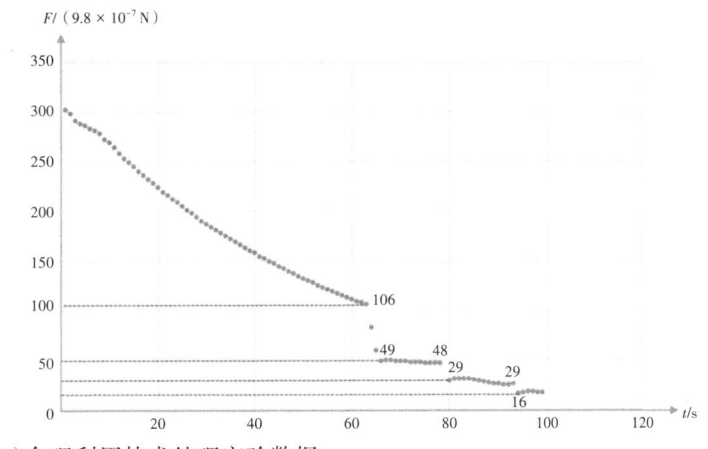 (1)合理利用技术处理实验数据。 (2)引导学生分析 F 变化趋势及原因。 (3)引导学生找到数据变化规律。
教学意图	1.从定性探究到定量探究,培养学生的对比、分析、综合、归纳能力,发展学生科学思维能力。 2.学习科学方法:定性探究实验的转换法(角度大小表示力的大小),定量探究实验的倍分法、图像法等。
教学评价	A.学生能设计实验,感受不同位置的电场强弱。 B.学生能理解定量探究电场力的原理和方法,能正确表述电场力 F 与时间 t 变化曲线的规律。 C.学生能发现定义电场强弱的方法。

113

【环节三】定义概念—真阐述—概括抽象、科学表征

教学内容	定义电场强度
教学活动	【理论探究,得出结论】同一电场的相同位置,F/q 是否为定值? 试想:场源点电荷 Q 位于 O 点,在 A 位置放入试探电荷 q_1,所受静电力为 F_1。若在 A 点放入电荷量为 $2q_1$ 的试探电荷,其受到的电场力为_____;若在 A 点放入电荷量为 $3q_1$ 的试探电荷,其受到的电场力为_____;以此类推…… 结论: 同一电场中相同位置的 F/q 是定值,不随 F 和 q 的变化而变化。 【交流讨论,科学表征】这一环节可设计问题,引导学生明确建构一个新物理概念应该研究哪些方面的内容,培养学生研究问题的思路与方法。 知道定义新物理量的方法。知道电场强度是一个矢量且规定其方向,将电场强度这一新概念纳入物理概念图式,具体过程从略。 【提出问题】前面我们用公式法研究了电场,有没有更直观的研究电场的方法? 引导学生类比磁场研究方法——磁感线。
教学意图	1.使学生了解科学研究的方法:实验探究+理论推导。 2.使学生理解和掌握比值定义的基本方法。 3.使学生掌握科学表征一个新概念的基本方法。
教学评价	A.学生能理论论证电场中某点电场强弱是一个定值,并类比迁移比值定义法。 B.学生能类比迁移磁感线,用电场线表征电场的强弱。

【环节四】应用概念—真拓展—变式迁移、完善结构

教学内容	深化对电场强度的理解
教学活动	【概念辨析，深化理解】 1.某同学根据电场强度定义 $E = F/q$ 得出结论：电场强度的大小与试探电荷所受的电场力大小成正比，与其电荷量成反比。这种认识是否正确？为什么？ 2.地球周围存在电场。电荷量为 $1.0×10^{-7}$ C 的试探电荷在地球表面某处受到的电场力的大小为 $1.5×10^{-5}$ N，方向竖直向下。该处电场强度为多少？若撤去试探电荷，该处的电场强度是否改变？若在该处放上电荷量为 $q=-2×10^{-8}$ C 的试探电荷，求该试探电荷受到的电场力。 【变式迁移，质疑创新】 设置根据建立电场强度概念的方法定义重力场强度的大小和方向的思考题，引发学生思考讨论。
教学意图	1.通过概念辨析和应用，深化对概念的理解和掌握。 2.为了将描述场这种特殊物质的方法升华，帮助学生形成正确的物质观，习得描述场的一般"范式"。
教学评价	A.学生能辨析清楚电场强度概念，用概念解释相关问题。 B.学生能将电场与引力场类比，迁移定义场的强度的基本方法（比值定义法）。

第四节 物理规律课的"5TE"教学模式

物理规律是物理现象或过程的本质联系在一定条件下必然发生、发展和变化的规律性的反映。物理规律包括物理定律、定理、原理、方程等,是客观事物的共同属性和本质特征在人们头脑中的反映,是物理事物的抽象,是观察、实验和思维的产物。

常见的高中物理规律分为三种:实验规律、理论规律和理想规律。实验规律是通过实验验证和归纳总结得出的;理论规律是以人们公认的定理和定律为依据,通过严密的逻辑推导得出的;理想规律则是以事实经验为依据,但无法进行实验验证的。理想规律所要求的条件在现实中是无法达到的。例如,牛顿第一定律是由伽利略斜面实验得出的,但这个实验要求水平面无限长且无摩擦,显然这是无法实现的。然而,这种依据逻辑推理把实际实验理想化的思想是研究物理问题的重要方法之一。把握物理规律的基本特征,深入理解物理规律的核心属性,是提升高中物理规律教学质量的关键。

一、物理规律的基本特征

(一)物理规律是客观存在的

物理规律不是人为创造的,它们是自然界固有的一部分,它们的存在不依赖于人的意识或人类活动,是人类通过科学实验和观察发现的,它们反映了自然界中基本的因果关系和共性。物理规律只能发现,不能创造。规律一旦被发现和验证,就可以用来预测和控制自然现象,理解并尊重物理规律对于我们更好地认识和理解自然界,以及利用这些规律为人类的生产和生活服务具有重要意义。

(二)物理规律是物理概念之间相互联系的反映

在物理学中,物理概念之间的相互联系被称为物理规律。在物理学中,物理概念是用来描述和解释物理现象的基本单位,物理概念是一种思维形式,而物理规律则是描述物理概念之间相互关系的客观规律。使用物理语言或者数学表达将概念之间的相互关系以逻辑严谨的方式表达出来,即物理规律。例如牛顿第二定律 $F = ma$,它表达了力、质量和加速度之间的必然联系。

(三)物理规律是实验和推理相结合的产物

物理规律往往是通过对实验现象的观察和分析,再通过推理和演绎的方法得出的。先通过实验对物理现象进行观察和记录,获取大量的实验数据;再通过对实验数据的分析,找出其中的规律和趋势,分析和归纳出物理规律的表征方式;最后通过逻辑推理和演绎,对物理规律进行深入的理解,并对规律进行修正和完善。人们探索物理规律的方法和人们认识世界的方法密切相关,探索物理规律的过程就是学习科学方法、习得解决问题方法的过程。

(四)物理规律具有近似性和局限性

首先,物理是一门以实验为基础的科学,在物理实验过程中,受实验条件、仪器精密程度、实验技术的准确程度的限制,不可避免地会出现一些误差,所以,实验结果所反映的物理规律只能在一定范围内足够真实。其次,中学物理所研究的对象和过程,都不是完全真实的对象和过程,往往是在特定情况下忽略某些次要的因素,采用了抽象的方法,或多或少地做了一定程度的简化之后,建立的理想模型和理想过程。因此,物理规律只能是对客观世界的近似描述,且由于规律总是在一定范围内和一定条件下被发现的,所以物理规律有它的适用范围和条件。

二 物理规律教学与核心素养

(一)物理规律是形成物理观念的基础

物理观念是物理概念和规律等在头脑中的提炼与升华。物理规律是对物理概念相互联系的本质反映,通过物理规律的教学,学生能够逐渐深化对基本物理概念的认识和理解。在理解物理概念和概念之间相互联系的规律的过程中形成物理观念或深化对原有物理观念的认识,并能运用观念解决生活中的实际问题。因此,物理规律教学的目的之一就是培养学生运用科学的方法形成、建立、升华物理观念。例如,学生在学习动量守恒定律过程中经历守恒量的探索,不仅学习动量的概念,更重要的是找到物体相互作用过程中动量守恒的规律,深化了对相互作用观念和守恒观念的理解,并形成能够运用这些观念来解决实际问题的思维方式和方法。

(二)物理规律的探索过程是科学思维的过程

物理规律的探索过程与科学思维密切相关,因为物理规律的发现和理解往往是通过科学思维的运用来实现的。通过引导学生进行观察,激发他们对自然现象的好奇心和疑问,是科学思维的起点;对观察到的现象提出假设和预测,并通过逻辑推理推导出可能的解释,是科学思维的关键组成部分;通过实验来验证假设和推测,培养学生对证据和数据的重视,是科学思维的核心;在探索物理规律时,通过构建模型来描述和解释规律,然后根据实验结果对模型进行修正,是科学思维的重要组成部分;科学思维强调问题解决的实践,学生需要运用所学的知识和科学方法来解决复杂的物理问题,需要系统性思考和创造性思维;科学思维强调质疑,在物理规律的探索过程中,学生被鼓励不断提出问题,质疑规律探索过程中发现的问题,追求更深层次的理解,这种批判性思考是科学思维的不可或缺的重要成分。总之,物理规律的探索过程是科学思维的过程,涉及观察、实验、模型构建、推理、验证、质疑和修正等一系列要素。

(三)物理规律的探索过程是科学探究的过程

科学探究是通过实验和实际操作,以发现的方式理解和应用科学知识的过程。物理规律的探索过程与科学探究有着天然的联系,都侧重于培养学生的观察、实验、问题解决、模型构建、数据分析等多方面的能力。物理规律的探索通常涉及实验的设计和实施。培养学生设计科学实验的能力,包括问题的提出、实验步骤的规划、数据的收集与分析等方面。科学探究注重学生通过具身实践来发现和理解知识,物理规律的探索过程就是一种探究性学习。学生需要构建模型来解释观察到的现象,需要通过收集和分析数据得出结论,将实验结果与理论模型相匹配,强调培养学生数据分析和科学论证的能力,使其能够理性地解释观察结果。通过亲身实验和观察,学生能够更深刻地体会物理规律的实际应用,提升实验设计和数据分析的能力。

(四)物理规律的探索过程是科学态度与责任的培养过程

物理规律的探索有助于学生认识科学本质。通过物理规律探索中的观察和实验,学生理解科学并非仅仅是一系列事实和公式的堆砌,而是一种追求真实、解释现象和预测未来的方法。在物理规律的探索中,学生通过观察和实践,学会重视实际经验和证据,理解科学知识是建立在实证基础上的,并且能够通过实验和观察进行验证。探索物理规律要求学生具备批判性思维和质疑的态度,强调通过引导学生对物理现象提出问题、挑战假设、反思实验设计等方式,提升学生的主动思考和质疑能力。物理规律的实验过程培养学生遵循科学伦理和负责任的态度,使其认识到科学实践应当遵循规范,尊重研究对象,确保实验的可靠性和公正性。物理规律的探索使学生逐渐认识到科学的不确定性和复杂性,培养学生面对未知、接受不确定性的科学态度。物理规律的探索让学生进行交流和合作,培养学生与他人合作、分享探索结果的协作精神,同时认识到科学是集体智慧的结晶。物理规律的学习也要求学生认识到科学活动对社会的影响,鼓励教学中引入与物理规律相关的社会问题,培养学生对科学研究和技术应用的社会责任感。

三 物理规律教学的反思

(一)物理规律教学的研究回顾

中学物理教育工作者一向重视物理规律教学及研究,在教学实践中归纳总结出了一些物理规律教学的经验,概括起来就是:创设物理情境、进行思维加工、理解物理意义、运用概念规律。这些经验对中学物理规律的教学实践具有很强的指导意义。

阎金铎先生曾提出物理规律教学的两种途径:一种途径是直接从实验结果中总结、概括出来;另一种途径是利用已有的概念和规律,通过数学推导,得到新的规律。[1]后来阎金铎、郭玉英又将物理规律的教学过程归纳为:第一,创设

---

[1] 邢红军.高中物理教育论文写作[M].北京:中国科学技术出版社,2016:72.

物理情境,形成科学问题;第二,实施科学探究,促进知识建构;第三,讨论物理规律,理解物理意义;第四,运用物理规律,解决实际问题。[1]许国梁等认为物理规律的教学过程包括创造情境,发现问题;正确引导,探索规律;引导学生讨论规律;引导学生运用规律四个阶段。概括而言,学生对物理概念与规律的学习要经历由感性的具体发展到抽象的规定,再由抽象的规定发展到思维中的具体这样两个阶段。概念与规律形成后,认识的第一个阶段已经完成,而认识的第二个阶段必须依靠概念与规律的应用才能完成。[2]对物理规律教学的要点,研究者除了强调"来龙去脉""物理意义"之外,还论及了定律的适用条件、局限性、因果性,以及"教给学生运用它说明和解释现象、解决问题的思路和方法"[3]。此外,阎金铎等还指出规律教学和概念教学的关系,提出:"学生形成物理概念和掌握物理规律之间存在着不可分割的、辩证的联系。一方面,形成物理概念是掌握物理规律的基础,概念不清就谈不到掌握规律;另一方面,掌握物理规律可以使我们从运动变化中,从物理对象与物理现象的联系中去进一步更深入地理解物理概念。"[4]

(二)物理规律教学的现状

1.脱离实际,不符合学生的学习需求

高中物理规律教学往往侧重于传授抽象的理论知识,而忽略了将这些理论与实际生活或实际应用相联系,缺乏与学生实际生活和经验相关的案例和实例,使得学生难以将理论知识与实际情境相结合,难以理解这些规律在日常生活中的意义,从而导致学习兴趣的降低。教学过程中不能站在学习者的角度思考学生的学习需求,学生要学物理规律主要因为考试要考这些规律,而不是基于问题解决的需要。学生的学习是被动的、麻木的,教师的教学就是灌输和机械训练。这样的教学完全忽视了学生的学习需求,使学生逐渐丧失对客观事物的好奇心和探索兴趣。

---

[1] 阎金铎,郭玉英.中学物理教学概论[M].4版.北京:高等教育出版社,2019:147-149.
[2] 许国梁,陶洪.中学物理教学法[M].3版.北京:高等教育出版社,2020:65-73.
[3] 邢红军.高中物理教育论文写作[M].北京:中国科学技术出版社,2016:72.
[4] 阎金铎,田世昆.初中物理教学通论[M].北京:高等教育出版社,1989:136.

2.缺乏经历,不重视学生探究物理规律的过程

早在20世纪90年代,乔际平先生在他编写的《重要物理概念与规律的形成与发展》的前言中指出:"尽管过去我们也重视概念与规律的教学,但其着眼点和侧重点主要是放在知识的传授上。因而强调的是对概念、规律本身的掌握状态","过去的教学要求是必要的,也是正确的,但它不够全面,这主要表现在忽视了对概念、规律的形成与发展过程的要求,其结果就会削弱通过概念、规律教学来加强对学生的能力培养"。[1]尽管如此,在现在的物理教学中,物理规律教学依然过于注重结果,重视学生对物理规律的掌握和应用,把物理规律教学变成应用物理规律解题的教学,忽视物理规律的建立过程。学生缺乏物理规律建立过程的经历,无法真正理解物理规律建立过程中的研究方法和思想,无法深刻理解和掌握物理规律。物理规律教学最重要的就是让学生去经历规律探究的过程,即让学生去提出问题、思考问题、设计实验方案、进行实验操作实践,让他们经历像科学家从事科学研究一样的过程,让他们像科学家一样思考问题、解决问题。这样的经历需要学生深入、持续、创新性地思考,是培养学生思维能力和解决问题能力的最重要的途径。以解题为目标的物理规律教学,与这一过程相距甚远。

3.知识割裂,忽视物理知识之间的整体关联

在当前中学物理规律教学中,我们看到知识点的割裂是一个显著存在的问题。知识点的学习呈现零散化和碎片化的趋势,而对知识点之间横向、纵向关联的重视不足,也缺乏对知识整体性和结构化的关注。这一现象主要源于以下几个方面的问题:

首先,教师和教材通常着重将知识点独立传授,忽略了协助学生建立知识之间的内在联系。教材编写侧重于按章节划分知识点,使得学生较容易将不同章节的内容看作孤立的主题。同时,教学计划可能过于注重完成教学任务,而对知识点之间的关联性安排不够周全。这使得学生在学习过程中难以形成系统性的认知,缺乏对知识体系整体结构的清晰认识。由此,学生可能更倾向于将物理规律视为零散的知识点,而非一个有机整体,从而制约了对物理学科整体性的深刻理解。

---

[1] 邢红军.高中物理教育论文写作[M].北京:中国科学技术出版社,2016:72-73.

其次，教学方法或许未能有效地弥合知识点之间的断裂。传统的讲授式教学往往注重知识的广度和深度而忽略关联性。教师可能过于专注于完成教学计划要求，而忽视了帮助学生理解知识点之间的内在联系。强调具体应用的教学方式也可能导致基础概念之间的贯通被忽略，使得学生对整体框架的理解不够深刻。在这种教学环境下，学生难以形成对知识点之间关系的全面理解，进而影响了对物理规律整体性的把握，并可能减弱对物理学科的兴趣。

再次，物理规律涉及多个知识领域，但教学中可能缺乏对这些知识点之间横向联系的关注，导致学生难以形成综合的认知。各个年级和学期的教学内容之间也存在纵向关联，但教师的教学却未重视把握学生的已有知识和经验，未能很好地将先修知识和后续知识相互衔接，使得学生在学习过程中可能感到困惑。

四　物理规律课的"5TE"教学模式

从前文的探讨中，我们可以看到，物理规律教学的痛点主要还是在于应试教育留下的"病根"，过于强调物理规律的知识性和机械解题，而脱离了学生生活实际和学习需求，忽视了规律的形成过程中思想、方法、情感态度的体验，忽视了物理规律内化于学生知识体系，学生在学习物理规律的过程中，往往是被动接受而非主动建构，难以真正理解物理规律的实质。

与物理概念教学一样，物理规律教学也是落实核心素养的课程目标的基石。物理规律是物理概念之间关系的反映，每个物理规律背后都隐藏着与之相关的多个科学方法，其中的教学重点是科学思维与科学探究能力的培养。物理规律教学理应以核心素养为导向，强调真实评价，注重展现物理规律的形成、理解和应用过程。教学应以实验事实为依据，创设丰富的真实情境，让学生获取足够的感性材料；让学生沿着物理规律的形成逻辑，运用科学方法建立物理规律，使学生在自主建构物理规律的过程中获得具体方法和思维的体验。物理规律的教学不能仅满足于规律表达式的记忆，关键是要注意对物理规律本质的阐释，包括使用条件及其背后蕴含的物理思想和物理观念等，如此才能使学生真正理解物理概念与规律的本质。规律的迁移应用不是应用规律解答物理习题，而是强调解决实际物理问题。通过解决新情境中与社会生活紧密相连的问题，让物理规律的迁移与应用摆脱习题强化训练的模式,从而由解题走向解决问题。总之,中学物理的规律教学,重点在于引导学生关注物理规律发现和建立的过程,学习和体会规律建立过程中的科学思想方法,同时使学生感受到每一个物理规律的发现对物理学和科学发展的贡献。基于此,笔者提出如图4-4-1所示的惟真物理规律课的"5TE"教学模式。

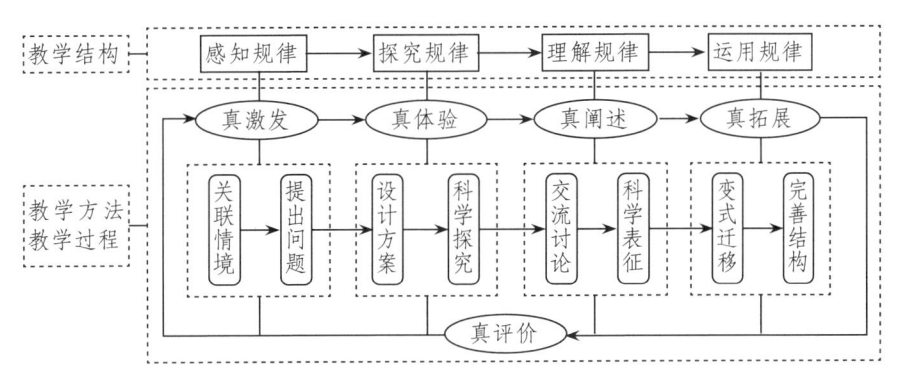

图4-4-1 惟真物理规律课的"5TE"教学模式图

在物理规律教学的起始阶段,需要学生明确相关物理概念,提出相关的问题。因此要基于学生知识经验创设便于学生建立概念之间联系的,能让学生产生认知冲突,有利于学生发现和提出问题的物理情境,以便于学生能在情境体验中充分获得探索物理规律所必要的感性认识,激发学生对问题的好奇心和探究欲望,为学生进一步开展规律探究奠定认知基础。

物理规律教学过程中的真体验环节,是初步形成物理规律的过程。学生基于感性认知提出问题之后,需要利用原有的知识和方法展开探索。根据实验规律、理论规律、理想规律的不同,物理规律的探索方法也不同。但其核心是实验方案的设计和实施、理论推导和论证,需要学生从现实问题中抽象出物理模型,从物理模型中探索物理规律。这一环节主要就是让学生体验运用科学方法建立物理规律的内在逻辑,在形成物理规律的同时掌握相关的科学方法,领悟相关的物理思想。

物理规律教学中的真阐述环节,是学生理解物理规律本质的关键环节。要给足学生讨论、交流、表达、阐释的机会,让学生反思规律形成过程的科学方法、探究过程中证据的表征形式、规律表达式中的关键词(关键词是相关物理概念的再现)、规律的物理意义(物理意义是应用公式的基础)、规律表达式中各物理量的单位、物理规律的三种表达方式(文字表达、公式表达和图像表达),进而讨论物理规律的适用条件和范围,物理规律与其他规律的关联和区别,规律表达中用到的数学方法等,以实现对物理规律的真正理解和内化。

物理规律教学中的真拓展环节,强调的是物理规律迁移应用不应只是解答习题的这种简单的认知外显的过程,更重要的是应用物理规律解决真实问题的复杂认知外显过程。教师应提供复杂的真实情境,让学生分析和判断情境,提炼出与规律相关的物理模型,再用相应的物理规律去解决问题。贴近学生生活,且有启发性和灵活性的真实情境能激发学生的挑战热情和解决问题的欲望,从而在真实问题的解决中实现物理规律的内化建构与外化建构的统一,使学生的知识结构得以完善。

真评价环节与概念课教学评价方法一致,不再赘述。

基于以上对物理规律课的"5TE"教学模式的分析,以鲁科版(2019)高中物理选择性必修三第一章第2节"动量守恒定律及其应用"第1课时为例,探讨如何采用该教学模式进行物理规律课的教学,教学流程如图4-4-2所示。[①]

---

① 该课例根据福建省莆田第二中学林萍老师提供的教学设计改编。

第四章 惟真物理的教学模式

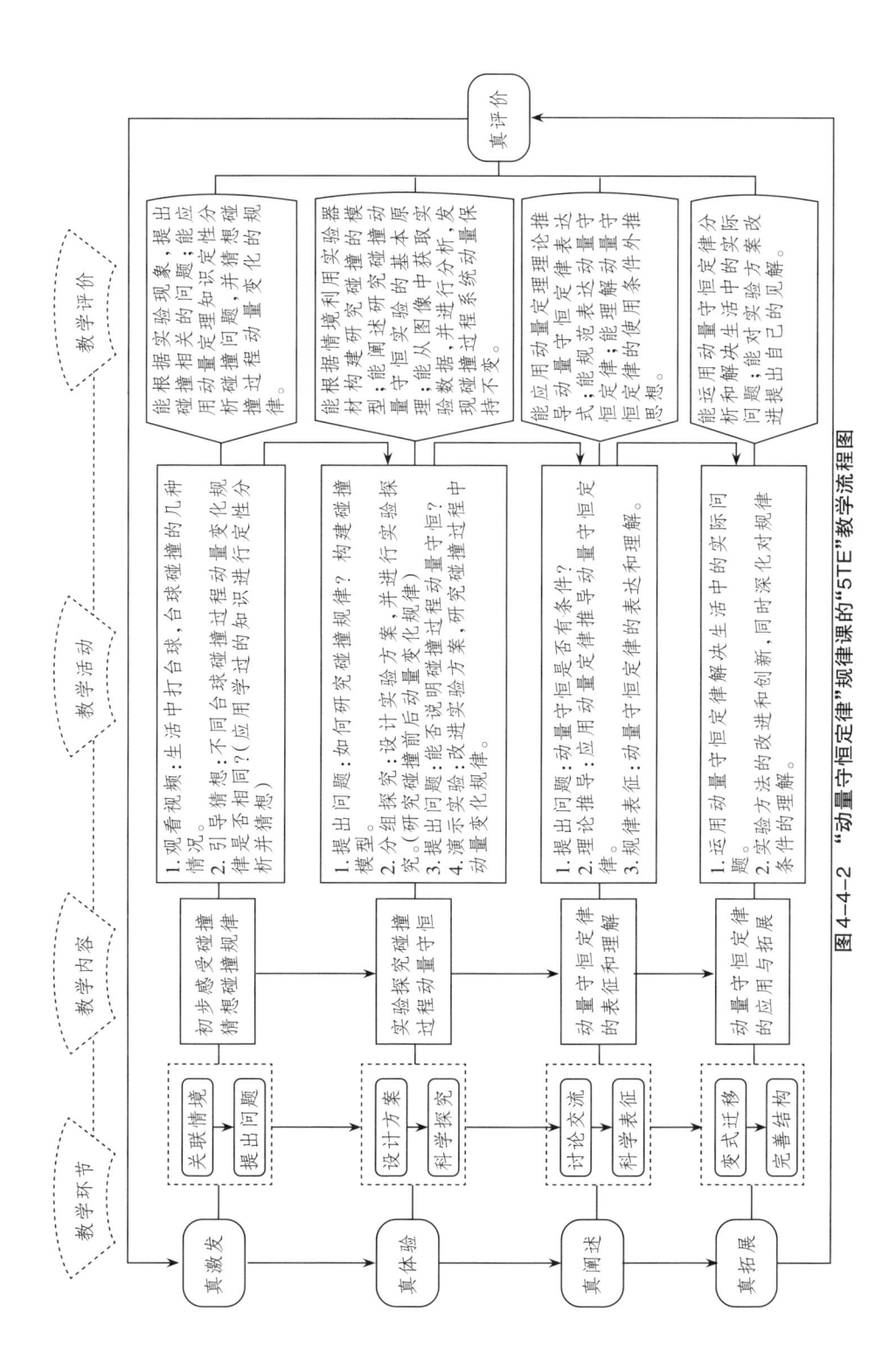

图 4-4-2 "动量守恒定律"规律课的"5TE"教学流程图

教学环节设计如下：

【环节一】感知规律—真激发—关联情境、提出问题

教学内容	初步感受碰撞，猜想碰撞规律
教学活动	【观看视频：创设情境、提出问题】两球碰撞的不同现象。 (1)两球继续向前；(2)被碰球向前，碰撞球静止；(3)被碰球向前，碰撞球被弹回。 引导学生提出问题，并进行猜想：两个球动量为什么发生变化？三种情况有没有相同的规律？是怎么样的规律？ 引导学生利用学习过的动量定理从理论上定性分析每个物体动量变化的原因，猜想变化量之间的大小关系。
教学意图	从生活中常见的运动情境引入，温故知新，在原有知识的基础上，使学习发生正向迁移，形成新知识链。进入课题。
教学评价	A.学生能认真观察现象，提出与碰撞相关的实际问题。 B.学生能利用动量定理的知识进行定性推理，建立动量变化规律的初步认识。 C.学生能对动量变化规律提出合理猜想。

【环节二】探究规律—真体验—设计方案、科学探究

教学内容	实验探究碰撞过程动量变化规律
教学活动	【提出问题：明确对象，建构模型】如何研究碰撞规律？ 引导学生运用实验器材（轨道、小车、光电门、传感器），建构碰撞模型，设计实验方案。（天平测小车质量、光电门测小车瞬时速度，即可测出小车动量） 【实验1：分组进行碰撞前后动量变化实验探究，体验方法】质量相等的两辆小车一动撞一静。 学生分组进行实验，记录数据、分析数据并进行实验结果的交流。 | 序号	t_1	t_2	$v_1 = d/t_1$	$v_2 = d/t_2$	$p_1 = m_1v_1$	$p_2 = m_2v_2$	$\Delta p = p_1 - p_2$	$\delta = \Delta p/p_1$	平均值
---	---	---	---	---	---	---	---	---	---
1									
2									
3									

|

续表

教学活动	结论:误差允许范围内,碰撞前后两辆小车的动量变化量大小相等。 【提出问题】我们能说碰撞过程动量守恒吗? 引导学生类比机械能守恒定律,理解守恒应该是指所研究的系统整个过程时时刻刻的动量之和都保持不变。 【实验2:演示实验,进行碰撞过程的动量变化探究,揭示本质】质量不等的两辆小车对撞。 1.介绍器材:专用的光电计时测距实验器轨道,探究两辆小车组成的系统动量变化情况。 2.演示两车碰撞,通过专用软件,可以得到两辆小车的 v-t 图像。 3.引导学生根据图像分析:(1)小车碰撞前后的运动情况。(2)抓取碰撞过程中(图线的曲线部分)不同时刻的位置,发现系统总动量都近似相等。(同时加深对动量矢量性的理解)(3)实验结论:碰撞过程系统动量守恒。
教学意图	1.根据生活情境建立物理模型,利用现代信息技术帮助学生进行模型建构。 2.通过实验1,培养学生的团队合作能力,提高观察能力和动手能力,增加学生的课堂参与度与学习体验性,感受新技术给实验带来的便利。 3.通过实验,引导学生理解相等和守恒的区别,理解动量守恒的内涵,不仅深化了相互作用观念的认识,更重要的是进一步升华守恒的物理观念。也突破了传统实验无法研究碰撞过程的缺点,突破了教材实验设计中一个令人困惑的问题,同时也让学生深刻体会到科技进步对物理学研究的重要意义。
教学评价	A.学生能根据情境利用实验器材构建研究碰撞的模型。 B.学生能阐述研究碰撞动量守恒实验的基本原理。 C.学生能从图像中获取实验数据,并进行分析,发现碰撞过程系统动量保持不变。

【环节三】理解规律—真阐述—交流讨论、科学表征

教学内容	动量守恒定律的物理表达和理解
教学活动	【提出问题】实验1中,为什么碰撞之后动量总是略小一些？动量守恒会不会有条件？ 引导学生进行讨论,分析动量减小的原因是有阻力,阻力的冲量使得系统的动量减小。（可以结合实验2的速度图像,抽取碰撞之后的动量进行分析） 合理外推：在没有外力的情况下,碰撞系统动量守恒。 【理论探究,得出结论】在光滑的水平地面上,有质量为 m_1、m_2 的两小球 A、B,它们分别以速度 v_1、v_2 同向运动,且 $v_1 > v_2$。当球 A 追上球 B 时,发生碰撞,碰撞后两球的速度都发生了变化,球 A、球 B 的速度分别为 v_1'、v_2',引导学生利用动量定理对 A、B 进行分析,根据牛顿第三定律,得出 A、B 组成的系统的动量守恒。 【规律的科学表征】引导学生从内容表述、公式表达、使用条件的理解及拓展规范表达动量守恒定律,以强化对规律的理解。 1.内容：如果一个系统不受外力或者所受合外力为0,这个系统的总动量保持不变。 2.公式：$m_1v_1 + m_2v_2 = m_1v_1' + m_2v_2'$。 3.理解：矢量性、瞬时性、普适性。 4.条件： （1）系统不受外力,或者所受外力的矢量和为0。 （2）系统所受内力远大于外力。
教学意图	1.使学生了解科学推理的方法。 2.理论推导帮助学生更加深刻地理解动量守恒定律,理解知识之间的联系。 3.使学生掌握科学表征一个新规律的基本方法。
教学评价	A.学生能应用动量定理理论推导动量守恒定律表达式。 B.学生能规范表达动量守恒定律。 C.学生能理解动量守恒定律的适用条件和外推思想。

【环节四】运用规律—真拓展—变式迁移、完善结构

教学内容	动量守恒定律的应用与拓展
教学活动	【规律应用,深化理解】 小船停靠湖边时,如果船还未拴住,人便匆匆上岸,人有可能会掉入水中。为什么会出现这种情况？试用动量守恒定律解释,并与同学讨论交流。 【变式迁移,质疑创新】 请对本节课实验1的设计方案提出改进办法,以使得碰撞前后的两物体动量变化量的误差更小,并以此说明当外力越小时,系统动量改变量越小,以此推出内力远大于外力时,系统动量近似守恒。引发学生思考讨论。
教学意图	1.通过实际问题的解决,深化规律的理解和掌握。 2.通过对实验方案的改进的思考,培养学生质疑创新能力,使之进一步理解系统动量守恒的条件。
教学评价	A:学生能运用动量守恒定律分析和解决生活中的实际问题。 B:学生能对实验方案改进提出自己的见解。

第五节 物理实验课的"5TE"教学模式

在中学物理教学中,实验是重要的教学内容,同时实验也被用作一种手段,通过施加主观影响来研究对象,以揭示事物的本质规律。通过这种方式,我们可以更好地认识和理解物理学的规律,形成物理学的概念,并获得对客观物质世界的整体认知,培养学生的物理学科核心素养。

一 中学物理实验的基本特征

中学物理实验的基本特征可以归纳为以下几点:

(一)趣味性

中学物理实验具有一定的趣味性,通过设计生动有趣的实验,学生们能够感受到科学的魅力,激发他们对物理的好奇心和探究欲望。中学物理实验趣味性不仅能够吸引学生的注意力,还体现在他们在探索和发现的过程中更加主动地参与到学习中来,培养他们的创新思维和实践能力,为他们未来的科学探索打下坚实的基础。

(二)实践性

中学物理实验以实验为基础,通过实验设计、实验操作、观察现象、收集数据、分析推理等过程,引导学生探究物理规律和原理。在这个过程中,学生可以亲身参与实验操作,感受实验现象的魅力,从而对物理规律和原理有更深刻的理解和认识。实验的实践性对培养学生的观察能力、动手能力和解决问题的能力,形成解决问题的独有思维方式,提高科学素养有重要的作用。

(三)科学性

中学物理实验遵循科学原则和科学方法,要求实验设计的科学性和严谨性,保证实验结果的准确性和可靠性。在实验过程中,学生们需要遵循科学的基本原则和采用科学研究的方法,如控制变量法、多次测量求平均值法、转换法、图像法等,以确保实验结果分析的客观性和准确性。同时,学生们还需要了解实验中涉及的物理原理和公式,以及如何正确地操作实验设备,避免因操作不当而导致实验结果的偏差。物理实验的科学性,能够帮助学生更好地理解物理概念和规律,学习和掌握科学方法,提高他们的科学素养。

(四)人文性

中学物理实验不仅关注自然科学知识,还注重与人文精神的结合,通过实验培养学生的科学态度与责任、培养学生的人文素养。在物理实验过程中,学生不仅了解了自然科学知识,还能够感受到科学家的探索精神和创新思维,体验和感受实验之美,理解自然科学与社会人文的关系。实验中需要团队合作,这又锻炼了学生的协作精神,让学生理解合作的重要意义。

(五)实用性

不少中学物理实验与日常生活密切相关,可以帮助学生将理论知识与实际应用相结合,提高解决实际问题的能力。一些与实际生活、科技发展紧密联系的实验演示和探究,能引导学生深入了解物理学的应用和发展,拓宽学生的知识面和视野。

二 物理实验与核心素养

物理学的研究对象是客观世界的物质和现象,包含物质的内部和外部结构以及复杂的规律。要认识和掌握物质的结构及其运行规律,观察和实验验证是最有效的途径。因此,物理实验成为物理学研究的基础,同时也是物理教学的重要内容。课程标准提出了物理学科核心素养的课程目标,我们有必要从发展学生物理学科核心素养的课程目标的高度重新审视物理实验教学的价值。

（一）物理实验是形成物理观念的基础

在物理教学中,概念的建立和规律的探究都离不开物理实验。

物理概念的建立离不开物理实验。为了帮助学生更好地理解和掌握概念,教师需要为学生提供丰富的感性认识。实验作为一种有效的教学手段,可以在概念建立过程中创设问题情境,引导学生观察现象、提出问题、进行猜想和假设,从而引入相关概念。以电容概念为例,教师可以先演示不同的电容器充电,引导学生观察相同电压下不同电容器所储存的电荷量不同,或者使不同电容器带相同电荷量,两极间的电压不同。基于实验的观察结果,教师可以引导学生认识到电容器储存的电荷量随两极间电压的变化而变化,但不同电容器变化的情况不同。这样的引导有助于为引入电容概念描述电容器的储存电荷本领的特征做好铺垫。在这样的概念教学过程中,实验不仅为学生提供感性认识,帮助学生认识到建构概念的意义;同时也为定义物理概念提供实验基础,有助于学生理解物理概念的本质特征和物理概念建立的基本方法。

物理规律的探究更离不开物理实验。利用实验创设问题情境,让学生从中发现和提出问题,并根据已有的知识经验做出猜想和假设,然后进一步设计实验探究方案,选择实验器材进行实验并获取相关的实验数据,通过对数据的分析得出实验结论,根据实验结论总结形成物理规律。例如,研究匀变速运动规律时,首先可以引导学生根据运动的实际情境,建构一个匀变速运动的可测量的实验模型(小车下滑的位移和时间测量),观察打点计时器打出的纸带,根据纸带点迹的不同分布规律,发现纸带点迹与物体的运动规律的关系,从而提出探究问题,并根据学过的匀速直线运动知识进行猜想与假设。然后在猜想的基础上,对纸带点迹的分布进行定量研究,最后利用物理图像、数学公式等手段处理实验数据,得出匀变速直线运动的速度—时间关系。物理实验作为探究活动的重要方法和手段,既是提出问题的基础,也是进一步探究并获取定量数据并分析得出物理规律的重要方法。

当然,物理实验的价值不仅体现在建构概念和得出规律的过程中,还体现在应用概念和规律解决具体问题的过程中。如通过实验来创设具体的问题情境,引导学生在真实的实验探究情境中提取已有的知识,从而在真实的问题情境中分析问题、解决问题。这样的实践过程有助于活化所学习的物理概念和规律,最终使这些物理概念和规律在情境中结构化,并逐渐提炼和升华,形成物理观念。

(二)物理实验是发展科学思维的基础

科学思维包括模型建构、科学推理、科学论证、质疑创新等要素。物理实验作为发展科学思维的基础,在科学思维各要素中都有体现。

物理模型的构建源于对现实世界的观察和实验,这些经验和事实为科学思维提供了坚实的基础。以自由落体运动模型为例,其建构过程首先源于对自然界物体下落现象的观察,通过对运动规律和影响因素的猜想,进一步通过设计不同空气阻力下物体下落的实验来获取实验事实。基于实验事实,可以进一步推理得出自由落体运动的理想模型。

无论是对客观世界的描述和解释,还是对客观规律的预测,都离不开科学证据。而物理实验正是获取科学证据的主要渠道之一,因此实验也是科学思维之推理论证的基础。通过物理实验获取实验数据和实践证据,并对其进行分析论证,不仅在于培养学生的证据意识,更重要的是鼓励学生基于实验证据和实践证据的大胆质疑和批判思维,强化物理实验在发展学生科学思维中的基础地位。例如,在人类认识原子的历史中就经历了基于事实建立模型、推理论证、质疑创新的全过程。汤姆孙首先通过实验发现电子,打破了人们对原子不可再分的观点的固有认识,并提出了原子的"枣糕模型"。随后卢瑟福基于粒子散射实验现象质疑了原子的"枣糕模型"并提出了原子的"核式结构模型"。显然,实验数据不仅是质疑原有模型的证据,也是建构新模型的事实依据。

实验内容和实验过程本身也蕴含着丰富的科学思维方法。物理演示实验除了可以通过直观展示物理现象帮助学生理解物理概念和规律,还可以激发学生的好奇心和求知欲,通过新奇的实验现象增强学生学习过程中的情感体验,让积极的体验成为学生主动参与学习和思考的动力。对实验现象的观察和对结果的预测有助于学生提问与猜想、推理和论证能力的提升。因此,演示实验重要的功能定位应该是引导学生科学思维能力的提升。在分组实验教学中,学生经历提出问题、方案设计、实验探究、获取和分析证据、交流表达得出结论、反思实验等过程,如果教师选取有利的教学方式,重视学生推理、论证、质疑、创新能力的培养,必将会让物理实验成为发展科学思维的良好平台。

(三)物理实验是开展科学探究的载体

科学探究主要包括问题、证据、解释、交流等要素。实验作为科学探究活动的基石,贯穿始终,无疑是培养学生探究能力的重要载体之一。

首先，科学探究问题的提出及其相应的猜想和假设，都源于对已有的观察到的客观事实或已有的实验结果的深入剖析。以力的合成为例，当我们观察到一个力与两个力作用在物体上的效果相同时，便可以从等效的角度提出问题，进而引发猜想和假设。

其次，实验是科学探究活动中获取证据的基本途径。设计实验、制订实验方案、实验操作、记录实验数据，这一系列过程既是动手实践的过程，更是动脑思考的过程。这一过程看似主要是动手操作的过程，实际上却是学生对所学知识进行深层理解并在理解的基础上将知识结构化的过程。

最后，基于实验数据或者收集的实验证据进行解释、交流，推理论证和预测结果、得出结论，这不仅仅是物理实验的重要内容和关键步骤，更是科学探究活动中培养学生实践能力和思维能力相结合的学习方式的重要载体。这一过程强化了学生的证据意识，使他们更加深刻地认识到科学的本质。

伽利略曾说过："科学的真理不应该在古代圣人蒙着灰尘的书上去找，而应该在实验中和以实验为基础的理论中去找。"这句话恰恰说明了科学的真理都需要基于已有的理论或者实验提出新的问题和猜想，并通过实验进行验证。这便是科学探究的过程，一个充满挑战的过程。

总之，物理实验作为科学探究的载体，为学生提供了一个亲身参与、亲手操作的平台。在这个过程中，学生们学会了如何提出问题、如何寻找证据、如何解释现象、如何与他人交流，从而提升了自己的实践能力和思维能力。这正是物理实验的魅力所在，也是科学探究的价值所在。

（四）物理实验是培养科学态度和责任的载体

科学态度与责任主要包括科学本质、科学态度、社会责任等要素。

建立科学本质观意味着让学生深入理解科学知识的产生和发展过程。在物理教学中，教师应引导学生通过学习物理学科知识，认识科学本质。物理实验作为展示物理客观现象和揭示物理规律的重要手段，是对客观世界的一种解释。科学知识的获取是基于经验和实验观察，科学探究活动没有单一的探究程序和路径，科学讲究证据，科学并不永远正确，科学需要想象和逻辑推理等，因此物理实验有助于学生认识科学本质。

在物理实验过程中，实验方案设计、实验操作、数据记录以及数据的分析处理等环节都体现了物理学科尊重事实、尊重规律的理性精神和精益求精的科学态度。在实验过程中,学生可以充分体会到交流合作的必要性和重要性。除了在本实验小组内进行分工合作外,不同的实验小组在完成同样的探究任务时,由于设计的实验方案不同,小组间实现实验方案与数据的共享有助于培养学生的合作交流能力。因此,实验全过程中的每一个细节都可以成为培养学生科学态度与科学精神的载体。

三 物理实验教学的反思

(一)物理实验教学研究回顾

物理是一门以观察和实验为基础的学科,实验是物理学科的基石。无论是从事物理学科研究,还是从事物理学科教育工作,都能体会到物理实验的重要地位,特别是从事中学基础教育的一线研究者和教师,更能深刻体会到物理实验在物理课程体系中的重要地位。

当前已有的中学物理教学研究对物理实验教学的作用已基本达成共识,从促进学生对知识的理解、科学方法的掌握、兴趣和科学精神的培养等方面概括物理实验对学生发展的价值和功能。阎金铎、郭玉英在《中学物理教学概论(第三版)》中把物理实验教学的作用归结为:①实验能激发学生学习物理的兴趣和求知欲;②实验能为学生创设生动的物理学习情境;③实验能发展学生的能力,使学生掌握科学方法;④实验有利于培养学生的科学态度和科学精神。阎金铎、段金梅等在《物理教学论》中指出物理实验教学的目的是:通过物理实验全过程的教学,使学生在获取或巩固物理知识的过程中,理解和掌握运用观察和实验手段处理物理问题的基本程序和技能;培养学生敢于质疑的习惯、严谨求实的态度和不断求索的精神;培养学生的观察能力、思维能力和操作能力;提高学生学习物理的动机和兴趣。

(二)物理实验教学的现状

随着我国基础教育课程改革的不断深入,物理实验教学的重要性日益凸显。围绕实验课程开发、教学改革、教学评价、资源开发等方面的教学研究也日益受到关注,为发挥物理实验在中学物理教学中的功能和价值奠定了坚实的基础。然而,实验教学质量评价依然局限于高考题中的一两道实验题的书面考查,对实验方案设计、动手操作、数据收集与处理、实验论证与分析等方面的考查有很大的局限性。这种单一的考查形式窄化了物理实验教学方式,甚至有些教育工作者一度将物理实验等同于实验操作,严重削弱了中学物理实验教学功能。

在现实物理教学中,存在着课堂上物理教师不做实验,而是讲实验,学生听实验;教师不讲实验,用视频讲实验,学生看实验;高三复习教学学生不进实验室做实验,代之以实验习题练实验;等等。中学物理实验教学仍然存在着诸多亟待解决的问题。

1.实验教学目标窄化

受应试教育观念的长期影响,"以知识为中心"思想指导下的物理实验教学功能被弱化为对物理知识学习的辅助手段,由此制订的实验教学目标被严重地窄化为知识学习目标,实验教学对学生思维能力、合作探究能力、质疑创新能力等关键能力的培养价值被忽视。在日常教学中,教师的课堂演示实验和学生分组实验貌似都能依据课程标准的要求去完成,但往往流于形式。在实验过程中忽视对学生进行科学方法训练,忽视对学生科学探究意识、科学探究能力与应用实验解决问题能力的培养,等等,实验的认知功能得不到充分挖掘和发挥,实验作为学生发展核心素养的重要载体,其教学目标及教学价值被严重窄化。

2.实验教学模式单一

受应试教育的影响,又由于实验教学本身的复杂性,部分学校和教师对其认识不足,导致在日常教学中,少做实验、黑板上讲实验的现象仍然占据主导地位。这种教学模式,教师主导实验,学生则按照既定步骤模仿完成。在演示实验教学中,教师将实验结果作为知识传授给学生,学生缺乏主动参与和体验的机会。实验探究形式化,教师先讲解实验原理和步骤,学生则"照方抓药、按部就班"地完成实验,甚至不关心实验数据的真实性,就能得出实验结论,进行着"虚假探究"。显然,这样的教学模式不利于充分发挥学生的学习积极性和主动性,也不利于学生充分体验实验在物理研究中的重要价值,因此无法实现促进学生发展核心素养的教学目标。

实验课程的要求与学生的实际实验能力之间存在着明显的不匹配。在实验探究方面,学生们缺乏对实验探究的基本规范和要求的掌握,反而过于重视对实验结论的机械记忆。这种做法背离了培养实验素养的基本要求。一个常见的现象是,当学生观看老师进行实验时,他们只是像观看一场热闹的表演一样,虽然过程轰轰烈烈,但却未能理解为什么要进行这个实验。进入实验室后,学生们面对桌上的实验器材,却不知道这些器材的具体用途。他们按照书本提供的实验步骤,按部就班地完成实验流程,却不会设计数据记录表格,不会收集实验数据,也不会对实验数据进行合理的分析和论证。最终,他们也能完成实验并得出实验结论。然而,学生们在完成实验后,却无法撰写实验报告,不会进行误差分析,也不进行实验过程的反思,等等。

3.实验教学评价单一

实验教学评价的内容主要涵盖与实验相关的知识,而评价则主要通过与知识相关的测试题进行。然而,这种评价方式缺乏对思维、动手实践、合作交流和科学态度等具体实验过程中的学习行为表现的过程性评价。例如,实验报告作为一种有效的过程性评价工具,在实际教学中并未得到教师们的重视,导致学生很少写出完整的实验报告。此外,动手操作技能是学生实验能力的重要组成部分,但其评价一直是实验教学评价的短板,这导致学生不重视实验操作,从而无法提升他们的动手实践能力。评价方式过于单一,无法引导学生全面思考、体验和认识物理实验。

实验操作考试的评价方式过于形式化。尽管当前的物理学科实验操作考试已被纳入初高中的学业水平测试范畴,并将实验操作作为必考项目进行考核,但目前考核的内容和形式以及评价方法都以某一实验操作考查为主,且为合格性考试。考试内容也都会事先公布,教师在黑板上"讲",学生在纸面上"练",辅以这些实验的强化机械训练题来应对考查。然而,这样的考查方式根本无法真正体现一个学生真实的实验素养。

4.实验教学保障不足

一些学校领导及教学管理部门对实验教学的重视程度有待提高。实验保障的人力物力投入不足,导致实验教学质量受到影响。有些学校领导过于关注学生中高考的成绩,而忽视了教师的实验教学需求。学校物理实验教师配备不足,甚至有些学校没有专职物理实验教师,物理教师既要充当学校实验员,又要正常开展教学,完成教学任务,这无形中增加了物理教师的工作量。此外,有些学校的物理实验教师并非本专业出身,对物理实验知之甚少,无法为教师的教学提供有效的支持。这些现象在一定程度上影响了教师开展实验教学的积极性。

一些教师对实验教学的态度消极。他们认为实验准备耗时较长,且实验与课堂教学效果相差无几,甚至认为做实验不如不做实验。此外,上课做实验会占用更多的时间,他们更愿意将这些时间用于让学生练习相关习题,因为他们认为学生能否解出相关实验题才是最重要的。

实验教学保障的最基本要素是实验室保障和实验器材保障。然而,目前许多学校的实验室配备不足,实验器材设备配置不全且更新滞后。这导致许多实验无法进行。虽然目前大多数学校的实验室都能按标准配置,但由于各种因素的影响,实际配置相对较低。这使得多数学校的实验室仅能满足日常课堂实验教学需求,无法对学生随时开放,也无法满足学生个性化学习的需求。这种情况在很大程度上制约了学生的课外实验探究需求。

随着科技的发展,实验教学的内容和手段也在不断丰富和更新。例如,利用传感器、数据采集器等收集实验数据,通过计算机软件分析实验数据和结果的数字化、现代化系统正在快速发展。然而,这些先进的数字化实验系统尚未普及到学校实验室中,导致部分实验结果的精确度无法得到提升。受到实验条件的限制,学生在科技小制作、创新应用设计以及与实验相关的工程实践等方面的能力培养受到了一定程度的制约。

以上这些因素,制约了实验教学方式的转变。

四 物理实验课的"5TE"教学模式

前文我们从物理核心素养的四个要素出发,探讨了物理实验对核心素养培养的重要价值。然而从实验教学的现状来看,日常教学中存在不重视实验教学、实验的主体性缺乏、实验教学方式单一、实验评价方式简单化等问题,导致了实验的教学功能发挥不佳、实验的育人价值严重缺失等后果。如何在物理教学中更好地发挥实验的作用,充分挖掘实验的育人价值,特别是如何通过实验教学促进学生的核心素养的发展是物理教学需要研究的重要课题。基于此,笔者提出如图4-5-1所示的惟真物理的物理实验课的"5TE"教学模式。

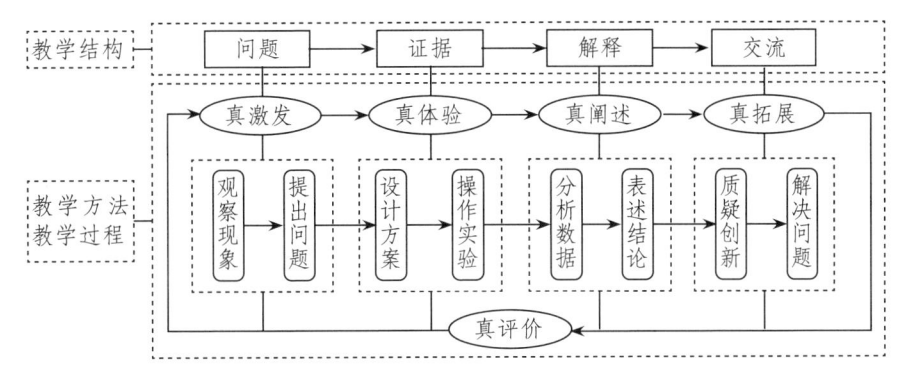

图 4-5-1　惟真物理的物理实验课的"5TE"教学模式图

在构建教学模式时,将"5TE"的真激发、真体验、真阐述、真拓展四个环节与物理核心素养中科学探究中问题、证据、解释、交流四个要素相对应,将实验教学的评价贯穿于每个环节中,以实现"教、学、评"的一致性,以期望达成物理实验教学的教学功能和育人价值。

真激发环节与科学探究的"问题"要素相对应,是指基于实验观察"提出问题与猜想"的过程。物理实验的目的是要解决真实的物理问题,实验目标的确定,就是引导学生"发现并提出问题与猜想"。教师创设真实的实验情境,引导学生仔细观察、捕捉和质疑实验中的物理现象,基于自身原有的认知和经验提出一个有价值、可探究的物理问题,并从物理学的视角表述清楚问题。这一环节,还需要学生基于观察的发现和基于自身认知的思考,对所提物理问题的答案和解决的方法做出科学合理的假设和预测。激发是物理实验的起点,是要让学生在观察实验的过程中有所发现、产生联想,鼓励学生萌生并大胆提出物理问题,进而经历推理、判断进行科学的猜想。真激发的本质不仅是对学生问题意识的培养,更是促进学生直觉思维、逻辑思维等创新思维的发展。

真体验环节与科学探究的"证据"要素相对应,是指设计实验方案并基于该设计进行实验操作获取实验数据的过程。在设计实验方案阶段,学生首先需要利用已有知识经验对提出的物理问题进行分析,依据提出的问题,确定实验目的以及实现目的的理论依据,包括需要测量哪些物理量、使用何种仪器、采用哪种实验方法、观察哪些现象以及记录哪些数据等。其次,实验方案的设计还要考虑实验条件的限制,引导学生结合现有条件和器材设计可以实践的实验方案。设计实验是综合运用所学知识和技能构思解决问题的方案的过程,是一种创造性思维过程,需要充分发挥学生的科学思维能力,让学生有充分的思维体验。实验操作是实验设计方案的实践阶段,需要学生根据实验方案制订实验步骤,安装调试仪器,控制实验条件,正确使用仪器进行观察、测量和记录实验数据。在这一过程中,学生通过分工协作和亲自动手完成实验。实验操作是学生动手动脑、身心合一的具身体验过程,同时也是合作体验、成败体验的过程,是培养学生实验技能和科学素养的重要途径。

真阐述环节与科学探究的"解释"要素相对应,强调的是数据分析和处理,主要包括数据的甄别筛选、分析处理和科学表达。数据的甄别筛选是指对学生实验过程中获取的较准确数据、不准确数据或错误数据进行鉴别,剔除错误数据和不准确数据,保留较准确的数据以进行下一步分析处理。数据的分析处理是指对实验中获取的数据采用数学方法进行分析,旨在寻找数据背后隐藏的物理规律。分析处理数据的前提是尊重实验数据,不能为了获得结论而修改实验数据,数据是发现实验问题和检验实验方案的一项重要内容。中学物理实验数据的处理方法一般是列表法和图像法。数据的科学表达是指在对数据进行分析处理找到数据反映的物理规律后,指导学生基于数据分析结果,进行重复的交流和讨论,进而提炼出实验结论(物理规律)并进行清晰准确的表述。实验数据分析和提炼的过程,是学生进行科学论证和推理的过程,这一过程有助于学生科学论证、科学推理、科学解释等科学思维能力的提升,落实物理学科核心素养的培养。

真拓展环节与科学探究的"交流"要素相对应,是指对实验数据处理结果的误差分析、对实验结果的交流、对实验改进的反思以及对提出问题的解决或应用实验结论解决新的问题。实验误差的分析,一是要让学生明白在实验过程中误差不可避免,关键是要找到误差产生的原因,养成尊重实验事实的态度;二是要让学生明白实验的主要目的不在于获得那个已经被证实了是真理的实验结论,关键在于实验的过程。基于实验过程和结果的交流和反思,不仅让学生进一步理解实验原理,更重要的是指导学生对实验方案进行改进。这一过程对提升学生质疑意识和能力,发展学生的创新创造等关键能力和养成实事求是的科学态度等有很大的促进作用,有助于学生核心素养的发展和提升。

基于以上对物理实验课的"5TE"教学模式的分析,以下以鲁科版(2019)高中物理必修三第四章第2节"科学测量:电源的电动势和内阻"为例,探讨如何采用该教学模式进行物理实验课的教学,教学流程如图4-5-2所示。

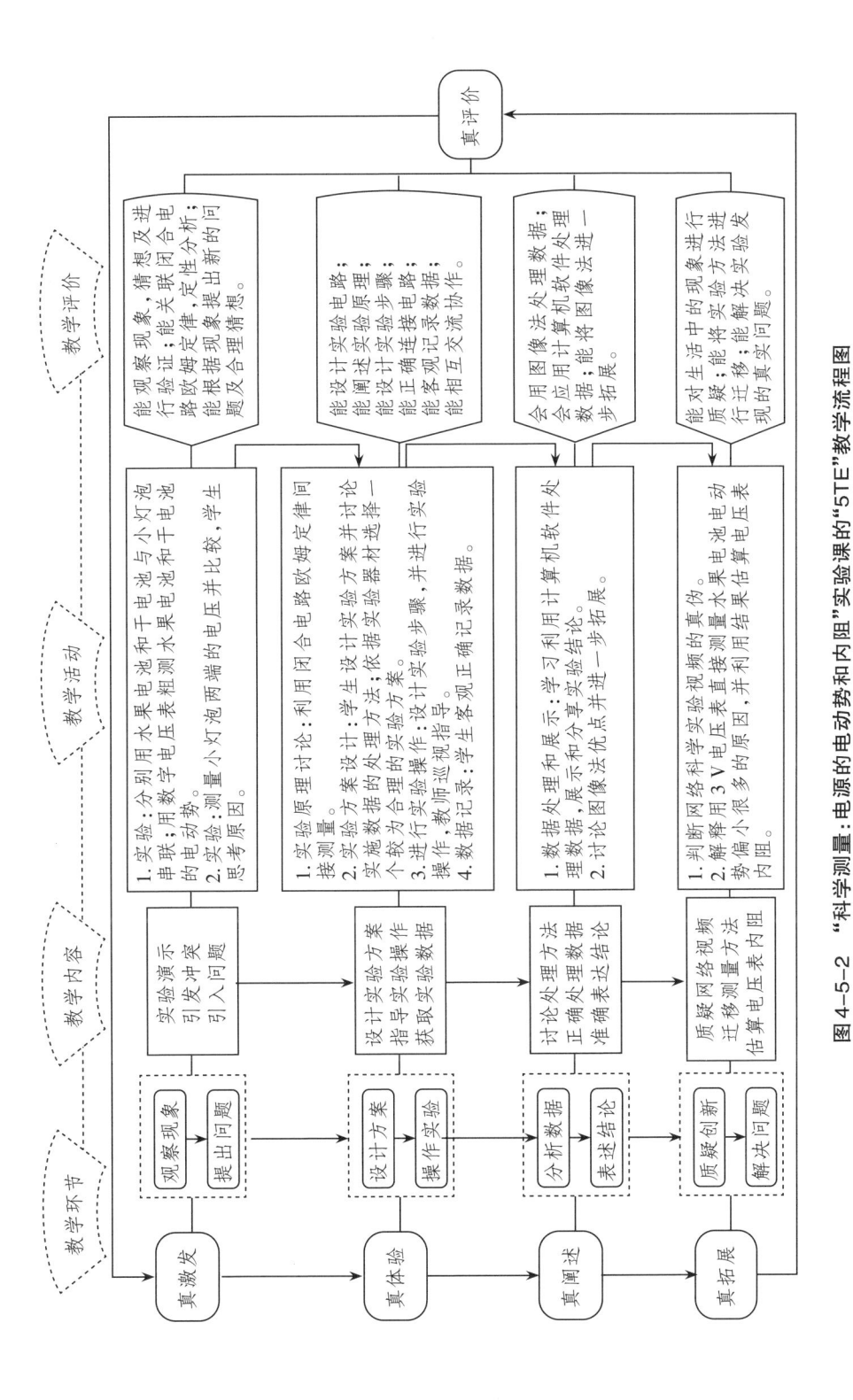

图 4-5-2 "科学测量：电源的电动势和内阻"实验课的"5TE"教学流程图

教学环节设计如下：

【环节一】问题—真激发—观察现象、提出问题

教学内容	实验演示：分别用水果电池和干电池点亮小灯泡
教学活动	【演示实验一（或学生实验）】 (1)教师展示一节干电池和一个苹果做成的水果电池。 (2)用一节 1.5 V 的干电池和小灯泡串联，小灯泡发光；用水果电池和小灯泡串联，小灯泡不发光。为什么？ 【学生实验】 用多用数字电表电压挡分别粗测干电池和水果电池的开路电压（约等于电动势）。 一节干电池电动势为 1.5~1.6 V，水果电池电动势约为 1.0 V。 【演示实验二】 用三个水果电池串联后（电动势约为 3 V）与小灯泡串联，仍不能点亮小灯泡。提问：这说明了什么？ 【演示实验三】 用数字电压表测量与两个水果电池串联后的小灯泡两端的电压，电压值约为 0.3 mV。提问：这说明了什么？ 师：如何用实验准确地测量水果电池的电动势和内阻呢？这就是本节课我们要一起学习的内容——用实验测量水果电池的电动势和内阻。
教学意图	创设情境，引发认知冲突，激发学生学习兴趣。引导学生对苹果电池具有更大的电动势，却无法点亮灯泡的原因进行深入思考和分析，进而提出要解决的问题。
教学评价	A.学生能认真观察演示实验一的现象，提出猜想以及验证猜想的实验方案。 B.学生会利用数字电表粗测干电池和水果电池的电动势。 C.学生能利用闭合电路欧姆定律知识对演示实验二的现象进行推理，提出要解决的新问题及进行合理猜想。

【环节二】证据—真体验—设计方案、操作实验

教学内容	设计实验方案,测量苹果电池的电动势和内阻
教学活动	一、学生设计实验方案 根据闭合电路欧姆定律,有多种方法可以测定电池的电动势和内阻。请你思考并提出一两种实验设计方案,画出实验电路。 学生讨论交流,设计实验方案,并进行展示。 教师结合学生设计方案总结,引导得出本节课测量方案。 方案一: 如图1,根据闭合电路欧姆定律,电源电动势E、内阻r与路端电压U、电流I的关系可以写成$E=U+Ir$。 如果能测出U、I的两组数据,就可以列出两个关于E、r的方程,从中解出E和r。因此,用电压表、电流表加上一个滑动变阻器R,就能测定电源的电动势E和内阻r。 如果将关系式$E=U+Ir$改写为$U=E-Ir$,建立U-I坐标系,将记录的U、I值在坐标系中描出相应的点,再根据这些点画出直线,延长该直线,使它分别与纵坐标轴和横坐标轴交于A、B两点,根据图像(如图2)的斜率、截距等可以求出电源的电动势和内阻。 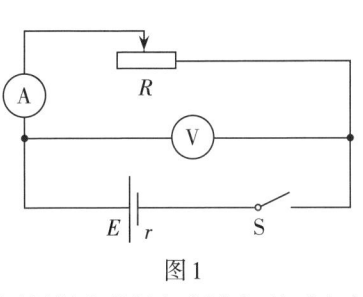 图1 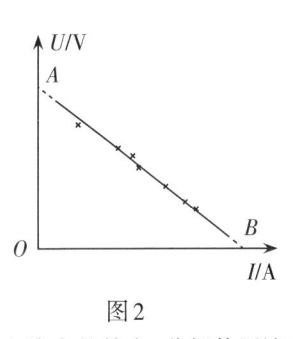　　　图2 教师引导学生进行交流讨论,针对本实验电路中的特点,分析使用该实验方案测量水果电池的电动势和内阻(内阻大约几千欧姆)需要的实验器材(滑动变阻器阻值要大,电流表要能测量微安级电流。 教师引导学生进行交流讨论,根据提供的实验器材进行实验方案的改进。 方案二: 如图3,根据闭合电路的欧姆定律,电源电动势E、内阻r和外电阻R,与路端电压U的关系可以写成$E = U + \dfrac{U}{R}r$。 如果能测出U、R的两组数据,同样能通过解方程组求出E和r。这样,用电压表和电阻箱也可以测定电源的电动势E和内阻r。

续表

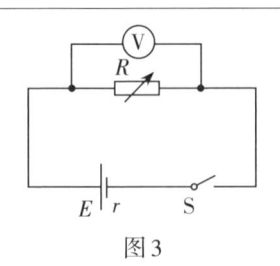

教学活动	图3 教师引导学生进行交流讨论,利用测出的U、R数据,根据I=U/R,可以计算出电流I,建立U-I坐标系描点作图,根据图像(如图2)的斜率、截距等可以求出电源的电动势和内阻。 教师引导学生进行交流讨论,针对本实验电路中的特点,分析使用该实验方案测量水果电池的电动势和内阻所需要的实验器材(滑动阻值很大的电阻箱、电压表)。 教师引导学生根据提供的实验器材,选择该实验方案进行实验。 二、学生分组实验 师:请根据实验方案二,设计实验操作步骤。 学生设计实验操作步骤并进行交流。 教师总结和拟定实验步骤,提醒学生实验的注意事项(快速测量、电压表稳定后再读取并记录数据、实验结束后电阻箱的挡位等),指导学生进行实验。 学生两人一组合作完成电路连接以及数据测量、数据记录等环节。 | 组别 | 1 | 2 | 3 | 4 | 5 | 6 | |---|---|---|---|---|---|---| | 外电阻R | | | | | | | | 路端电压U | | | | | | | 教师对学生现场出现的问题进行拍照记录,通过大屏幕对同学在实验中出现的问题进行展示分享,让同学互相交流并给出解决方案。引导学生设计数据记录表格,正确客观地记录实验数据。
教学意图	1.通过实验方案的设计和讨论,引导学生理解实验原理,在此基础上能够合适地选取仪器,进一步理解闭合电路欧姆定律。 2.通过实验方案的讨论及提供的器材,选择合适的实验方案和实验器材,培养学生的电路模型建构、推理论证等科学思维能力。 3.通过分组实验操作锻炼学生的动手实践能力和合作能力,培养合作意识。
教学评价	A.学生能理解实验原理并正确设计出实验方案。 B.学生能正确连接实验电路。 C.学生能正确操作实验,顺利完成实验。 D.学生能画出数据记录表格,正确记录实验数据。

【环节三】解释—真阐述—分析数据、表达结论

教学内容	运用公式法和图像法分析处理数据,测出干电池的电动势和内阻
教学活动	处理数据、得出结论 学生讨论交流如何处理实验数据。 方案一:根据闭合电路欧姆定律 $E = U + \dfrac{U}{R}r$ 的公式计算出来,利用2组数据就可以列方程组解出 E、r。利用6组数据解出3组 E、r,再求平均值得到结论。 用计算法处理数据,课后学案自行完成。 方案二:利用测出的 U、R 数据,根据 $I=U/R$,可以计算出电流 I,建立 U-I 坐标系描点作图,根据图像(如图2)的斜率、截距等可以求出电源的电动势和内阻。 | 组别	1	2	3	4	5	6 | |---|---|---|---|---|---|---| | 外电阻 R | | | | | | | | 路端电压 U | | | | | | | | 电流 $I=U/R$ | | | | | | | 教师引导学生利用方案二进行数据处理,指导学生利用计算机软件进行数据转换。(统一指导) 学生根据实验数据利用Excel软件作图功能作图,并利用图像的斜率 k 和截距 b 计算出内阻和电动势,展示和阐述实验结论。 教师选取部分学生的实验结果投屏分享展示交流。 师:根据 $E = U + \dfrac{U}{R}r$,能不能推导出其他线性关系并求出电动势和内阻? 方案三:利用欧姆定律变形公式 $\dfrac{1}{U} = \dfrac{r}{E} \cdot \dfrac{1}{R} + \dfrac{1}{E}$,用作图法求电源的电动势与内阻。将记录表中的 U、R 值转换为 $\dfrac{1}{U}$、$\dfrac{1}{R}$,建立 $\dfrac{1}{U}$ - $\dfrac{1}{R}$ 坐标系,在坐标系中描出相应的点,再根据这些点画出直线,利用图像的截距和斜率,也可以计算出 E、r 的值。 | 组别	1	2	3	4	5	6 | |---|---|---|---|---|---|---| | 外电阻 R | | | | | | | | 路端电压 U | | | | | | | | $\dfrac{1}{U}$ | | | | | | | | $\dfrac{1}{R}$ | | | | | | | 教师引导学生根据图像中的 $\dfrac{1}{U}$ 与 $\dfrac{1}{R}$ 的关系,计算出电动势和内阻。 学生根据实验数据利用Excel软件作图,并利用图像的斜率 k 和截距 b 计算出电动势和内阻,记录、展示和阐述实验结论。

续表

教学意图	1.让学生认识到图像法处理数据的优点,学习图像处理数据的方法,使学生能够在今后合适地选择数据处理方式。 2.让学生领会技术进步给物理学研究带来的便利,学习应用技术处理数据的方法,形成应用技术进行学习和研究的意识。 3.培养学生的数据处理能力。
教学评价	A.学生能利用Excel软件的公式计算功能对数据进行快速转换处理。 B.在教师的指导下,学生能利用Excel软件进行作图。 C.学生能推导出 $\frac{1}{U} - \frac{1}{R}$ 的线性关系。

【环节四】交流—真拓展—质疑创新、解决问题

教学内容	判断真伪和电压表内阻估算
教学活动	一、解决生活中的实际问题 教师播放橙子给手机充电的视频,请学生根据所学知识辨别视频科学实验的真伪。 学生判断并说明理由…… 二、请同学们再次用实验室3 V量程的电压表测量水果电池的电动势,并和上课实验得到的测量值进行比较,思考为什么用3 V电压表测得的值比实际电动势小很多,能否利用该测量结果估算3 V量程电压表的内阻。
教学意图	1.学生迁移实验方法,发现新的问题,思考解决新问题的方案。 2.学生迁移数据处理方法,进一步理解化曲为直的思想,提高学生处理实验数据的能力。 3.利用改进方案,解决真实问题,感受问题解决的喜悦。
教学评价	A.学生能利用本节课学习的知识判断科学实验视频的真伪。 B.学生能利用本节课的实验结果,结合用电压表直接测量电动势的电路计算电压表的内阻。 C.学生能解决拓展应用的问题。

第五章

惟真物理的教学评价

  我国现阶段将核心素养培育作为基础教育课程的目标,符合国际基础教育改革的发展趋势,并与新时代我国基础教育促进人的全面发展、提高教育质量的新要求相适应。这是基础教育改革深化的必然结果。基础教育课程目标和内容的变化,必然需要与之相匹配的教学评价体系。教学评价作为促进学生发展和教学质量监控的重要手段,必须适应新的课程目标和课程内容。以核心素养为导向,教学评价的理念、标准、策略等都应进行全面的变革。

第一节 素养导向的教学评价变革

伴随着我国基础教育四十多年的改革进程,教学评价在理论和实践方面的探索都有了一定的发展。教学评价理念在不断变化,这种理念的转变既是教育改革的重要内容,也是教育适应社会发展的必然选择。核心素养视域下的素养导向的教学评价理念究竟要发生怎样的转变?这种转变在现实中又面临着什么样的困境?这是本节要探讨的内容。

一、素养导向的教学评价理念之变

立德树人是教育的根本任务,核心素养培养是实现立德树人的重要举措。课程与教学评价对课程与教学的实施有导向作用,要实现核心素养落地,需要从倡导素养导向的评价育人理念,强调教学评价的多元化发展性,注重教学评一致性的实现等方面转变教学评价理念,充分发挥教学评价的育人功能,促进学生全面而有个性地发展。

(一)倡导素养导向的评价育人理念

教学评价理念是对教学实践活动进行价值判断的信念,它影响教学评价的信度和效度,对于教学评价的实施具有重要的指导作用。[1]核心素养的提出是实现立德树人根本任务的重大举措。要实现核心素养落地,课程与教学评价也要适应新的课程目标,课程与教学评价要从关注知识和能力的学科本位向发展学生核心素养的育人本位转变。高中物理课程标准在评价建议中提出:"高中物理学习评价是以学生发展为本、基于物理学科核心素养的评价,其目的主要在于促进学生学习和改进教师教学。物理学习评价应围绕物理学科核心素养的具体要求,创设真实而有价值的问题情境,采用主体多元、方法多样的评价方

---

[1] 李如密,姜艳.核心素养视域中的教学评价教育:原因、价值与路径[J].当代教育与文化,2017(6):60-66.

式,客观全面地了解学生物理学科核心素养发展状况,找出存在的问题,明确发展方向,及时有效地反馈评价结果,促进学生全面而有个性的发展。"2022版义务教育物理课程标准在评价建议中提出:"物理学习评价应全面落实新时代教育评价改革要求,以学生发展为本,强化素养导向,着力推进评价观念、评价方式和评价方法的改革,促进学生学习和教师教学的改进。"此外,为了更加凸显核心素养导向的评价育人理念,各学科课程标准都以核心素养为主要维度,创设了学科学业质量标准,这不仅为描述学生在经过学科课程学习之后应达到的核心素养水平提供了评价依据和客观参照,同时在具体的评价标准中更加注重学生素养形成的过程性和真实性,也更加重视考试评价与核心素养紧密结合,以此从评价全程来保障核心素养和立德树人根本任务的有效落实。[①]

(二)注重教学评价的多元化发展性

采取多样化的教学评价方式和以评价促进学生的发展,是各学科课程标准提出的实施评价建议的基本原则。多元化发展性评价是指应该从多方面多角度反映学生的学习与发展情况,重视学生发展的可塑性,尊重学生发展的差异性与无限性,充分发挥学生多方面潜能,通过多元化评价方式和手段,实现教学评价育人价值的回归。其主要内涵为:

全面性:多元化发展性评价注重全面考量学生的学业表现,不仅仅关注知识水平,还包括技能、潜能、创造性思维、社交能力等多个方面。评价的全面性有助于更准确地了解学生的整体发展状况。

个体性:多元化发展性评价强调个体差异,充分考虑学生的兴趣、学科擅长领域、学习风格等方面。评价应当关注到学生的个性特点,使之更贴近个体学生的需求,激发其学习潜能。

发展性:评价的目的是促进学生的发展,而非简单地判断其成绩。发展性评价注重通过反馈和指导,帮助学生识别自身的优势和不足,引导其在学科知识、能力和素养方面不断提升。

时效性:强调评价的及时性,及时提供学生在学习过程中的反馈,以及教师在教学中的调整建议。时效性的评价有助于学生及早发现问题、及时纠正,促

[①] 刘志军,徐彬.新课标下课程与教学评价方式变革的挑战与应对[J].课程·教材·教法,2022(8):4-10.

使学习的连续和持续。

参与性:学生和教师的参与是多元化发展性评价的重要组成部分。通过鼓励学生参与自我评价、同伴评价以及教师学生互动,促使评价过程更具参与性,更能够引导学生主动参与学习。

(三)强调"教学评"一体化的实现

当下的基础教育越来越强调培养学生的实践能力和创新精神,关注他们的可持续发展。与过去不同,现今的教育理念强调教师不应将学生视为仅仅需要灌输知识的容器,而是将其看作实践活动的积极主体。为了适应这一教学理念的转变,评价理念也应由传统的注重考查学生对知识本体的理解转向注重考查学生在真实情境下解决问题的能力。评价更关注教学中学生运用知识解决实际问题的过程,也就是将评价活动紧密融入教育教学和学习任务之中,构建"教学评"一体化的健康动态的评价范式。这一范式强调的是教学和评价之间的内在紧密联系,突出评价在育人过程中的关键作用。

在课堂教学中,"教学评"一体化要求教师的教、学生的学以及教学评价活动都以发展学生学科核心素养为核心目标。将评价嵌入教学活动的全过程,有助于教学活动的动态调整和不断改进。通过对学生学习过程和成果的评估,教育者能够及时发现问题,采取有效的教学策略,实现对教学过程的动态管理。通过评价结果的反馈,学生能够更清晰地认识自己的学习状态和不足,激发其自我调整和改进的动力,有助于培养学生的自主学习能力。

"教学评"一体化将评价活动融入教育教学活动和学习任务中,构建了一种更有机、更灵活、更注重个体发展的评价范式,融教学、学习、评价为有机统一的整体,旨在培养学生的综合素养、实践能力和创新精神,指向了教学的全面育人。

二 素养导向的教学评价现实之困

尽管我国的课程与教学评价体系伴随着我国基础教育课程改革不断发展和完善,评价理念不断更新,评价目标逐渐由结果走向过程,评价功能由甄别走向育人,评价主体、评价标准、评价方法由单一走向多元,然而,在当下的教学评价实践中,"唯分数"的评价理念、"唯知识"的评价内容、"唯量化"的评价方法等依然大行其道,素养导向的教育评价理念并未得到真正践行。教学评价的育人旨趣得不到彰显,教学评价的发展价值得不到体现,教学评价的多元方式得不到践行,教师教学评价素养亟待提升,教学评一致性在课堂中难以实现等现象既是当前教学评价遭遇的现实困境,也是未来教学评价发展需要突破的主要瓶颈。

(一)教学评价育人旨趣得不到彰显

教学评价的目的是育人,育人是教学评价最根本的价值追求。教学评价是对教学设计、教学过程与教学结果所作的价值选择和判断,其本质在于探寻贯穿于教学活动始终的交互关系中所存在、生成和创造的价值,并对之进行认识、选择和判断,进而促进教学的有效改进和育人旨趣的深度达成。[1]教学评价实现育人的方式有两种:一是在评价过程中直接育人;二是通过评价结果反馈间接育人,即发挥评价促进教学改进的功能,以经过评价之后完善的教学实现更有效的育人。[2]尽管经历了几十年的课程改革浸润,教学评价育人理念已被多数一线教师认可和接受,并在自身的教学实践中尝试践行。然而,由于受到功利化教育的长期影响,以"唯分数"为导向的教学评价文化以潜在、内隐的方式阻碍了育人评价理念的践行。此外,由于多数教师缺乏教育评价素养,素养导向的评价育人理念在实际的教学评价操作中被形式化。过分关注教学结果的评价,将人与教学过程割离,导致了教学评价育人旨趣得不到彰显。

其一,教学评价中人的主体性、能动性缺失。过分关注结果的教学评价往往将学生视为被动接受知识的容器,忽视了教学活动中人的主体地位,从而使教学评价难以解释和发现人在教学活动中的作用与价值。

其二,教学评价的过程与结果存在明显的断裂。在当前的教育环境中,我们过于关注评价的最终结果,而忽视了教学过程中那些丰富多样、生动活泼的环节。这种片面的评价方式导致了教学评价过程与结果之间的脱节,使得以分数为唯一标准的评价结果受到了过度的重视,而对评价过程的关注却相对不

---

[1] 刘志军,徐彬.面向未来的课程与教学评价:困顿、机遇与走向[J].课程·教材·教法,2020(1):17-23.
[2] 刘志军,徐彬.新课标下课程与教学评价方式变革的挑战与应对[J].课程·教材·教法,2022(8):4-10.

足。这种现象使得教学评价过程中蕴含的育人价值往往被忽视,从而影响了真正教育目的的达成。

(二)教学评价的发展价值得不到体现

促进人的发展是现代教育的核心内涵和价值目标,在这一目标导向下,教学评价的功能选择自然应以促进人的发展为核心。以评价促发展是现代教育评价的必然选择,促进人的全面而有个性的发展也是现代教育评价的核心追求。在我国,现代教学评价理论已经实现了从注重结果性评价向关注发展性评价的重要转变。教学评价的发展理念应当强调人与课堂、人与社会、人与自然的和谐共生,关注人的身心统一发展,倡导人与人的共同进步。在教学评价实践中,我们应该致力于解决这些方面的发展问题,以实现全面而有个性的发展为目标。然而,当前我国教学评价的主流依然是以各类考试为基础的评价方式,其结果往往导致以"分数"为唯一衡量标准。尤其是在备受关注的中高考等选拔性考试中,分数成为学生、家长、教师乃至整个社会追求的核心利益。在这种背景下,教学评价在现实中往往呈现出"唯分数"的倾向,而忽视了人的全面发展。教学评价在理论上的功能选择,本应是为了满足人与社会、人与自然、人与人之间的和谐发展。然而,在实然的分数面前,这些理念追求往往被抛诸脑后,教学评价对人的全面发展的追求被淹没在分数追求的洪流中,这种现象值得我们深思。

(三)教学评价的多元方式得不到践行

教学过程和活动是动态的、复杂多变的,这就要求教学评价是多元的。在面对各不相同且纷繁复杂的教学现象时,选择多样性的评价方法与之相适应,开展多元化评价是教学评价的必然选择。多元方式体现在评价内容、评价主体、评价方法等方面。评价内容的多元是指要从五育融合的角度关注学生德智体美劳的全面评价。评价主体的多元是指评价主体要包含教师、学生、家长、社会等不同主体。评价方法的多元是主张使用多种方法,开展量化评价和质性评价相结合的评价、过程和结果综合化的评价。

在实施多元评价时,要增强评价的灵活性,做到开放、对话和反思。比如根据评价目标灵活确定评价内容,根据具体情况灵活选择和调整评价方法,根据评价需要灵活选择评价主体等。然而,受长期以来应试化"唯分数"倾向的结果性评价影响,教学评价者依旧习惯性地从分数的角度来认识和实施评价。从形式上看,考试的分数依旧是重中之重,综合素质评价、学生档案袋评价等其他评价方式多流于形式。正所谓,"多样化的评价方法显得轰轰烈烈,但在升学考试中并不受青睐,只是展示新课改成绩的装饰"[①]。

(四)教师教学评价素养亟待不断提升

发展性和育人性评价理念的落地关键在于教师,他们的评价素养直接关系到评价理念的落实程度。然而,长期以来,教师评价素养并未得到足够重视,相关理论研究薄弱,职前职后教育缺乏相应的课程与培训支持,导致教师评价素养不足。这不仅表现为评价意识的薄弱和态度的偏差,还表现为评价知识的匮乏和能力的缺乏。在评价意识方面,许多教师仍停留在考试评价的层面,缺乏对日常教育教学评价的认识,他们不清楚如何使用评价促进学生学习和发展。在评价态度方面,一些教师存在偏见和随意性,未能一视同仁地对待学生,甚至有部分教师认为评价与自己的教学无关。在评价知识方面,许多教师缺乏开展评价活动的基本知识和考试命制与分析的测评知识等。在评价能力方面,教师缺乏评价设计能力,评价方式单一,评价语言简单且程式化,缺乏分析试卷的意识和能力。

尽管大部分一线教师在思想层面对新评价理念持认可态度,并在实践中不断尝试,但由于功利化教育风气的影响和自身评价素养的不足,导致他们在实际操作中教学评价效果不佳,造成了他们往往难以深入接纳新理念,最终致使评价理念口号化和形式化。这些现象都表明我们的教师评价素养存在巨大的提升空间。

(五)课堂教学中"教学评"一致性难以实现

"教学评"一体化要在课堂教学中落实,关键是要实现"教学评"的一致性,然而在当下课堂教学实践中,"教学评"一致性的实现受教学目标与学习目标的一致性、评价工具的灵活性、教学策略与评价方法的匹配性、教师专业发展能力、学生差异性等多方面因素的影响,面临诸多的困难和挑战。

[①] 牛瑞雪.教学评价研究40年回顾、反思与展望[J].课程·教材·教法.2018(11):60-66.

1.评价目标和教学目标的不明确或不一致

教学和评价一致性的首要前提是确保明确的教学目标和评价目标。如果这两者之间存在不明确或者不一致的情况,就会导致评价无法准确反映教学的效果。

2.评价工具的单一性和刚性

有些评价工具可能过于单一,难以涵盖教学目标的多样性。如果评价工具过于刚性,不具备灵活性和适应性,就难以适应不同教学方法和学生个体差异,从而影响"教学评"一致性的实现。

3.教学策略和评价方法的不匹配

采用不匹配的教学策略和评价方法也是导致一致性难以实现的原因。比如,如果教学强调实践能力和创新精神,而评价仍然偏向传统的书面考试,就难以全面评估学生的实际能力。

4.时间和资源的限制

课堂时间和教学资源有限,难以满足综合性评价的需求。评价可能受时间的限制,难以充分考查学生在不同学科和维度上的学科核心素养。

5.教师专业发展和认知水平的差异

不同教师对于教学理念和评价方式的理解存在差异,部分教师可能缺乏对新教学范式和评价方法的了解。这种认知水平的差异也可能导致"教学评"一致性的难以实现。

6.学生多样性和个体差异

学生个体差异较大,教学目标的实现和评价标准可能因此而有所不同。这使得制定一致的评价标准变得复杂,难以满足所有学生的需求。

惟真物理:高中物理教学新探

第二节 惟真物理的教学评价设计

普通高中物理课程标准指出:物理学习评价应围绕物理学科核心素养的具体要求,创设真实而有价值的问题情境,采用主体多元、方法多样的评价方式,客观全面地了解学生物理学科核心素养发展状况,找出存在的问题,明确发展方向,及时有效地反馈评价结果,促进学生全面而有个性地发展。义务教育物理课程标准指出:强化评价与课程标准、教学的一致性,促进"教—学—评"有机衔接,提升评价质量,充分发挥评价的育人功能。惟真物理教学目标是物理学科核心素养的培育,在惟真物理主张的"5TE"教学模式中,作为教学的关键环节,教学评价如何设计才能真正发挥它的育人功能? 这是本节要探讨的内容。

一 惟真物理教学评价设计的基本逻辑

(一)强调评价的整合性

在过去,我们的教学评价设计主要遵循终结性评价的逻辑,评价的内容主要是知识和技能,我们也因此经常使用"双向细目表"来建构评价框架。这种评价方式最大的问题就是过分强调学生对知识点的理解和技能的掌握,忽视了学生知识整合和综合运用的能力。这种评价是抽测式的,考查的知识点和技能是零碎的,不能客观反映学生利用这些知识和技能解决实际问题的能力。由于它过度关注学生对知识点的理解,而忽视了学生对事物或现象的全面认知和深度思考,使得学生在面对实际问题时,往往无法有效地运用所学的知识和技能。因此,这种评价无法测评学生的素养。

有教育研究者根据自身的教育理念和实践经验,基于评价的意义和价值将评价分为学习性评价、学习的评价和学习式评价三种类型,它们在目的、实施方法和评价标准上有所区别。

(1)学习性评价(Assessment for Learning):这种评价类型发生在教育过程

中,主要用于了解学生的学习进度、理解程度和困难所在,以便教师及时调整教学策略,更好地帮助学生。它是一种形成性评价,通过教师在课前、课中、课后以观察、测试、问答等方式收集学生的学习证据,获取学生的学习情况,同时提供反馈,从而帮助学生了解自己的学习状况,及时发现问题并改进学习。这种评价类型最重要的标准是"具体"。

（2）学习的评价（Assessment of Learning）：这种评价类型的目的在于评估学生的学习成果,即学生是否达到了预期的学习目标。它是一种终结性评价,通常在课程或项目结束后进行,以确定学生的学习效果。这种评价通常包括考试、作品评定、实操评估等方式,可以全面评估学生的知识、技能和能力。这种评价类型最重要的标准是"公平"。

（3）学习式评价（Assessment as Learning）：这种评价类型强调评价过程本身就是学习的过程。它不仅是对学生学习成果的评估,也包括对学习过程的评估。这种评价方式鼓励学生参与评价过程,通过自我评价和同伴评价等,提高学生的反思能力和自主学习能力。同时,教师也可以通过这种评价方式了解学生的学习需求和困难,及时提供帮助和指导。这种评价类型最重要的标准是"自省"。

评价的整合性是指评价类型和对应评价方法的一体化。评价类型的一体化是指学习过程中学习性评价、学习的评价和学习式评价相互配合,穿插于整个学习过程。评价方法的一体化是指学习过程中既要有课堂问答、知识与技能测试,也要有对表现性任务的质量考评和自我反思等。整合性评价可以让我们更全面地了解学生的素养,我们应该积极探索和实践整合性评价,为学生提供更加科学的评价反馈,更好地促进他们的全面发展。

（二）重视"教学评"的一致性

新时代的基础教育关注人的全面发展和终身发展,注重对人实践能力和创新能力的培养,落实到课堂教学中,就是要求教师的教、学生的学以及教学评价活动要以学生的学科核心素养为根本旨要。各学科课程标准在评价建议方面都强调促进教学评一致性的实现。例如2022版义务教育物理课程标准在评价建议中提出："强化评价与课程标准、教学的一致性,促进'教—学—评'有机衔接,提升评价质量,充分发挥评价的育人功能。"教学评一致性意味着教师的讲授、学生的学习以及课程与教学的评价都应紧密围绕课程目标和课程标准展开。在新课标中,这一理念的实践被着重强调,它要求我们注重教学评的一体化设计和实施,以实现三者之间的高度一致性。[1]

在课程设计阶段,教学目标和教学活动应明确以核心素养为目标。课程内容与标准的设计,应始终以培养学生的核心素养为核心。评价任务不仅是简单的分数给予,更是对教与学过程的监控,为教师和学生提供改进的依据。

在课程实施中,教师与学生都应明确各自的角色和责任。教师不仅要明白为何而教、教什么、如何教以及教学效果如何,而且要善于引导学生理解为何而学、学什么、如何学以及学习效果如何,所有的评价任务、信息收集、反馈及使用都应紧紧围绕课程目标进行。

为了实现"教学评"的一致性,新课标进一步强化了考试评价的育人导向作用。考试命题不再是简单的知识点考查,而是坚持素养导向,注重对课程标准要求的落实。我们应摒弃过去那种简单随意、"一刀切"的考试评价方式,转而采用多元化的评价标准,鼓励学生个性化发展,激发他们的潜能和创造力。

二 惟真物理教学评价点设计的基本原则

惟真物理教学评价的目标是培养学生物理学科核心素养,是为了实现物理课程目标。也就是说,评价不是为了评估教师的教学表现,而是为了帮助教师改进教学,评价不是为了评估学生的学习成果,而是为了促进学生的素养发展。因此,在进行惟真物理的评价点设计时应遵循以下几个原则。

(一)教学评价过程点设计指向物理核心素养

落实学科核心素养必须改革教学实施与教学评价方式,评价过程与结果应该与教师的教、学生的学相互关联,相辅相成,共同指向促进学生素养的发展。因此,惟真物理"5TE"教学模式中的"真评价"应围绕"真激发""真体验""真阐述""真拓展"四个教学环节开发评价指标,重点评价教学过程中学生是否能达到以下要求。

---

[1] 刘志军,徐彬.新课标下课程与教学评价方式变革的挑战与应对[J].课程·教材·教法,2022(8):4-10.

1.形成了基本的物理观念

建立物理概念和理解物理规律是学生形成基本物理观念的前提和基础。物理概念的建构过程需要创设必要的情境,让学生经历概括和抽象的过程;物理规律则需让学生知道它的来龙去脉,领悟它的含义,明确它的适用条件,熟悉使用该规律的基本思路。

2.发展了科学思维能力

模型建构是重要的科学思维方式,学生要体会建构物理模型的思维方法,理解物理模型的适用条件,能运用这些模型来研究实际问题。在教学过程中,要让学生体会建构物理模型的思维方法,让学生基于事实和推理对不同的观点和结论进行质疑并检验。

3.掌握了科学探究方法

科学探究能力的培养,需要渗透在物理教学的整个过程中,引导学生发现和提出问题,根据问题收集有用的信息,基于证据和逻辑对问题做出合理的解释,准确地表述解决问题的过程与结果。

4.培养了科学态度与责任

学生在物理学习的过程中,要养成独立思考的习惯,通过自主调查,亲身操作,感悟严谨、求实的必要性;在小组学习中协同工作,发展协同意识和合作精神。

"5TE"教学模式中的"真激发""真体验""真阐述""真拓展"在教学过程中的评价过程点设计如表5-2-1所示。

表5-2-1 评价过程点设计

教学环节	评价过程点	核心素养指标
真激发	学生经历物理真实情境	物理观念
	学生关联已有知识经验	科学思维
	学生发现并提出科学问题	物理观念、科学态度与责任
真体验	学生在探究活动中的思维体验	科学思维
	学生在探究活动中的行动体验	科学探究
	学生在探究活动中的情感体验	科学态度与责任

续表

教学环节	评价过程点	核心素养指标
真阐述	学生表述物理客观事实	物理观念、科学思维
	学生概括物理客观事实	物理观念、科学思维
	学生科学表征物理客观事实	物理观念、科学思维
真拓展	学生经历新的物理情境,发现新问题	物理观念
	学生基于新情境,关联新知识、新方法	科学思维、科学探究
	学生迁移知识、创新方法,解决新的情境问题	物理观念、科学思维、科学探究、科学态度与责任

(二)教学评价观测点设计具体可测量

惟真物理的教学评价观测点是指根据"5TE"教学模式的各个教学环节,基于教学评价过程点,为开发详细具体的评价指标而设计的,便于在教学评价实施过程中,依据这些观测点结合具体的教学内容设计具体可测量的评价指标以及评价证据的收集方式。

结合惟真物理教学评价过程点设计,我们进一步将教学评价观测点进行如下设计,如表5-2-2所示。

表5-2-2 评价观测点设计

教学环节	评价观测点
真激发	学生参与情境、经历情境、思考情境
	学生考虑已有知识,建立知识与情境的逻辑联系
	学生提出与学习内容相关且有价值的问题
真体验	学生在探究活动中隐性和显性地运用已有的科学思维方法(思维参与)
	学生在探究活动中的操作实验、收集证据、解释证据(行为参与)
	学生在探究活动中与他人、环境的互动交流(情感与社会参与)
真阐述	学生用准确的语言表述物理客观事实
	学生用物理思想方法概括物理客观事实
	学生用物理符号和数学方法表征物理客观事实

续表

教学环节	评价观测点
真拓展	学生整合应用知识解决相关的基本问题,建立知识逻辑关系
	学生将所学知识和方法应用于新情境解决新问题,对所学知识和方法进行实践、验证和巩固
	学生反思原有探究方案,提出优化、解决办法

1. 真激发

学生经历物理真实情境:首先,学生需要积极参与到物理实验或实际情境中。这些情境可能包括观察物理现象、操作物理设备等,参与有助于学生形成对物理现象的直观认识。其次,在参与物理实验或实际情境的过程中,学生会面临各种问题,这会让他们更深入地理解物理现象或实验。最后,在观察物理现象或操作物理实验的过程中,学生需要进行深入思考,他们需要思考物理现象背后的原理,思考如何应用所学的物理知识解释现象、解决问题。学生经历真实的物理情境,需要对所观察的现象重新加工,并建立物理与真实世界的联系。在这个过程中,将评价观测点制定为:学生参与情境、经历情境、思考情境。

学生关联已有知识经验:首先,学生需要意识到教师提供的现实生活情境与物理知识之间的联系。其次,学生应学会从具体现实情境中抽象出自己已知的物理模型,尝试运用物理知识和模型解释该情境,在这个过程中需运用逻辑推理、理论解释等素养。因此将评价观测点制定为:学生考虑已有知识,建立知识与情境的逻辑联系。

学生发现并提出问题:真实情境有利于使学生产生认知冲突,提出真实问题。但并非所有的问题都有助于学生发展核心素养与学科知识、能力。学生需要在尝试运用已有知识和经验无法解释情境时,提出与所学知识紧密相关、有价值的、值得探究的问题。在这个过程中,将评价观测点制定为:学生提出与学习内容相关且有价值的问题。

2. 真体验

学生在探究活动中的思维体验:首先,探究活动的起始是分析要解决的问题,需要学生对解决问题的方法进行深入思考。其次,探究活动需要学生根据收集到的信息和证据进行分析和推理,以推导出新的结论。最后,探究活动需要学生在面对新问题时,基于已有知识和经验进行开拓创新,提出新的解决方案和思路。这些过程都需要学生思维的积极参与,因此,将探究活动过程中思维体验的观测点制定为:学生在探究活动中隐性和显性地运用已有的思维方法。

学生在探究活动中的行动体验:首先,学生需要在教师的指导下进行课堂实践,包括操作实验器材、建构物理模型以及与同伴讨论交流。其次,学生需要基于观察,运用工具和仪器记录和收集证据,获得丰富的感性材料和客观数据。再者,学生需要和同伴进行讨论交流,尝试对收集的证据进行合理的解释。因此,将探究活动过程中行动体验的观测点制定为:学生在探究活动中的操作实践、收集证据、解释证据。

学生在探究活动中的情感体验:首先,物理探究活动需要学生情感的积极参与,如好奇心和求知欲、面对挑战问题的挫败感和成就感、学习的自信心和兴趣等。其次,学生在探究活动中与物理世界互动,可以帮助他们理解物理知识在社会、科技中的应用,增强他们的社会责任感。最后,探究活动需要学生与同伴、教师进行交流合作,需要他们会分享观点、尊重他人,需要他们不断提升自己的团队协作能力。因此,将探究活动过程中情感体验的观测点制定为:学生在探究活动中与他人、环境的互动交流。

3. 真阐述

学生表述物理客观事实:准确表述客观事实的前提是学生理解和掌握这些物理学中的客观事实。这个过程不是学生对物理知识的简单记忆,而是要求学生能够真正理解知识的含义,在理解的基础上用正确的语言准确地、逻辑清晰地表述这些事实。因此,将学生表述客观事实的观测点制定为:学生用准确的语言表述物理客观事实。

学生概括物理客观事实:需要学生从物理现象和事实出发,用科学抽象、归纳、演绎、推理等逻辑方法,将物理客观事实进行抽象和概括,揭示物理客观事实的本质和内在规律,并用物理学科语言进行表述。因此,将学生概括客观事实的观测点制定为:学生用物理思想方法概括物理客观事实。

学生科学表征物理客观事实:学生需要使用数学方法和物理符号准确、简练地描述物理概念和规律,如使用图表、模型、公式、有物理符号的数学表达式等。科学表征意味着学生能理解各种表征方法的优缺点,充分考虑不同表征方法的特征,不仅仅是为了追求表征的简洁性,更重要的是实现表征的有效性、准确性和全面性。因此,将学生科学表征客观事实的观测点制定为:学生用物理符号和数学方法表征物理客观事实。

4. 真拓展

学生深化物理知识的理解:学生需要整合新旧知识,运用所学知识分析解释物理现象,解决学习探索类情境的基本问题。学生应能利用工具建立和完善知识结构,建立知识间的内在联系,将知识内化。因此,将学生深化物理知识的理解的观测点制定为:学生整合应用知识解决相关的基本问题,建立知识逻辑关系。

学生解决新情境的问题:学生需要理解相似甚至陌生的情境中的问题,提取关键信息,根据信息关联知识经验,建构物理模型,找到解决问题的方法或方案,并在解决问题的过程中验证其可行性和有效性,进而反思优化解决问题的方案方法,逐步提高在新情境下解决问题的能力。因此,将学生解决新情境的问题的观测点制定为:将所学知识和方法应用于新情境解决新问题,在新情境中对所学知识和方法进行实践、验证和巩固。

学生提出学习探究新方案:学生在经历了观察、实验、操作、测量、记录等探究过程,经历了对实验数据进行误差分析、反思交流阐述过程之后,应用所学提出创新、改进方案以改进探究过程,这是学生素养提升的根本体现之一。因此,将学生提出学习探究新方案的观测点制定为:学生反思原有探究方案,提出优化、解决办法。

(三)教学评价任务点设计灵活易变通

教学过程是艺术多变的,充满着无穷的生机与活力。在这个变化的过程中,教学的主体——学生,也在不断地成长与发展,他们的认知、情感和行为都在发生着变化。因此,教学评价的任务设计也不能死板,需要适配不同的课型、不同的阶段、不同的学生。评价任务点要能依据不同课型、不同学情、不同资源进行针对性开发和设计,做到灵活易变通。

首先,评价任务点的设计要与课型相匹配。不同的课型有不同的教学目标和教学方法,评价任务也应随之变化。例如,物理概念课、规律课、实验课等课型对学生知识和能力的培养目标不同,在设计评价任务点时,要充分考虑课型的特点:(1)在物理概念课中,评价任务点应侧重于学生对物理概念的掌握程度。这包括概念的建立过程,理解概念的基本含义,区分相似概念,并能将概念应用于实际问题中。例如,在"电场强度"的概念中,学生应理解电场的物质性,电场强度的比值定义方法和定义式,能够分析带电体间的相互作用规律,并能够解释生活中有关带电体相互作用的现象。(2)在物理规律课中,评价任务点应侧重于学生对物理规律的掌握和应用。这包括理解规律的形成过程和内在逻辑,能够根据规律分析问题和解决问题。例如,在"牛顿第三定律"中,学生应理解力的作用是相互的,能够设计实验探究分析作用力和反作用力的大小和方向关系,并能够解释生活中的相关现象。(3)在物理实验课中,评价任务点应侧重于学生的实验思维和实验技能。这包括实验设计、实验操作、数据分析和结论总结等能力。例如,在"用单摆测量重力加速度"的实验中,学生应能够设计实验方案,正确操作实验器材,分析实验误差,并得出合理的结论。

其次,评价任务点的设计要考虑学生的实际情况。每个学生都有自己的特点和需求,他们的学习状况和学习能力各不相同。因此,评价任务必须依据学生的不同学情进行针对性开发和设计,以便更准确地衡量他们的学习成果。

此外,评价任务的设计还要充分利用教学资源。教学资源包括教师、教材、设施设备等,这些元素在不同的教学环节中发挥着重要作用。评价任务应根据教学资源的具体情况,灵活调整评价方式和评价标准,以实现教学目标。

总的来说,设计教学评价任务点是一个充满挑战和创造性的过程。只有充分考虑课型特点、学生的实际情况和教学资源,才能使评价任务具有针对性和灵活性,从而更好地服务于教学目标。在教学实践中,教师应不断探索和尝试,灵活调整评价任务以全面评价学生的学习成果和自身的教学效果,推动学生全面、和谐、个性化地发展。

第三节 惟真物理的教学评价实施

教学评价实施策略是提升教学质量的关键环节。惟真物理教学评价过程点和观测点的设计,为惟真物理教学评价实施指明了基本方向。那么,在教学实践中如何践行素养导向的评价育人理念、注重教学评价的多元化发展、强调教学评一体化的实现?如何遵循评价整合性、教学评一致性的基本逻辑?本节将从精准确定教学目标、精心设计学习任务、精确制定评价标准、精细实施教学评活动等方面探讨教学评价的具体实施。具体实践程序如图5-3-1所示。

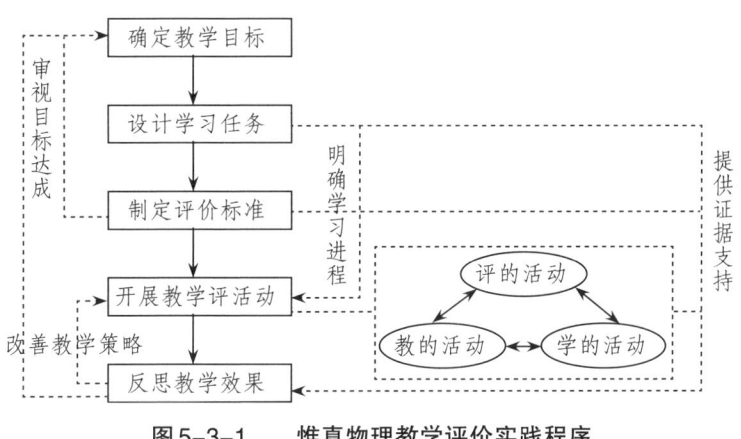

图5-3-1 惟真物理教学评价实践程序

一 精准确定教学目标:所教即所评

精准的教学目标,是"教学评一体化"的前提和灵魂。目标犹如大海中的灯塔,指引着教、学、评的航向。没有清晰的目标,教、学、评就失去了方向,更谈不上一体化和一致性。教与学都是为了达成教学目标,评价则是由教学主体采用多种方法收集证据来判断教与学是否在为达成教学目标而服务、目标实现程度以及反馈助力于教与学的改进等。因此,判断教学评是否一致的根本依据是教、学、评是否围绕着教学目标展开。

如何精准建构教学目标？

崔允漷认为，可通过"五步三问法"予以推进。第一，看"教什么"，即加强对教材内容的分析，明确单位时间内的学习内容。第二，对"学业质量"，即立足课程标准，通过对其中学业质量标准的比对明确该教学内容的学业要求。第三，思"素养要求"，即在明确教学内容与学业质量的基础上，对接该门课程所要培育的学生发展核心素养，思考学生经过内容学习所需掌握的关键能力、必备品格和价值观念。第四，问"三问题"，具体而言，一问结果，思考该内容教学中到底需要学生学会什么；二问过程，从学生学习视角思考达成上述学习目标需要经历什么样的过程与方法；三问表现，思考通过上述过程所获得的结果在素养层面有何具体表现。在此基础上，我们可用"通过（过程），获得（结果），形成/能完成（表现）"的句法结构叙写目标。第五，查"可评估"，即依据SMART标准思考所叙写的目标是否清晰可评，包括Specific（要明确），Measurable（可测量），Attainable（可习得），Relevant（有相关），Time-bound（有时限）。[①]

教学目标是对教学结果的预期，以学为中心的教学结果是"学生行为的变化"，因此教学目标陈述所用的行为动词应该可观察和测量，以便于后续的教学评价实施。为了更精准清晰地表达教学目标，可附加教学活动的情境、工具、时间或空间等限制条件。物理学科教学目标的确定，要与物理学科核心素养要求、内容要求以及学业质量水平相吻合。确定和表述物理教学目标的关键在于认真解析、研读物理课程标准，要出解析"产品"。从"做（学）什么？怎么做（学）？做（学）到什么程度？"三个层次的追问进行课标解析，从"文本的课标"走向"行动的课标"。

二 精心设计学习任务：所学即所评

要实现"教学评"一体化，需要将课堂评价嵌入到具体教学过程的每一部分，将学习任务作为课堂教学评价的有效载体，实现"所学即所评"。我们要精心设计有助于针对性地对学生学习行为开展过程性评价的学习任务，帮助学生了解学习成效和仍需努力的方向，同时为教师及时反馈和提供教学改进的依据。

[①] 崔允漷.教—学—评一致性：深化课程教学改革之关键[J].中国基础教育，2024（1）：18-22.

(一)学习任务与教学目标紧密匹配

从预期的教学结果——教学目标出发,学习任务制定的关键在于与教学目标的紧密匹配。因此,学习任务的设计需要我们思考如何才能判断教学目标是否达成,再设计相应的情境和任务。要注重突出与教学目标匹配的以下关键要素:

首先,任务的明确性和可测量性。学习任务要清晰明了,能够让学生清楚明白地理解其内容,学生能够理解任务的要求和标准,这样才有利于嵌入过程性评价任务的节点。同时,学习任务植根于真实情境且指令清晰,评价任务的完成应该是可测量的。学习任务的设计有利于收集学生学习行为的证据,了解学生的学习情况,判断评价目标是否达成,有利于为学生和教师提供及时反馈。

其次,任务设计应考虑学生的实际水平。任务要在内容覆盖与难度水平上与教学目标相匹配,要基于学生的最近发展区,根据学生的认知能力水平合理设置任务难度,既能够挑战学生,又不至于过难。

最后,任务与"5TE"教学模式各环节的匹配。需要对应"真激发""真体验""真阐述""真拓展"这四个环节设计相应的学习任务,并考虑教学过程中教学评价的嵌入,以监测各环节相关教学目标是否达成,确保以相应的评价任务促进学生的学习,并为优化改进教学提供相关证据。

(二)学习任务要突出学生主体

高质量的学习任务,无疑是那些能够凸显"学生为主体,学习为中心"原则的任务。这类任务具有以下几个显著特点:

首先,它们能够有效营造一种以学生为主导的课堂氛围,从而激发学生学习的积极性和主动性。在这样的氛围中,学生不再是被动的知识接受者,而是主动的知识探索者和建构者。这种积极主动的学习态度,有助于提高学习效果,也有利于培养学生的自主学习能力。

其次,高质量的学习任务通常基于学生的现有知识经验,引导学生认识自身的不足,进而促使学生深入思考和分析问题。这样的任务能够激活学生的高阶思维,激发学生的创造性。通过这样的任务,学生不仅能够巩固已有知识,还能提升思维品质,养成创新精神。

最后,高质量的学习任务有利于学生进行讨论、交流和展示。讨论交流是学习过程中非常重要的一环,它有助于学生对知识的理解和巩固。在学习任务的设计中,要提供机会让学生通过图表、实验等可视化方式清晰、准确地表达自己的科学理解和观点,展示学习成果。这种方式不仅可以提高学生的表达能力,培养学生的沟通能力和团队协作能力,也有助于培养他们的科学精神和严谨态度。

(三)着重设计"真体验"和"真拓展"环节的学习任务,注重学生的实践和应用能力

在设计学习任务时,要特别关注"真体验"和"真拓展"两个环节,以强化学生的实践和应用能力。对于"真体验",评价任务可以包括实验报告、观察记录等,要求学生通过实际操作,总结实验经验,体验物理现象,并运用理论进行解释。对于"真拓展",评价任务可以涉及真实场景的问题解决,学生需要将所学的物理知识应用到实际问题中,拓展应用能力。这可能包括设计解决方案、进行实地考察等。通过着眼于"真体验"和"真拓展"环节的评价任务,学生在实践中能够更好地理解和应用所学的物理知识,实现知识的深度融通。

表5-3-2是高中物理课程标准中"知道电场是一种物质"教学内容的学习任务设计:

表5-3-2 "知道电场是一种物质" 教学内容的学习任务设计实例

内容要求	学习任务
3.1.3 知道电场是一种物质。	1. 观察弯曲的水流演示实验。 2. 经历电场研究的历史。 3. 观察铝箔小球靠近带电金属球的演示实验。

三 精确制定评价标准:所评即所教(学)

开展课堂形成性评价的主要目标是深入了解学生的学习状态。为了实现这一目标,我们需要精确制定评价标准。评价标准不仅是对学生学习过程的总体规划,更是对学生在不同学习状态下可能展现出的具体行为表现的细致预测。对于教师而言,清晰的评价标准至关重要。它可以让教师根据学生的反馈迅速判断其学习状态,为教师采取针对性的反馈策略提供依据。而对于学生来说,他们可以根据评价标准审视自己的学习表现,进而调整和优化学习过程,实现自我监控和自主调控。

要从教学目标出发,针对学习任务进程去分析学生学习过程中可能发生的学习状态,并以此为基础来制定评价标准,增强标准的科学性。学生学习认知一般是从具体到抽象、从单一到关联的发展过程,因此评价标准的制定不仅要关注学生的具体经验和具体表现行为,也要关注学生学科关键能力构成要素和发展情况,从知识掌握和关键能力发展、情感态度与价值观念等多个层面规划学生学习状态,以利于教师教学和学生学习过程中学习行为证据的收集,确保评价的客观性和有效性。

另外,学生作为评价主体,应当在评价标准的制定过程中扮演积极的角色。惟真物理教学评价倡导教师与学生共同制定评价标准。在这个过程中,教师可以引导学生对所学知识和技能进行深入剖析,提升他们对教学目标和学习任务的理解和参与度。同时,教师既可以传达对于标准的专业解读,让学生明确评价的重点和关键点,确保评价标准既符合教学目标,也符合学生的认知水平。指导学生依据评价标准设计表现性自评清单,结合内容要求和教学目标设置可观察、可测量的表现性评价任务。以清单的形式让学生明确教学目标和学习任务,并将自评清单在课前结合学案或作业印制给学生。这可以让教学评价贯穿整个教学过程。

表5-3-3是高中物理课程标准中"知道电场是一种物质"教学内容的评价标准设计:

表5-3-3 "知道电场是一种物质" 教学内容的评价标准设计实例

内容要求	评价标准
3.1.3 知道电场是一种物质。	物理观念: 1.能准确说明水流弯曲的原因,并举另外的实例说明电场力的存在。 2.列举2个以上的生活中的静电力现象说明电场具有力的性质,并由此判定电场是一种物质。 科学思维: 1.能根据水流弯曲现象联系类比磁场中磁体的相互作用。 2.能根据对磁场物质性及相互作用的认识进行类比推理,解释电场力是如何发生的。 科学探究: 能准确描述实验现象,并正确解释检验电场是否存在实验的基本原理。 科学态度与责任: 能复述物理学家关于电场的代表性观点,认同科学家的求真精神。

表5-3-4是高中物理课程标准中"知道电场是一种物质"教学内容的学生表现性自评清单设计:

表5-3-4　基于物理核心素养发展的学生表现性自评清单

内容要求	表现性评价自评任务	完成情况		
		完成	基本完成	未完成
3.1.3 知道电场是一种物质。	我可以举例说明与水流弯曲实验现象类似的带电体之间相互作用的现象。			
	我可以类比磁场中磁体间相互作用的现象说明电场力是如何发生的。			
	我能正确描述带电球体吸引铝箔球的实验现象并利用电场合理解释现象产生原因。			
	我能够复述物理学家对电场物质性认识的基本观点。			

表5-3-5是高中物理课程标准中"知道电场是一种物质"教学内容的整体评价设计：

表5-3-5　"知道电场是一种物质"教学内容的整体评价设计实例

内容要求	教学目标	学习任务	评价标准
3.1.3 知道电场是一种物质。	物理观念：能举例说明电场是一种物质，列举一些生活中的现象说明它具有力的性质。 科学思维：能根据水流弯曲现象类比磁场进行科学推理，认识到电场力是如何发生的。 科学探究：能说出检验电场是否存在实验的基本原理。 科学态度与责任：能复述物理学家关于电场的代表性观点，认同科学家的求真精神。	1. 观察弯曲的水流演示实验。 2. 经历电场研究的过程。 3. 观察铝箔小球靠近带电金属球的演示实验。	物理观念： 1. 能准确说明水流弯曲的原因，并举另外的实例说明电场力的存在。 2. 列举2个以上的生活中的静电力现象说明电场具有力的性质，并由此判定电场是一种物质。 科学思维： 1. 能根据水流弯曲现象联系类比磁场中磁体的相互作用。 2. 能根据对磁场物质性及相互作用的认识进行类比推理，解释电场力是如何发生的。 科学探究： 能准确描述实验现象，并正确解释检验电场是否存在实验的基本原理。 科学态度与责任： 能复述物理学家关于电场的代表性观点，认同科学家的求真精神。

四 精细开展评价活动:教学评一体化

(一)强调教学环节的内在联系

惟真物理的"5TE"教学模式强调"真激发""真体验""真阐述""真拓展""真评价"五个环节的内在联系。在激发和体验环节,教学设计应通过鲜活生动的情境、引人入胜的教学活动,激发学生的学习兴趣和主动参与。在阐述和拓展环节,教学设计要注重深度讲解,确保教学内容贴近学生的认知水平,使学生能够深入理解物理知识。为了保证以上效果,在评价环节,就要求评价标准与教学目标相一致,通过多样化的评价手段,确保评价是全面的、真实的,进而将学生的学习情况反馈给教师和学生,提高激发、体验、阐述、拓展环节的有效性。五个环节相辅相成、相互联系、相互促进,只有在教学设计中提前做好规划,设计好评价任务的目的,才能迈出"教学评一体化"的第一步。

(二)突出学生主体积极参与

"教学评一体化"的实现离不开学生的主体性参与。惟真物理教学主张强调,学生不仅仅是课堂中知识的获取者,更是知识的创造者。作为知识的创造者和获得者,学生需要全过程全方位地参与教学评价活动。我们需要改变传统教学中学生仅作为评价接受者的认识,将他们从评价的接受者转变为评价活动的主体,让他们积极参与到教学评价活动中。

1.强化课堂对话

课堂对话不仅是突出学生主体积极参与的重要方式,同时也是一种与教、学融为一体的重要的过程评价方式。通过课堂对话,教师可以及时了解掌握学生的学习情况,找到学生存在的问题,并及时加以纠正。课堂对话不仅是评价学生核心素养的工具,更应成为促进学生核心素养发展的平台。

(1)课堂问答。课堂问答是最常见的课堂对话方式,主要是教师提问,学生回答。为了提高课堂问答的有效性和针对性,教师需要精心设计问题,明确问题与学生思维之间的关联,同时赋予适当难度,以激发学生思考。在设置问题时,教师需要对学生的思维惯性有所了解,并针对其想法与观念进行提问。对于不同维度的核心素养,教师应采用差异化提问策略,给予学生充足的思考时间。在学生回答时,教师应创造一个积极的应答环境,通过鼓励与提示等方式,帮助学生更好地表达自己的观点。在课堂中,教师还应鼓励学生积极提出问题,发表见解,加强课堂问答的双向交互。

(2)课堂讨论(辩论)。课堂讨论(辩论)是另一种常见的课堂对话方式,它与课堂问答的最大区别在于,学生在讨论(辩论)中拥有更多的主动权和话语权。为了提高课堂讨论(辩论)的有效性和针对性,教师需要精心设计讨论(辩论)的主题和规则,明确讨论(辩论)与学生思维之间的关联,同时赋予适当难度,以激发学生思考。在学生讨论(辩论)时,教师应创造一个积极的讨论(辩论)环境,鼓励学生积极地表达自己的观点,同时引导学生尊重他人的观点。通过课堂讨论(辩论),发现学生对知识的理解和掌握程度,培养学生的思维能力和表达能力。

总之,课堂对话实现了师生、生生之间的积极互动,学生在学习中不是被动的接受者,而是主动参与者,真实地感受到知识的探索和建构过程。嵌入于课堂对话中的评价更能促使学生及时认识到学习中存在的问题,促进学生全面而深刻地发展。

2.突出学生参与

教学评的全过程要能够激发学生积极主动参与。要明确评价不是教师对学生的单向评估,而是帮助学生完善自我认知,实现自我提升的过程。这一过程学生理应是主体,他们的需求、兴趣和个性差异应得到充分关注。因此,我们不仅在评价指标设计时要让学生积极主动参与,开展教学评价活动时,学生更不应该缺位。

首先,通过包括但不限于实践任务、小组讨论、案例分享等教学活动和小组合作、互动讨论等多样化的教学手段,激发学生积极思维与实践参与,让学生在学习中成为积极的参与者和实践者。

其次,教师应高度重视培养学生自主评价能力。这涵盖引领学生掌握评价方法与技巧,以及培育他们独立思考和自我反思的习惯。在此过程中,教师需充分尊重学生意见,激发他们表达观点的热情,并适时给予反馈与指导。教师还应引导学生在学习过程中进行自我评价及相互评价,鼓励学生积极参与评价活动,提出自身见解和建议。通过这种方式,学生在评价过程中能更好地认识自己,发现不足与优势,进而调整学习策略,提高学习成效。

最后,教师要善于充分运用评价结果,为学生提供精准的建议与支持。即时的反馈有助于学生更加深入地了解自身学习状况,并从他人的反馈中吸取有益启示,可激励学生根据自身情况调整和优化学习过程,从而促进学生在学习过程中更好地理解和运用所学知识。

(三)注重评价方法灵活运用

1.教的手段利于评:多样化的教学手段创设多元化学习评价

惟真物理教学主张倡导多样化的教学手段,旨在创设多元化评价方式,实现更真实、客观、全面地衡量学生在学习过程中的表现。

首先,通过实际应用的教学手段,例如实验、场景模拟等,学生能够将所学知识运用到实际中,体验知识在解决实际问题中的价值。这不仅能丰富学习过程,还能够更全面地评价学生的应用能力。

其次,通过综合问题解决的教学手段,例如开展项目式学习、小组合作等,学生能够在团队合作中应对复杂的问题,提升综合素养。这种评价方式既考查了学科知识,又注重了学生的团队协作、创造力等方面的能力。

同时,引入自主学习的教学手段,例如独立研究、课外拓展等,可以更全面地了解学生在学科领域的兴趣和潜力。这种个性化的评价方式有助于激发学生的学习动力,促进其在特定领域的深度发展。

2.教的过程及时评:教与学的实时监测与反馈

(1)实时监测学生的学习表现

实时监测学生表现是惟真物理教学评价的关键。在实施时,教师可以通过提问、观察和设计表现性任务等方式,获取学生在学习过程中的真实状态。通过提问,教师能够了解学生对知识点的理解深度;通过观察学生的实际操作,教师能够判断学生在实践中的应用能力;通过设计表现性任务,教师能够看到学生对知识的真实运用情况。

(2)及时反馈学生的学习状态

在学习过程中,教师可以利用多种方式给予学生反馈,包括口头反馈、书面反馈等。通过多元化的反馈方式,全面地了解学生的学习状况,帮助学生了解当前水平与期望水平之间的差距,并提供个性化的支架针对性地帮助学生弥补差距,促使学生进步。

3.评的结果改进教:课后反思与教学调整

在课堂教学活动结束后,教师需要对整个课堂教学效果进行反思,以了解教学的优势和不足,从而进一步调整教学策略。通过梳理学生评价结果,教师可以分析出学生在知识点掌握、实际应用、问题解决等方面的具体表现。同时,可以考虑学生的整体进步和存在的瓶颈。教师也可以反思教学方法的适用性,思考在教学中哪些方法更能激发学生的兴趣、增进理解,哪些方法可能需要进一步优化。通过对学生的评价结果和教学效果反思,重新审视教学目标的设定,确保学生的实际水平与目标水平的匹配。最后,教师需要根据反思和学生反馈,持续地进行教学改进,不断优化教学设计和实施,以更好地达成教学目标。

第四节 惟真物理的教学评价实践案例与评析

惟真物理的教学评价设计与实施,是将素养导向的教学评价理念转化为实际教学行动的操作步骤和方法。本节列举了"动量""感应电流方向""科学测量:电源的电动势和内阻"三节课的"教学评一体化"的教学评价实践案例,分别针对物理概念课、规律课、实验课如何开展教学评价进行了详细的阐述。这些案例生动展示了惟真物理的教学评价的基本样态,为开展物理课堂教学评价提供了参考和借鉴。

一、教学评价实践案例

1. "动量"概念课的教学评一体化实践案例

表 5-4-1 "动量"概念课教学评一体化实践案例

教学目标	评估证据	教学活动	证据收集方法
学生能准确描述观察到的现象。 学生能将真实情境问题简化成物理模型,并根据现象做出合理猜想。	学生能从视频中体会生命可贵,并发现物理问题——碰撞中有什么规律?思考如何进行研究?学生能提出多种碰撞情况,并提出合理猜想。	环节一:真激发 (1)学生观察视频:车祸实拍。引以为戒,谈实际感受,谈如何研究车祸以减少伤害,发现和提出需要了解、研究的关于碰撞的问题。 (2)教师演示碰撞的实验,学生观察几类碰撞,对碰撞中的规律提出猜想。	学生认真观看视频并回答教师提出的问题。 学生猜想的情况。

续表

教学目标	评估证据	教学活动	证据收集方法
学生能在教师的引导下设计实验方案,能在与同学的交流中改进实验方案,并最终形成一个可行的实验方案。 学生能正确操作实验,并客观记录实验数据。	学生能分析实验需求,设计合理、可行的实验方案探究"碰撞中的不变量"。 学生小组合作完成分组实验,记录实验数据。 学生在实验中通过发现实验操作中不恰当之处,并互相质疑,改进实验操作细节。	环节二:真体验 (1)讨论设计实验方案:教师引导学生讨论、提出探究"碰撞中的不变量"的实验方案。 (2)探究实验:利用DISLab传感器、小车、光电门、滑轨等实验器材探究碰撞前后的守恒量。教师观察学生实验,利用手机拍摄学生操作过程不当之处,并加以讨论、修正、优化。	学生展示自己的猜想并解释,提出实验方案。同学互评、教师评价及反馈。 学生在实验操作过程中反思、发现自己或他人操作不当之处并进行评价,教师拍摄操作不当之处并评价。通过小组合作,在合作中互相评价,发挥合作精神,相互促进。
学生能通过分析实验数据,发现"mv"是有特殊意义的物理量。 学生能在教师的引导下理解动量的概念。	学生能理解mv对于碰撞前后的系统来说是有特殊意义的,自然引出动量的概念,能通过推导、现象等总结其矢量性、瞬时性、相对性。	环节三:真阐述 通过实验数据分析,学生得到探究实验结论:在碰撞前后"mv"这个物理量之和不发生改变,理解接受动量概念。	学生反思学习过程,自我评估在完成学习任务中的成功表现和遇到的困难。教师根据学生的反馈分析判断教学成功之处及仍需改进之处。
学生能正确计算物体的动量,并理解动量的矢量性。	学生的计算过程、表达的规范性。	环节四:真拓展 (1)计算网球被击打前后动量、动量变化量。 (2)选择不同的正方向,并比较说明。	计算结果是否正确,计算结果的分析讨论。

2.表5-4-2为"感应电流方向"规律课教学评一体化实践案例

表5-4-2 "感应电流方向"规律课教学评一体化实践案例

教学目标	评估证据	教学活动	证据收集方法
学生能准确描述观察到木块、磁铁下落快慢不同的现象。 学生能进行逻辑推理,分析现象产生的原因。	学生能够从现实情境中提炼问题,能通过教师的引导、帮助或点拨完善自己的逻辑推理并表述问题。	环节一:真激发 (1)教师演示实验:木块与磁铁在铝管中下落的时间不同,引发学生讨论。 (2)教师引导学生逻辑推理,形成猜想:磁铁、导体、感应电流、感应电流产生的磁场、磁场对磁体的作用。	学生表述现象;表述逻辑推理的思维过程;表述结论,并提出可探究、合理的科学问题。教师实时评价反馈。
学生能在教师引导下建立物理模型。 学生能联系电磁感应产生条件的探究实验,设计实验探究的方案。 学生能设计实验数据表格,与他人合作开展实验探究,并准确记录数据。	学生做出实验设计,阐明探究实验的基本思路的准确性。 学生探究步骤的合理性,数据表格记录的全面性。	环节二:真体验 (1)学生在教师引导下,将磁铁在铝管中下落的情境进行转化建立物理模型。 (2)通过小组讨论设计基本实验方案与选择器材,设计实验记录表格。 (3)分组进行实验探究,客观记录实验数据。	小组互评:在小组讨论中的参与、表现。 小组展示:物理模型、实验设计方案、实验设计表格。将实验方案及数据记录表格在班级展示并进行评价。 教师根据逻辑推理过程及物理模型进行评价。
学生能正确分析表格记录的感应电流方向、感应电流产生的磁场方向等信息,并发现其中的规律。 学生能概括总结并准确表达"增反减同"的感应电流方向判断的规律。	学生根据自己的实验数据,分析其中的规律,尝试概括出楞次定律。 学生表达感应电流的方向规律的完整性;在同伴和教师的引导下反思、修改,最终获得结论。	环节三:真阐述 (1)小组分析讨论实验数据,归纳总结出感应电流方向的规律。 (2)学生进行展示交流:用自己的语言表述感应电流的方向规律。 (3)教师引导学生从相对运动、能量守恒等角度分析电磁感应现象,拓宽学生认识问题的思路。	学生展示表达实验数据时,同学、教师根据表述进行评价。 对他人的表述进行思考、评价、改进,进一步修改、表述出感应电流方向的规律。

续表

教学目标	评估证据	教学活动	证据收集方法
学生能解释电磁炮、磁悬浮列车的工作原理。	学生解释工作原理的逻辑性、准确度。	环节四:真拓展 (1)视频:我国研究的电磁炮。 (2)介绍磁悬浮列车的相关资料和视频。	教师根据学生的回答情况进行反馈和评价,学生补充评价。

3."科学测量:电源的电动势和内阻"实验课教学评一体化实践案例

表5-4-3 "科学测量:电源的电动势和内阻"实验课教学评一体化实践案例

教学目标	评估证据	教学活动	证据收集方法
能根据对比实验现象判断水果电池不能点亮小灯泡的原因是水果电池的内阻太大。 会在教师的指导下制作一个苹果电池并用电压表粗测水果电池的电动势。	学生能认真观察实验现象,进行逻辑推理,发现认知冲突,并提出问题、提出合理猜想与假设。	环节一:真激发 (1)教师演示:教师展示一节干电池和一个苹果做成的水果电池;将一节1.5 V的干电池和小灯泡串联,小灯泡发光;将水果电池和小灯泡串联,小灯泡不发光。 (2)学生实验:制作水果电池,并用多用数字电表电压挡分别粗测干电池和水果电池的开路电压。 (3)教师演示:将三个水果电池串联后(电动势约2 V)与小灯泡串联,仍不能点亮小灯泡。	通过学生回答,对其逻辑推理过程与问题、猜想、假设做出评价。

续表

教学目标	评估证据	教学活动	证据收集方法
能根据闭合电路欧姆定律实验原理设计实验电路。 能在教师的指导下，根据不同的实验电路选择合适的实验器材。 能设计实验步骤，能正确进行实验测量并能如实记录实验数据。 能在实验过程中与同伴分工合作，并真实记录实验数据。	学生设计实验方案的类型。 学生用不同方案测量水果电池的电动势和内阻时，对器材的选择分析情况。 学生实验步骤的书写情况。 学生实验操作情况和数据记录情况。	环节二：真体验 (1)学生小组讨论交流，设计实验方案。 (2)方案展示、交流、讨论。 (3)分析使用该实验方案测量水果电池的电动势和内阻需要的实验器材，根据提供的器材选择合适的方案和器材。 (4)学生分组实验：学生完成实验并记录实验数据。	书写实验设计方案、通过班级投影仪展示并进行同学互评。 教师评价：学生能否改进自己的实验方案，为他人的实验方案提供意见、建议。
能将闭合电路欧姆定律表达式进行数学变换，会用 U-I 图像法处理实验数据。 能根据 U-I 图像，计算电源的电动势和内阻。 会根据实验数据作图，并利用计算机软件辅助进行数据的分析和处理。 能撰写完整的实验报告，并对实验过程进行反思。	学生能对比两种数据处理方法，能使用 Excel 软件呈现所获得的数据并阐述、解释实验结论。	环节三：真阐述 (1)处理数据、得出结论。学生讨论交流如何处理实验数据，对比"解方程"与"图像法"。 (2)教师指导，交流提升。学生根据实验数据，利用 Excel 软件，进行数据转换，再利用散点图功能作图，并利用图像的斜率 k 和截距 b 计算出电动势和内阻，展示和阐述实验结论。	学生通过实验获取实验数据，学生合理使用信息技术呈现数据结果并解释。

续表

教学目标	评估证据	教学活动	证据收集方法
能利用闭合电路欧姆定律及水果电池的特性,判断网络上科学实验视频的真伪。能根据不同实验方案将欧姆定律表达式进行数学变换,找到合适的线性关系,并根据线性关系求电源的电动势和内阻。	学生能合理解释生活中的实际问题,会对数据进行变形,使其更加直观、简洁。	环节四:真拓展 (1)解决生活中的实际问题。 播放橙子给手机充电的视频,请学生根据所学知识辨别视频科学实验的真伪并说明理由。 (2)将欧姆定律公式变形为 $\frac{1}{U}=\frac{r}{E}\cdot\frac{1}{R}+\frac{1}{E}$,用作图法求电源的电动势与内阻。将记录表中的 U、R 值转换为 $\frac{1}{U}$、$\frac{1}{R}$,建立 $\frac{1}{U}-\frac{1}{R}$ 坐标系,在坐标系中描出相应的点,再根据这些点画出直线,利用图像的截距和斜率,也可以计算出 E、r 的值。 (3)迁移应用。 用实验室3 V量程的电压表测量水果电池的电动势,并和课堂实验得到的测量值进行比较,思考为什么用3 V电压表测得的值比实际电动势小很多?能否利用该测量结果估算3 V量程电压表的内阻。	学生对实际问题进行解释,学生通过实验数据进一步加工计算,得到电动势和内阻。

二 案例评析

(一)"以终为始"的逆向设计思路

以上三个案例都遵循"以终为始"的逆向设计思路,即从预期的学习结果(即教学目标)出发,思考教学过程中需要收集哪些证据,以有效评估学生是否达到了预期学习结果,并据此设计教学活动及收集评估学习证据。这种逆向设计思路有助于实现教学、学习和评价的一体化。

教学目标是预期的学习结果。为确保教学活动的有效性,教师在进行教学设计之初,需深入思考并明确教学目标。随后,需探讨如何通过特定的教学活动与评估手段,使学生能更顺利地实现预定目标。评估证据不仅局限于课程结束后的测试或任务完成情况,还涵盖通过各种正式或非正式评估所收集到的学生在学习过程中的所有信息。为全面、准确地了解学生的学习状况,教师需要注重持续性评估,并特别关注形成性(及表现性)评估。没有学习,教学就失去了意义;没有评估,我们就无法判断教师的教是否得当,学生的学是否有效,是否真正掌握了知识和发展了能力。因此,教、学、评的活动既是实现教学目标的手段,同时也是检验目标是否达成的重要工具。这三个案例也清晰地展示了"教、学、评"三者之间的紧密关系,它们相互融合、相互促进,共同构成了教育教学的完整过程。

(二)关注学生起点及达成路径设计

教学设计的四大核心问题是"教学的目标定位、学生的起始状态、目标的达成路径,以及目标达成的检验方式"。以上三个评价实践案例都从学生的起始状态出发,通过设计真激发、真体验、真阐述、真拓展等一系列逻辑关联的教学环节,让教学紧密围绕教学目标展开,并将评价贯穿于每一个教学环节,形成一个教学和评价的闭环。

学生在学习新的物理知识前,基于生活经验和已有知识积累,拥有了大量经验情境,这是学生建构新的物理知识的基础。教师要清楚了解学生的现有知识、经验和认知水平(学习起点),这有利于教师更好地把握教学内容的难度,确保教学内容与学生的认知水平相匹配。教师还要设计合适的教学活动,为学生构建清晰的学习路线图,这个路线图应该具有逻辑性和连贯性,帮助学生逐步理解和建构新知识,引导学生朝着设定的学习目标前进(达成路径)。关注学习起点及达成路径也意味着教师应该根据学生的学习表现和反馈信息,及时调整教学策略,灵活地调整教学方法和资源,以满足不同学生的学习需求和发展水平。

以物理概念课的教学为例,物理概念的建构源自实际生活。正是因为在研究问题时发现了关键性的缺失,我们才需要引入新的物理概念。因此,教学过程中应鼓励学生经历以下步骤:遇到问题、明确问题、解决问题。通过这样的过程,物理概念便能自然形成。例如,在动量概念课的激发环节中,学生通过观察生活中的真实碰撞事件,引发对碰撞现象的深入思考。教师引导学生从真实碰撞类型的情境中抽象出物理模型,并提出问题及合理假设。在体验环节,学生设计探究实验方案并进行实验探究,旨在明确问题并寻找解决方法。在阐述环节的数据收集、分析及结论提炼过程中,找到动量这一守恒量,最终解决问题。在拓展环节,计算生活中网球的动量及动量变化,深化对新概念的理解应用。通过这些环节的设计与实践,学生不仅能够深入理解动量的概念,还能够培养实验设计、数据处理和问题解决能力。

(三)将信息素养作为学习评价的基本要素

随着信息技术的普及和应用,科学探究活动正成为培养学生信息素养的有效途径。在2017年发布的我国普通高中课程标准中,物理、化学、生物、地理等学科均提到了"信息技术""互联网+"。通过科学探究活动,学生不仅可以获取科学知识,更能够培养信息获取、分析和利用的能力,提高他们的信息素养水平,适应未来社会对于信息化人才的需求。而这个过程,需要评价体系的引导。

在实验探究的过程中,需要学生设计合理的探究方案并实施。探究方案可以多种多样,而一个好的探究方案一定是在不断改进中得到的。学生设计探究方案的过程是曲折的,不是一蹴而就的,通过初步方案试错,方案改进,选择更合适的工具完成探究活动,在这个过程中要求学生对实验原理、实验器材包括信息技术工具的优缺点有足够的了解并进行自我评价、同学互评,做出对比、选择。这样的过程可以提高学生的批判精神与自我反思能力。

就实验探究的仪器和工具选择的评价来说,并非使用的仪器和工具科技感越强评价越高。现如今,有不少传感器、结合实验设计的应用程序,学生通过简单操作,轻易便可以得到探究实验结论,简化了学生思考的过程,这显然是不合适的。物理学的探究设计讲求便捷、实用,所以有低成本实验设计理念的流行,但这并非要省略思考的过程,学生要知其然,更要知其所以然。运用信息技术的前提是其可以帮助实现简易器材无法实现的实验目的,以达到更好的实验效果,在更高的实验要求下获取更精准的证据。

同样的,实验证据、数据的整理、呈现与获取一样重要,通过DISLab传感器、手机传感器、视频记录、逐帧分析等方式获取、收集、呈现数据相较于传统的方法也有特定的优势。

因此,在"真体验"教学环节,"分析传统探究方案的劣势""会选用信息技术应用优化证据""会选用合适的信息技术应用呈现所收集的证据"应作为评价要素。

在"真阐释"教学环节,学生可以通过Origin、MATLAB、Excel、GeoGebra等工具对所获得的数据进行分析、处理,呈现出所需要的论证证据,基于证据进行分析、解释。因此,"合理应用数据处理软件""基于证据进行合理分析""结合证据与假设进行解释并得到结论"是评价要素。

例如在"科学测量:电源的电动势和内阻"的教学设计中,对学生在"真阐述""真拓展"环节选择用Excel软件处理实验数据的评价,需注意不仅仅是学生会使用,而应该是"学生会合理选择并使用",知其然,更知其所以然。

(四)评价证据收集方法的多样化

在以上三个案例中,针对教学重难点的不同以及不同类型的课对学生素养培育的要求不同,评价的侧重点也不同,评价证据收集的方式需要丰富多样。

例如,在三个案例中都有学生提出猜想和设计实验方案的教学活动,这个活动过程注重学生的自我评价和相互评价。这样的评价过程既帮助学生深入思考实验设计,改进实验操作,在实验中发挥批判性思维,也能提高科学探究能力和动手操作能力。

物理规律探究一般需要学生对大量的数据进行概括、凝练、总结,最终提炼出核心规律。因此,教学设计应突出从问题情境出发,铺设知识阶梯,引导学生收集、整理和分析数据,进而发现和总结出规律。物理规律课堂的真阐述环节的评价,对于学生深刻理解和掌握物理规律有着重要的作用。以"感应电流方向"规律课的评价设计为例。通过大量的动手实验,学生在初始阶段可能得到

"当原磁场磁通量增大,则感应电流产生的磁场方向与原磁场相反;当原磁场磁通量减小,则感应电流产生的磁场方向与原磁场相同","感应电流产生的磁场对磁铁有力的作用,这个力阻碍它们的相对运动"等较为直观、粗糙的规律总结。此时,自我评价、同伴互评以及教师引导为主的评价显得尤为关键。它们类似于"头脑风暴",帮助学生从多个角度(如力、磁场)思考问题,并在教师的引导下简化表述,归纳出更简洁的规律。这一过程不仅逐步揭示物理规律,也培养学生的科学思维。

在"科学测量:电源的电动势和内阻"实验课的设计中,教师注重培养学生的实验操作能力和数据处理能力。教师设计了包含实验操作、数据记录和分析等环节的综合性评价任务。通过观察和评估学生在实验过程中的表现,教师能够了解学生在实验技能、团队协作和问题解决能力等方面的发展状况。同时,教师还鼓励学生进行自我评价和相互评价,以促进他们更好地认识自己的优势和不足,进而调整学习策略。

因此,评价设计应紧紧围绕教学目标,与教学活动设计相互融合,成为教学活动实施的关键部分。在案例中所展示的评价方式主要聚焦于课堂教学层面的形成性评价。然而,在实际的教学实践中,由于课堂时间和空间的限制,对所有学生进行即时评价是不切实际的。因此,我们还需要围绕教学目标,精心策划课后评价,如作业布置、单元测验等,以进一步收集信息,评估学生对教学目标的达成情况。

总结以上案例分析,我们可以发现,在物理教学中实现教、学、评一体化,需要重点关注以下几个方面:

(1)突出问题任务导向。课堂教学目标明确,每个问题任务都对应着具体的评估证据和教学活动,使评价与教学目标相结合,突出问题任务导向。这种问题任务导向的评价方式可以帮助学生清晰了解学习目标,激发学生的学习兴趣,提高学习的针对性和有效性。

(2)突出学科的实践性。课堂教学注重学生的实践能力和动手操作能力,在实验过程中对学生进行实践性评价,并通过实验结果的分析推理,突出物理学科实践与理论的结合统一,全面提升学生的学习效果。

(3)突出及时反馈机制。在课堂教学中设置及时的反馈机制,包括教师的反馈、同学间的互评和自我评价等,通过反馈帮助学生及时了解自己的学习状况,及时调整学习策略和改进学习方法,提高学习效果。

第六章

惟真物理的教学保障

提升课堂教学质量不仅要求教师对学科课程体系有明确的理解,还要求教师依托于丰富的课程资源,具备一定的课程开发与实施能力。本章从物理学科体系的认识、教师课程能力的提升以及信息技术与教学深度融合等方面入手,探讨如何为真实物理教学的实施提供坚实有效的教学保障,进一步推动物理课堂教学改革,确保素养导向的教学理念得以落实,不断提高物理课堂教学质量。

第一节 加强物理学科体系的研究

物理课程标准修订后,物理课程体系的结构和内容发生了一定的变化。因此,作为一线物理教师和相关的人员,要从课程标准、教材内容、考试评价等方面认真研究和学习物理课程体系的结构,采取相应的措施来保障物理教学的顺利实施。

一、加强物理课程标准的研究

课程标准蕴含着国家教育的基本要求,是课程实施的指南。《普通高中物理课程标准(2017年版)》于2018年初发布,并于2020年发布了修订版。《义务教育物理课程标准(2022年版)》于2022年发布。课堂教学要以课程标准为导引来实现课程目标。因此,物理教师应加强物理课程标准的学习研究。

(一)研究课程标准的意义

课程标准是教师教学的课程纲领和目标导向,对教学目标实现起关键的引领作用,对于教师来说,研究课程标准具有以下意义:

1. 课程标准是制订学科教学计划的依据

研究物理课程标准有助于教师明确每个学年或学期的教学目标,规划合理的年度和学期教学计划,包括选择适当的教材、设计教学活动以及安排实验和应用性任务。

2. 课程标准是教师开展课程设计和教学活动的依据

教师需要根据标准中明确的学科框架和内容要求,合理选择教学内容和展开方式,合理分配教学时间,使学生在多个物理学领域都能深入地学习,确保教学内容的整体性和全面性。

3.课程标准为教师提供教学评价的依据

课程标准中明确的学科课程内容要求和学业质量水平(描述)为教师提供了设计测评工具的依据。教师可以根据标准设计考试、作业和项目等,确保评价和标准要求的一致,从而更准确地了解学生的学习水平。

4.课程标准有助于教师进行教学改革和创新

课程标准的制定反映了国家和社会对学生素养发展的期望,为教学促进学生素养形成和发展指明了方向,为教师开展教学实践提供了一个总体框架,有利于教师在框架指导下尝试教学改革和创新,从而提高教学质量。

(二)研究课程标准的方法和途径

物理教师在学习和研究物理课程标准时应该采取一系列系统性的步骤,以确保深刻理解标准并能够将其有效地融入教学实践。以下是一些建议。

1.理解课程标准的结构和组织

物理课程标准由多个层次的内容组成,包括物理学科课程性质、课程理念、课程目标、课程结构、课程内容、学业质量、课程实施等。教师应该认识物理课程标准修订的背景、整体思路、结构框架及各部分内容间的关系,以更好地理解标准的结构和组织方式。

2.审视和解读课程标准文本内涵

课程标准内涵丰富、意义深远,教师要字斟句酌地研读课标,增加对课标文本内容的熟悉程度。通过精细研读文本,掌握相关内容的来龙去脉,理解课程标准每一部分内容的明确指向以及文本背后的隐性内涵,理解标准制定者制定标准时的具体指向,加深对课标内涵的理解。除此之外,教师还应在研读的基础上延伸对课标的深度思考,体会其中的思想内涵,只有这样,才能准确全面把握其要义,发挥它对课堂教学实践的指引作用。

3.加强课程标准研究培训

教师要积极参加区域性的课程标准培训和研讨会,通过专家引领和同伴分享对课程标准的理解,增强自身以课程标准指导教学的意识。教师需要对课程标准形成总体认识,关注物理课程标准修订前后的变化,使课程标准真正成为实施教学、指导教学、评价教学的重要依据。以下是廖伯琴教授指出的高中物理课程标准修订前后的变化:①凸显物理课程的育人功能;②凸显课程的基础性、系统性与选择性;③强调课程的实践性与应用性;④加强课程的可评价性与指导性。[①]义务教育物理课程标准的变化有:①提炼物理课程要培育的学生核心素养,凸显物理课程的育人价值;②以核心素养为引领,构建物理课程的内容主题;③加强实验探究,凸显物理实验的育人功能;④加强跨学科实践,培养学生的综合实践能力;⑤研制学业质量标准,引导教学与评价改革。[②]

从这些变化可以看出,物理学科的育人价值和功能、基于新课程目标的课程内容体系的重新构建、物理课程的实践性以及学业质量标准与教学评价改革是本次物理新课程改革的重中之重。

二 加强物理教材理解的研究[③]

教材是实现课程目标和内容的基本工具,具有重要的育人功能。教材的育人功能是潜在的、隐蔽的,其实现依赖于有效的教学。教材是教师开展课堂教学的基础,教师的教学方式、策略选择以及教学效果都取决于教师对教材的理解。因此,教师深入研究并加强理解教材,是活用教材的基础,也是课堂教学实践走向成功的关键。

(一)教材理解促进教师专业发展

教材是课程开发的重要成果,它依据课程目标选择课程内容,为教师提供教学的基本框架和指导。教材以文本形式呈现,是教师教学活动的参考。既然是文本,教师在使用之前就一定要理解教材。教师对教材的理解,本质上是对教材的二次开发。教师对教材的二次开发不是随意的,既要尊重教材的权威性,也要体现教师理解的创造性。

---

① 廖伯琴.以学生发展为本改进普通高中物理课程——《普通高中物理课程标准(2017年版)》解读[J].人民教育,2018(10):43-46.
② 廖伯琴.提炼核心素养,凸显课程育人价值——义务教育物理课程标准(2022年版)解读[J].基础教育课程,2022(10):46-52.
③ 丁浩然,刘学智.中小学教师教材素养:现状与进路[J].四川师范大学学报(社会科学版),2021(1):114-121.

首先,要充分理解教材的思想意图和育人价值。

其次,要把握教材的内容、结构、教学要求和重难点。

再次,要根据学生的实际情况和教学需要,对教材进行适当的删减、调整或补充,以更好地适应学生的学习需求。

最后,教师还需要根据学生的认知特点和心理特征,选择合适的教学方法,引导学生积极参与学习过程,提高教学效果。

总之,教师对教材的理解是基于教材而又超越教材,形成具有个性化的教学设计和落实教学目标的过程,是教材价值增值的过程,教师通过理解教材实现课程的二次开发。因此,教材理解能促进教师的专业成长。

(二)理解教材对学生发展的价值

教师要充分理解教材对学生发展的价值。教材是学生的必读书。汉代学者刘向说:"书犹药也,善读之可以医愚。"何谓"善读"? 善读是一种追问,意思是要追寻教材文本背后的深层含义,品味和领悟教材潜隐的教育价值。

首先,教材理解要坚持深层次、多视角地挖掘教材内容的丰富意义,与教材内容实现深度对话,把握教材内容逻辑之外的科学逻辑和价值逻辑,以促进学生全面发展。

其次,教师理解教材的最终目的是让学生更好地理解教材,所以教材理解应遵循学生思维逻辑,关注学生认知水平和心理体验。

最后,教材内容紧密联系社会、生产、科技和学生生活,覆盖了现实社会生活的方方面面,教材理解要回归学生真实生活情境,把握教材与社会发展的关系,有意识地渗透社会价值观念,潜移默化地为学生全面发展提供价值引领。[①]

(三)教师教材理解研究的切入点[②]

教师在理解教材时,必须找到适当的切入点,理解教材的切入点有哪些。课程标准是课程实施的指南和依据,课程改革的最终目标是实现学生的全面且个性发展。因此,教师教材理解应以学科课程标准和学生的需要为切入点来展开。

---

① 李广,孙玉红.教师教材理解范式的深度变革[J].教育研究,2019(2):32-36.
② 申大魁.教师教材理解标准体系的建构[J].教育理论与实践,2018(25):60-64.

1.依据课程标准理解教材

课程标准不仅是课程实施的指南和依据,也是评价教学的标准,教师的教材理解理应符合课程标准。因此,教师理解教材可以从课程理念、课程目标、学科内容标准三个维度是否符合课程标准要求来展开。

(1)教师在教材理解时,应符合学科课程标准的基本理念。一是教师教材理解要以学科课程标准所提倡的基本理念为目的,教师要深入理解教材所蕴含的学科课程基本理念,如注重学生的全面发展、强调学生的主体地位等;二是要思考教师的教材理解如何能够真正转化为教学实践,如何能够真正促进学生的发展,以实现课程标准基本理念较好的达成度。

(2)教师在教材理解时,应符合学科的课程目标。一是教材理解的目的要符合课程标准的核心素养目标;二是教材理解要较好地达成核心素养课程目标;三是教材理解要考虑到不同层次学生的发展需求和学生未来的发展需求。

(3)教师在教材理解时,应符合学科内容标准要求。教材的编写以学科知识结构和学科内容标准为依据,教师教材理解要符合教材编写逻辑,符合学科内容标准要求。一是教材理解以达成学科内容标准为目的;二是教材理解能促进学科内容标准较好地达成;三是教材理解要具有层次性和选择性,为不同学生的进一步发展预留空间。

2.依据学生需要理解教材

依据学生需要理解教材,是指教师要基于学生认知水平、生活经验和已有经验展开教材理解,以满足学生发展需求。

(1)教师教材理解要符合学生认知水平。主要是指教师教材理解要能准确把握学生的认知水平,要能考虑不同学生认知水平的差异,能激发并超越学生的实际发展水平。

(2)教师教材理解要符合学生生活经验。学生的生活经验是教师教材理解的出发点,教师教材理解要紧密联系学生的生活经验,对教材中的素材、案例、练习、图像、活动等进行增减、替换,使之更加贴近学生的生活经验。具体包括:一是增减、替换的材料以更加贴近学生的生活经验为目的;二是增减、替换的材料更真实,更贴近学生的生活经验;三是增减、替换的材料更能反映时代特点;四是增减、替换的材料包括不同角度、不同情境、不同类型,能更好地适应学生生活经验多样性的特点;五是增减、替换的材料要适合不同的学生群体,照顾到全体学生。

（3）教师教材理解要符合学生已有经验。一是教师教材理解能够较为准确地预见学生的已有经验；二是教师教材理解有助于对学生已有经验的测查；三是教师教材理解关注对学生所欠缺经验的弥补，重视对学生已有经验的提升。

（四）物理教材理解的研究策略

1.深入研读教材，加深教材理解

（1）品读教材的课程观

研读教材时，我们需要在物理学科教学内容结构的视野下俯瞰全貌。接着，从单元、章、节的设计去品味教材整体结构设计是否满足学科知识逻辑的基本要求，以及是否含有学生中心的课程理念。教材是用于教学的材料，因此首先要关注是否符合学科逻辑；其次要遵循教的逻辑，使教材有利于教师的教。然而，教材更是学习的第一手材料，遵循学生学的逻辑，能促进学生的学是最核心的追求。对于物理学科来说，实践性是其基本特征。物理实验作为物理课程的核心内容，需要教师去品读教材是如何凸显实验的教学地位，如何实现与物理知识的有机融合，以及如何促进学生有效学习的。

（2）品读教材的育人功能

物理课程的育人目标是在物理课程中实现"物理观念""科学思维""科学探究""科学态度与责任"四个方面的育人功能，让学生形成必备品格和关键能力。物理教材一定是符合物理学科课程标准育人要求的。教师品读教材，一定要深入思考教材的哪些部分、哪些内容显性或隐性地体现了育人功能，如何设计和处理这些部分和内容才能有效促进学生物理学科核心素养的达成。也就是说不仅要知道学什么，还要知道为什么要学、应该怎么学等，要从核心素养培养的视角审视这些内容要求及学业质量要求，从而引导教学方式的变革。凸显教材育人功能的内容设计、实验设计或栏目设计等应贯穿于全教材。教师要解读、分析和提炼这些内容，让学生不仅只会记住一些概念、公式或者解题，而且能通过物理内容的学习，形成基本的物理观念，提高自身的科学思维能力和科学探究能力，养成科学态度与社会责任意识。

（3）品读教材的教学逻辑

物理学知识来源于人类对自然世界的认识和探索。专家们在编写物理教材时，不仅注重物理知识的生产逻辑，也重视物理知识与客观真实世界的联系。

这些逻辑是我们开展教学的基本逻辑,读懂这些逻辑是顺利开展课堂教学的前提。

首先,品读教材的情境创设。不同版本的物理教材在章节的引入部分基本设置了来源于生活实践或社会发展的物理情境,其意图是让学生基于情境发现和提出问题,激发学生思考,理解该章节物理知识的源起或知识关联的实际问题,培养学生学以致用的意识。

其次,品读教材中物理知识的生产逻辑。教材重视概念的形成(产生、内涵、外延等)和规律的探索过程中所蕴含的物理思想和方法,引导学生不仅关注物理概念、公式、定理、定律等内容,更重要的是关注概念公式的形成过程、定理和定律的探究推导过程,并重点突出其中的物理思想和方法,以助力学生在完成教材阅读后能初步理解该章节知识和所涉及的思想方法。

再次,品读教材STSE理念渗透。不同版本的教材都有意识地增加了物理学发展史的篇幅供学生阅读,以潜移默化地渗透科学研究的思想方法和实事求是、坚持不懈的科学态度,更设有展现物理知识在生产生活及前沿科技中应用的阅读专栏,更加注重介绍我国科学技术成就,以助力学生感受科技的力量、激发学习兴趣、形成正确的科学价值观、厚植爱国情怀。

总之,品读教材的教学逻辑就是要详细了解教材内容编排和呈现方式的结构性和逻辑性。我们要思考教材这样编排的原因是什么;它是否遵循学生的认知特点,符合教学规律,更有利于教师的教和学生的学;教材在编排内容难点的时候,是如何采用分段引入、分解难点、降低台阶、逐步到位的做法来化解难点,引导学生逐级进阶学习的;教材在习题的编排上是否遵循了由易到难的顺序;教材习题有哪些题目关注学生基于真实情境解决问题;教材的习题对于学生核心素养的提升有何帮助。

(4)品读教材栏目设置

为了让学生能通过教材阅读提高学习兴趣和掌握学习方法,不同版本的教材不仅结构合理、逻辑严密,而且设置了丰富多彩的栏目并配有大量的插图。如鲁科版高中物理教材设置了本章学业要求、素养提升、实验与探究、迷你实验室、DIS实验室、方法点拨、策略提炼、拓展一步、物理聊吧、科学书屋等栏目(表6-1-1)。这些栏目多方位多角度地呈现知识产生过程,不同栏目设置有着相应的针对性。教师要通过教材研读深入领会编写意图,以便在课程设计时将其更好地体现到教学实践中,更好地发挥教材的育人价值和功能。

表6-1-1　鲁科版高中物理教材栏目设置

栏目	内容	栏目编写意图
本章学业要求	本章内容的核心素养表现相关描述	了解本章的学习目标
素养提升	相关知识中涉及的核心素养	了解为什么要学习相关内容
实验与探究	规范的学生实验	让学生理解实验既是物理学习的重要内容,也是研究和学习物理的重要方法,领会通过实验探究物理现象背后的物理规律,养成科学态度
迷你实验室	趣味纷呈的小实验	激发探究热情和兴趣,培养学生的动手能力
DIS实验室	应用探究实验	学习现代技术在科学研究中的应用
方法点拨	由具体事例提炼的科学研究方法和思想	启发学生科学思维,提高学生提出问题和解决问题的能力
策略提炼	由例题提炼的解决问题的方法	重点引导学生学习解决物理问题的思想和策略
拓展一步	基本学业要求基础上的拓展	满足不同学习能力学生的学习拓展需求
物理聊吧	以问题讨论的形式设置一些与本节课重点内容紧密相关的问题或辩题	引导学生积极主动思考和交流讨论,进行思维的碰撞,共同探讨问题的答案
科学书屋	提供拓宽学生视野的科技信息	引导学生关注物理与实际生活的紧密联系,从物理走向生活和生产,关注物理对社会进步和发展的影响,对学生进行学科情感、价值观教育和人文素养的渗透,帮助他们理解物理学科的文化内涵
节、章、单元练习	习题	让学生复习巩固和反思评估学习情况

2.加强培训教研,提升教材素养

教师的教材素养体现在他们是否具有正确认识教材的基本观念和创造性处理教材的基本能力。教材并非教学内容,教师的教学也非教教材,而是用教材来教学。教师将教材内容转化为教学内容的能力是教师教材素养的关键成分。那么,如何提升教师的教材素养呢?有学者基于对中小学教师教材素养进行了调查,对教师的教材观、教材知识、教材能力现状以及影响教师教材素养的主要原因进行了实证研究,提出了提升教师教材素养的建议:

(1)增强教材专项培训,提升教师教材素养。教师专业能力的提升是提高教育质量的重要保证,而教师培训则是提升教师专业能力的重要途径。在教师培训中,针对教材的专项培训有待进一步加强。首先,要让教师形成正确的教材观,使他们充分认识到教材的地位和作用;其次,要针对性地加强教材本体知识的培训,让教师熟悉教材的内容和结构,从而提升他们的教材使用能力;最后,要结合教学实践,丰富培训形式,让教师身临其境地参加学习,感受教材整合和实践的效果。

(2)促进教研组内的教研活动,开展有效的教材研究合作。教研组不仅是教师专业能力增进的重要舞台,也是教师形成专业归属感和学科崇拜感的发源地。教研组的有效合作对提升教师对教材的认识和整合能力有很大帮助。因此,应充分利用教研组,通过加强组内教材研究,促进教研组成员间的沟通和交流。这种交流可以涉及对教材的看法、各版本教材的差异以及如何将教材转化为教学方法等。交流越多,产生的思考必然也越多,从而有效提升教师的教材素养。[①]

三 加强物理考试评价体系的研究

2019年,教育部考试中心发布了《中国高考评价体系》,作为未来指导高考内容改革和命题工作的纲领性文件,其确立了"一核四层四翼"的理论体系框架(见图6-1-1)。"一核"是高考考查目的的"立德树人、服务选才、引导教学",解决的是高考为什么考的问题;"四层"是高考考查内容的"核心价值、学科素养、关键能力、必备知识",解决的是高考考什么的问题;"四翼"是高考考查要求的"基础性、综合性、应用性、创新性",解决的是高考怎么考的问题;高考评价体系为各学科深化考试内容改革指明了方向、明确了实施路径,为考试命题评价工作明确了具体的要求和目标方向。

---

① 丁浩然,刘学智.中小学教师教材素养:现状与进路[J].四川师范大学学报(社会科学版),2021(1):114—121.

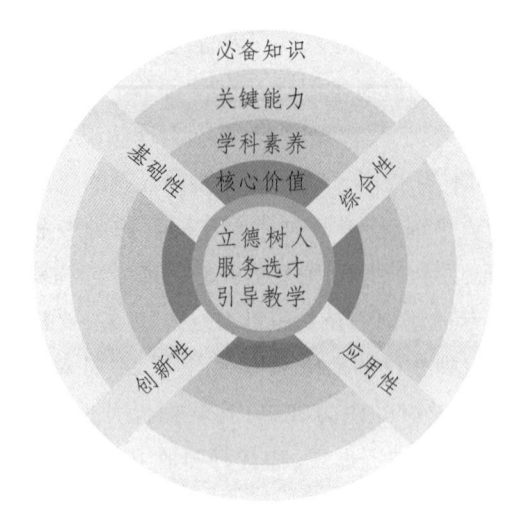

图6-1-1 "一核四层四翼"高考评价体系结构图

(一)研究高考评价体系的意义

(1)指导教学方向:高考评价体系是教育教学的指挥棒,它决定了教师应该注重哪些方面的教学,从而指导教学方向,保证教考一致性。

(2)增强教学针对性:高考评价体系明确了考试内容和要求,这使得教师能够更有针对性地开展教学,提高教学效果和学生的学习成果。

(3)促进教师教学改进:高考评价体系强调对学生全面发展的要求,这促使教师不断改进教学方法,注重学生的综合素质培养,促进学生发展。

(4)推动教育改革:高考评价体系的改革往往伴随着教育改革的推进,研究高考评价体系有助于教师了解教育改革的方向和要求,从而更好地适应和推动教育改革。

(二)高考评价体系的研究内容

1.研究物理学科高考改革的方向[①]

(1)明确物理学科高考的功能定位

根据高考评价体系"立德树人、服务选才、引导教学"这一高考核心功能,结合物理学科的特点,物理学科高考的功能定位有以下三个方面:

---

① 程力,李勇.基于高考评价体系的物理科考试内容改革实施路径[J].中国考试,2019(12):38-44.

首先，落实立德树人根本任务。通过加强物理学科核心素养的考查，利用物理学科考试推动学生在"物理观念、科学思维、科学探究、科学态度与责任"四个方面的发展，充分发挥物理学科独特的育人价值。

其次，物理学科的考试内容不仅需要考查学生的学科基础知识和技能、学科思想和方法，更重要的是要考查学生的综合素质，以更好地服务于人才选拔。试题主要通过创设有价值有意义的真实问题情境，考查学生解决问题的能力和水平，为高校选拔符合要求的人才提供依据。

最后，物理学科高考是高中物理教学的指挥棒，可以说高考的方向决定了高中物理教学的方向。作为学习评价方式的物理学科考试，是物理教育的有机组成部分。承载核心素养考查要求的考试并非最终目的，而是引导高中物理教学走向素养培养，探索发展学生素养的方法和策略。

(2)明确物理学科高考的考查内容

《普通高等学校本科专业类教学质量国家标准·物理学类教育质量国家标准》明确提出：物理学专业所培养的本科人才应具备良好的数学基础和数值计算能力，掌握物理学的基本理论、基本知识和基本技能；接受科学思维和物理学研究方法的训练，具有良好的科学精神、科学素养、科学作风和创新意识；具备一定的独立获取知识的能力、实践能力、研究能力或新技术开发能力。该标准还从思想政治和德育、知识能力和素质、体育等方面提出人才培养的基本要求。[1]根据此标准，参考高校人才培养目标，对物理学科高考的"四层"可理解为：

①核心价值：物理学科高考的核心价值是落实立德树人，发挥物理学科的育人价值。通过考查面对真实情境问题时表现出来的正确价值观念和科学态度（即必备品格），引导学生正确认识物理学与社会发展、人类文明的关系，培养学生的家国情怀，拓宽学生科技视野，提高学生对科学的兴趣和培养学生科学态度和责任。

②学科素养：高考评价体系的学科素养包括学习掌握（信息获取、理解掌握、知识整合）、实践探索（研究探索、操作运用、语言表达）、思维方法（科学思维、人文思维、创新思维）。如图6-1-2所示。

---

[1] 教育部高等学校教学指导委员会.普通高等学校本科专业类教学质量国家标准：上册[M].北京：高等教育出版社,2018:114.

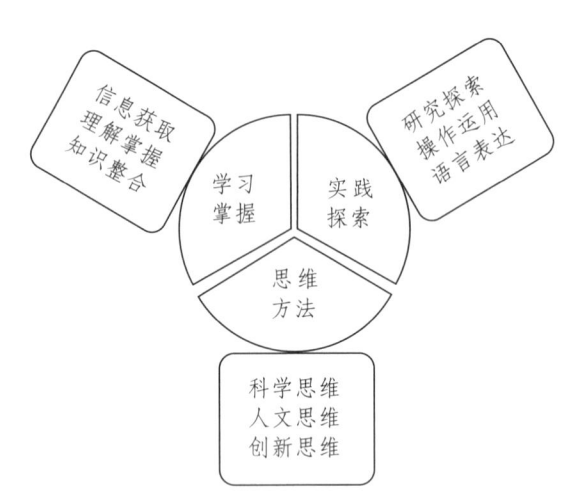

图6-1-2 学科素养指标体系

将高考评价体系的学科素养指标在物理学科中具体化,可以理解为:"学习掌握"对应"物理观念";"思维方法"对应"科学思维";"实践探索"对应"科学探究"。通过考查物理知识在真实情境中的应用考查素养,以更好地促进学生素养的养成和发展。

③关键能力:高考评价体系中的关键能力,是指即将进入高等学校的学习者在面对与学科相关的生活实践或学习探索问题情境时,高质量地认识问题、分析问题、解决问题所必须具备的能力。在《2019年普通高等学校招生全国统一考试大纲(理科)》中规定物理学科的关键能力为理解能力、推理能力、实验能力、分析综合能力和应用数学处理物理问题的能力。参考高考评价体系的关键能力群,物理学科考试提出了关键能力为理解能力、推理论证能力、模型建构能力、实验探究能力、创新能力等五种,其中:理解能力属于知识获取能力群,推理论证能力、模型建构能力和创新能力属于思维认知能力群,实验探究能力属于实践操作能力群。

④必备知识:物理学科的知识包括物理学的事实、概念、规律和方法。为了确保考试对教学的引导作用以及教、学、考的一致性,物理学科考试的必备知识包括课程标准规定的选修和选择性必修内容。必备知识是考试的基本要素,也是关键能力和学科素养考查的载体。通过考查必备知识在真实情境中的迁移应用,可以考查学生的能力和素养,从而促进学生对必备知识的掌握和灵活迁移应用,使必备知识成为活性知识。

(3)明确物理学科高考的考查要求

普通高中物理课程标准中制定了学业质量水平,并明确指出学业质量水平是高等院校招生录取的学业水平等级性考试的依据。以此为依据,对物理学科高考的"四翼"可理解为:

①基础性:从物理知识的角度看,加强物理学的基本概念、基本规律的考查,引导学生夯实学科基础知识;从方法的角度看,注重在基础知识的考查中渗透基本科学方法的考查,引导学生重视科学方法的理解掌握;从实验能力的角度看,重视基本实验技能的考查,激发学生对实验的兴趣,引导学生掌握基本的实验方法,提高学生做实验的能力。

②综合性:立足于物理学科知识的横纵联系,考查学生综合运用物理知识解决实际问题的能力。综合性不仅指考查知识内容的综合,更重要的是考查学生的理解能力、推理论证能力、模型建构能力、实验探究能力和创新能力等能力、素养的综合。引导学生融会贯通,促进学生认知的结构化和系统化。

③应用性:应用性考查是指结合物理学科紧密联系生产生活实际、科技进步的特点,在考试中通过设置真实问题情境,考查学生模型建构、灵活应用物理知识解决实际问题的能力。引导学生在学习过程中关注身边的物理问题与科技进步、社会发展的联系,体会物理学的应用价值,培养学生学以致用的意识和能力。

④创新性:创新性考查主要是指通过增加试题的开放性和探究性,考查学生面临实际陌生问题时创造性设计实验和解决问题的能力。引导学生在学习过程中养成从不同角度分析和思考问题的习惯,培养学生善于质疑、提出创造性思路和见解的意识,提高学生的创新创造能力。

(4)明确物理学科高考的考查载体

高考评价体系中的"四层"考查内容和"四翼"考查要求,是通过情境与情境活动两类载体实现的,即通过选取适宜的素材,再现学科理论产生的场景,或是呈现现实中的问题情境,让学生在真实的背景下发挥核心价值的引领作用,运用必备知识和关键能力解决实际问题,全面综合展现学科素养水平。

试题情境是运用文字、数据、图表等,围绕一定主题加以设置的,为呈现解题信息、设计问题任务、达成测评目标而提供的载体。物理试题情境是承接物理学科"四层"考查内容、体现物理学科"四翼"考查要求的载体。结合学科考试实际,物理学科试题情境可分为生活实践问题情境和学习探索问题情境两大类,如表6-1-2所示。

表6-1-2 物理学科试题情境分类

	学习探索类问题情境	生活实践类问题情境
情境内容	1.物理学史问题情境。通过考查学生对物理概念和规律的产生和发展过程、物理学家探索发现物理概念和规律的过程和研究方法等内容的了解,鉴别考生掌握物理概念和规律的程度,反映考生的科学素养水平。 2.课程标准和教材中的典型问题情境,引导教学遵循课程标准,回归课堂、教材。 3.科学探究的问题情境,培养学生的科学探究能力。	1.大自然中与物理相关的现象,如彩虹、日食等。 2.与生产生活紧密联系的物理问题,如与体育运动(乒乓球、篮球、滑雪)相关的情境等。 3.科技前沿相关问题情境,如国家重大科技工程(载人航天与探月工程、大飞机、北斗导航系统)等。

2.研究物理学科高考试题

物理教师研究高考试题,有助于他们把握高考的方向、特点、形式和难度,从而制订合理的备考策略,提高复习效率。同时,高考试题研究也是物理教师提高研究能力和专业素养的途径。物理教师可以从以下几个方面开展高考试题研究。

(1)试题分析

试题分析是高考试题研究的基础。物理教师需要对历年高考试题进行深入分析,抽丝剥茧,揭示出题规律,包括试题的难度、知识点分布、题型设计等方面。通过分析,教师可以了解试题的命题规律和趋势,从而有针对性地调整教学策略。

(2)考点研究

考点研究是针对物理学科的核心知识点进行的深入研究。分析历年高考试题,重点关注出现频率较高的知识点和经典考题,了解每个知识点在高考中的考查方式和变化,以便在教学中加强相关内容的复习和巩固,使教学更有针对性。另外,教师可以整理历年试题,编制一本高频知识点手册,列出每个知识点在高考中的考查情况,并附上详细解析。

(3)解题方法研究

解题方法研究是通过对典型试题的解题方法进行深入研究,总结规律,提炼解题技巧。物理教师需要对历年高考物理试题的解题方法进行归纳和总结,提炼出一些通用的解题技巧和方法,提高学生的解题能力和应试水平。例如,一些实验试题强调对实验数据的分析,教师可以设计相关实验让学生熟悉并掌握相关分析技巧。

(4)考试评价研究

考试评价研究是对高考试卷进行评价分析,包括试卷的整体结构、难易度、区分度等方面。物理教师需要对历年高考物理试题进行评价分析,了解试卷的命题特点、难度和区分度等信息,为教学提供参考和改进方向。

第二节 重视物理教师课程能力的培养

有研究指出:"课程实施是一个伴随课程改革始终的研究话题。"[1] 学校的课堂教学是实现基础教育课程改革目标的主阵地,当基础教育课程改革进入实践阶段后,教师的课程能力对于核心素养培养目标能否在课堂教学中达成至关重要。从这一点来说,教师的课程能力是改革成败的关键。因此,重视教师课程能力的培养显得尤为重要。

一 教师课程能力的理解

教师的课程能力不是传统教学理解中教师的教学能力。东北师范大学于海波教授在他的研究中指出:"教师的教学能力主要指的是,对既定课程客观阐释、忠实传递的能力。而课程实施能力则不然,课程实施能力提出的背景是向教师赋权,在课程标准的框架下教师拥有对课程进行选择、研究、开发和整合的权利。相应地,课程实施能力在结构上包括个人课程理解能力、设计能力、执行能力和反思能力,以往的教学能力只是课程实施能力的一部分内容。"[2]

(一)课程理解能力

课程理解是课程实施的基础和前提,是课程实施的第一步。课程理解的深度、广度决定了教师的课程活动水平和质量。教师对课程的理解是教师对课程基本内容的剖析、对课程背后基本假设的挖掘以及结合个人经验对课程的生发过程。这不仅是对课程内容的了解,更是对课程的价值取向、主要目标、组成结

---

[1] 马云鹏,金轩竹,白颖颖.新中国课程实施70年回顾与展望[J].课程·教材·教法,2019(10):52-60.
[2] 于海波.教师课程实施能力研究[J].当代教育科学,2011(12):13-16.

构、基本风格、逻辑线索、适用对象、教学方式等多个方面的深刻领悟。这需要教师具备足够的知识储备,包括学科知识、教学知识和课程知识等。这些知识储备是教师分析和理解新课程的基础,新课程知识经过"同化"和"顺应"进入教师原有的认知结构中,实现新课程知识的内化和理解。提升教师的课程理解能力有助于教师从核心素养的视角准确地把握学科育人价值、学科教学的基本特征和基本逻辑等,是教师顺利开展课程教学改革的前提。

(二)课程设计能力

课程设计是课程实施的行动路线。它包括制定课程目标、设计实施方案、分析处理教材、安排教学形式、开发整合教学资源、形成课程特色等多个方面的能力。在确定课程目标时,教师需要根据课程标准和内容设定目标,并确保这些目标符合学生水平。设计实施方案涉及将整个课程划分为合理的部分,确保教学过程有序而流畅。分析处理教材需要教师基于学科知识体系和学生知识基础,选择适合学生理解和掌握的内容。安排教学形式需要考虑学生的学习方式,选择适合的教学方法和手段。开发整合教学资源需要教师针对教学内容和学习方式,整合不同的教学资源。形成课程特色则需要在课程设计中体现出教师个性和创新。课程设计是整合教育理论和教学经验,并将其转化为教学实践的中间过程,是课程活动具体展开的起始环节。提升课程设计能力需要教师不断更新教学理念,拓展知识领域,积累丰富的教学经验,并注重创新和个性化。

(三)课程执行能力

课程执行是课程实施的效果依托。它是教师将课程设计付诸实践的核心能力,主要体现在展开教学活动的过程中,教师对课程的监控、评价和调整。课程执行需要教师创设丰富的教学情境、灵活采用多样化的教学方法和手段、引导学生积极主动地自主建构,需要教师关注预设课程与生成课程、整体关照与个体关注、个人活动和互动交流,需要教师综合各种因素、采取相应的调整措施,以优化课程实施。教师的知识储备量、思维敏锐性、教学机智和经验对课程执行效果有重要的影响。良好的课程执行能力是教师理论知识与实践经验、理论思维与实践智慧完美结合的体现。

(四)课程反思能力

课程反思是课程实施的改进潜力。它是教师有意识地对课程实施过程的再现、思考和分析,包括对课程实施价值的反思、课程实施行为的反思以及课程实施改进的反思。反思内容包括:是否充分挖掘了课程内容育人价值并实现了具体的转化;教学行为是否符合教学理念,是否有助于课程育人价值的实现;课程实施方案设计是否合理,能否保证课程的顺利实施;等等。课程反思不是对课程实施过程的简单回顾,而是对课程实施的改进潜力进行充分挖掘,也可以说是对课程实施的理性质疑和建设性批判。对课程实施的不断反思,不仅可以提升课程实施质量,同时也能不断提升教师的课程反思能力。

二 物理教师课程能力的培养

教师的课程能力是一种综合能力,影响其发展的因素很多。发展和培养教师的课程能力,必须基于教师所处的现实环境,激发教师发展的内驱力,关注知识结构优化与能力提升的关系,重视个人实践和团队协作在教师课程能力提升方面的关系。丰富和完善教师课程知识、构建协同发展的合作共同体是发展教师课程实施能力的有效途径。

(一)丰富和完善教师课程知识

教师课程实施能力的高低取决于教师知识结构、理论素养和实践智慧。其中知识结构是教师课程能力的基础。那么,教师课程知识从何而来?东北师范大学于海波教授关于什么是课程知识以及如何提升课程知识的观点如下。

影响教师课程实施能力水平最重要的知识包括教师的学科知识、教学知识和课程知识三个部分。其中,课程知识是实践中最容易被忽视,也是对教师课程实施能力发展至关重要的部分。课程知识几乎成了教师课程实施能力提升的"短板",有必要给予格外的关注。教师的课程知识包括四个方面的内容:一是对课程发展趋势的认知、对课程核心理念的理解、对课程实施现状的了解;二是对课程标准文本的认识、对教科书设计意图的领会、对不同版本教科书异同的掌握;三是对课程隐含的教学观念的领会、对新课程教学行为特点的把握、对有关个人课程设计与开发知识的理解和运用;四是教师对个人课程知识进行客观评价、反思的知识,以及有关个人课程知识提升的策略、方法、途径的知识。教师课程知识的培养和提高应注意两点:一是,要通过理论学习、案例分析鼓励其亲近课程理论知识;二是,要鼓励教师在实践中学习、反思,在学习、反思中实践,实现"学思行合一"。①

一般来说,教师在入职前的课程知识主要是通过大学所开设的课程学得,教师入职后课程知识的主要来源是继续学习、课程参与、教学经验与反思,以及同伴分享等。周淑卿在她的研究中也得到类似的结论。"具有较充分课程专业知识的教师认为,职前教育并未培养其充分的课程知能,其知识成长的助力主要来自任教阶段的四个因素:1.课程设计与研究的参与经验。2.志同道合伙伴的共同合作与相互激励。3.实务经验的反思与智慧累积。4.教育专业理论的持续充实。②"因此,物理教师可以从以下两方面来丰富和完善自己的课程知识。

1.研读教育理论专著,丰富和完善课程理论知识

国内外的教育理论专著是教育领域的经典之作,它们包含了丰富的教育思想和方法。物理教师通过研读这些专著,可以深入了解和掌握各种教育理论和教学基本原理。我国的物理学科教育理论已形成了丰富的理论体系。在新一轮课程改革背景下,物理教师应从核心素养的视角对这些教育理论进行学习和审视。

物理学科的发展史中包含着物理观念的形成史、物理学科的思想史和方法论、物理学科科学本质,物理学与社会发展、科技进步以及人类文明的关系等丰富的育人内容。这些对于提高物理教师的专业理论素养和课程能力具有重要的意义。

物理教育理论专著通常也会介绍一些成功的物理教学案例和经验,这对于物理教师来说是非常有价值的参考。通过学习这些案例和经验,教师可以更好地了解如何在实际教学中运用物理教育理论和教学基本原理,从而提高教学效果,更好地促进学生发展。

---

① 于海波.教师课程实施能力研究[J].当代教育科学,2011(12):13-16.
② 周淑卿.课程发展与教师专业[M].兰州:甘肃文化出版社,2005:27.

2.不断反思课程实践,丰富和完善课程实践知识

教师课程反思的内容包含课程理念、课程内容和结构以及课程实践等。课程实践反思是课程反思的重点,它既是课程反思的出发点,也是课程反思的着力点。教师可以通过审视自身或观看他人的教学实践案例(含视频),关联自身教学实践经验系统,关注、分析和思考课程现象、课程问题、课程规律。通过这样的课程实践反思带动对课程理念、课程内容和课程结构的全面反思,并在反思的基础上形成自己独特的课程理解。随着课程反思的不断深入,教师自然地丰富了自己对物理教学的理解。这种理解会自发自觉地反馈作用于自身的教学实践,帮助教师查找自身课程实施能力的不足,并不断地调整、改进和创新。可见,课程实践反思是教师提升课程意识水平,丰富和完善课程实践知识的有效途径。

(二)构建协同发展的合作共同体

伴随着多轮课程改革的进行,越来越多的教师意识到专业发展的重要性,通过合作共同体合作共享、共同研究、共同反思等方式来促进专业发展,已成为当前教育管理者和一线教师的共识。钟启泉教授就曾指出:"教师的实践思维与其说是一个人的创造,毋宁说是每一个教师在其所在的学校文化中与同僚教师一道分享、一道形成的。"[1]由此可见,构建协同发展的合作共同体,是培养和提升教师课程能力的重要策略。

1.构建学习型教研组文化,发展教师课程实施能力

学科教研组是学校合作共同体的最基本形式,主要通过以教研组为载体组织的集体性听课、评课或听讲座等教研活动来提升教师专业能力。以教研组为载体组成合作研究的共同体,以教学实践过程中的问题为研究对象,充分发挥教研组内专家或骨干教师的带领作用和同学科教师的集体智慧,开展具体、持续的校本教育教学实践研究,形成独特的教师通力合作的教研组文化。教研组合作研究的问题多为教育教学实践中的实际问题,即课程实施的实际问题,具有很强的针对性。有研究者认为:教研组是学校教育创新的核心和教师专业成

---

[1] 钟启泉.教学实践模式与教师的实践思维——兼评"特殊教学认识论"[J].教育研究,2012(10):108-114.

长的摇篮。在这里,教师们共同探讨如何更好地贯彻教育理念,分享成功经验并面对挑战,实现学生能力的全面发展和激发学习兴趣。教研组所形成的积极向上的文化氛围,激励着教师们不断追求教育的卓越,勇于创新和探索。因此,在不断推进课程改革的实践中,学校越来越重视学习型教研组的建设与发展。将"学习、教学、研究"有机融合(如图6-2-1),促进教师在教学中学习、在学习中教学、在教学中研究、在研究中教学、在研究中学习、在学习中研究,构建协同成长的专业学习体系,将是教研组建设的重要任务。华中师范大学陈娜提出,学习型教研组建设的特征有:①以共同愿景与创造性张力为内在动力;②以个体与集体的互依共生为发展机制;③以异质性的对话协商为发展样态;④以认同感的自主生成为价值追求。她还提出,学习型教研组建设的价值为:①促进知识共享,实现教师视界融合;②促进对话协商,修炼教师教学机智;③促进专业成长,唤醒教师发展潜能;④促进生命圆满,完善教师教育生命。[1]这里强调的知识与视界、动力与追求、教学对话与机智,都是教师课程能力的关键要素。

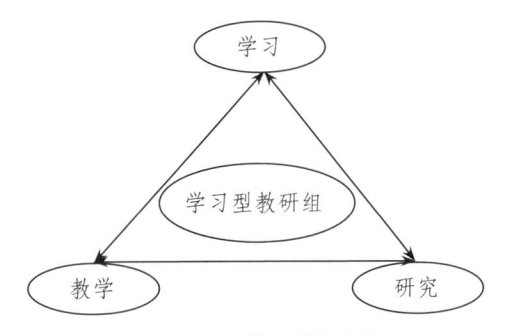

图6-2-1　学习型教研组

2.依托各级名师工作室,提升教师课程实施能力

发展教师课程实施能力,其实质就是要求教师开展课程实施研究,做一名研究型教师,实现"教师即课程"的理念。有研究者曾经指出:"在当前,中小学教师在教育科研方面遇到的较为突出的问题是教育理论和专业理论以及教育科研方法方面的不足,尤其是教育理论素养相对比较薄弱。虽然中小学教师可以通过自学、在研究过程中学习等措施来弥补,而教师忙于教育教学,很少有时间和精力投入系统的理论学习。即使进行在职培训也需要很长时间的学习和适应。虽然不反对'摸着石头过河'的探索精神,但如果能得到理论界学者、专

---

[1] 陈娜.学习型教研组建设的理论渊源、特征及价值研究[J].现代教育科学,2018(1):12-16.

家的指导就会在较短的时间内提高自己的理论水平,减少行动的盲目性,避免实践中的低效现象。"[①]只有将专家的专业引领,同伴互助合作研究,以及教师的个人自主研修有机结合起来,才能更加快速有效地提升教师课程实施能力,而名师工作室就是这样一个很好的载体。

区域名师工作室通常由区域内具有专业影响力的多位名师担任领衔人和核心成员,带领区域内经过一定标准选拔的一批具有共同成长愿景和专业追求的优秀骨干教师、优秀年轻教师,共同构建一个协同发展的合作共同体。名师工作室拥有明确的教学主张,并围绕教学主张制定合适的研修目标和任务。在理论和专家的有效指导下,采用多样化的方式和方法,有计划、有步骤地开展任务驱动式教科研实践活动。特别是针对基于教学主张的课程实施的具体课题(如教学技能、教学研究能力的提升等),开展具有实践性、情境性、反思性、开放性和整体性的研修活动。名师工作室是一个优秀的教师互动协作学习平台,也是未来名师的培养基地。在这里,教师可以充分发挥提升课程实施能力的积极性和主体性,不断发展提升自身的课程能力。

(三)提升物理教师实验教学能力

《教育部关于加强和改进中小学实验教学的意见》中指出,实验教学是国家课程方案和课程标准规定的重要教学内容,是培养创新人才的重要途径。意见还强调要加强实验教学的研究与探索,提高教师实验教学能力。物理是以实验为基础的学科,物理实验作为物理教学的重要内容和学习物理知识的重要方法,不仅是对物理理论知识的验证,更是培养学生科学素养、实践能力和创新思维的重要途径。因此,提升物理教师实验教学能力,是提升物理教师课程能力的重要方面。如何提升物理教师实验教学能力?

首先,要强化对物理实验教学育人价值的理解,更新实验教学观念,激发教师提升实验教学能力的主动性和自觉性。

其次,要拓宽实验技能的提升路径,促进教师不断提升自身的实验技能。物理教师的实验技能是物理教师实验教学能力的基础。要通过物理实验的研究加强物理教师实验相关知识的储备;要通过物理实验技能的专项培训和比赛激发教师的实验创新热情;要通过优化物理实验考试的评价方式引导物理教师

---

① 王艳霞.教师成为研究者——基于一所中学的个案研究[M].北京:北京师范大学出版社,2011:316.

加强实验教学方式的变革,探索实验教学的新模式、新方法。

最后,要构建物理实验教学的合作与分享平台,促进教师之间的实验教学经验交流。教师之间的实验教学经验分享,是提升物理教师实验教学能力的有效途径。

第三节 深化物理教学与信息技术的融合

教育部2018年4月颁布的《教育信息化2.0行动计划》明确提出要持续推动信息技术与教育深度融合，促进信息技术和智能技术深度融入教育全过程，推动改进教学；全面提升师生信息素养，推动从技术应用向能力素质拓展，让应用信息技术解决教学、学习、生活中问题的能力成为必备的基本素质。信息技术融合是指将现代信息技术融入教育教学过程，充分发挥其在教学中的优势，以提高教学效果和培养学生的综合素质。普通高中物理课程标准的课程实施部分提出要"积极探索信息技术与物理教学的深度融合"。融合是为了让技术更好地服务于教学，提高物理教学水平和学习效果，促进学生的全面发展。

一、物理教学中信息技术融合的意义

（一）有助于丰富物理课程教学资源

信息技术可以为学生提供更加丰富的学习资源。随着信息技术的发展，教师可以利用网络平台、多媒体课件等手段，为学生提供形式多样、内容丰富的学习资源。这些资源不仅有助于吸引学生的注意力，还能够激发他们的学习兴趣，使他们更愿意参与到教学过程中来。

数字媒体资源是物理学习的重要课程资源。一方面要通过各类丰富的资源平台收集并整理数字媒体资源等材料，另一方面要有效利用信息技术手段，积极开发适合学生课堂学习与课后学习的数字媒体课程资源。

信息技术在模拟物理实验方面的发展日新月异，为学生们提供了更为直观、真实的实验环境。借助计算机模拟技术，学生们可以在虚拟实验室中进行各种实验。这些虚拟实验不仅具有较高的真实性，还能够让学生在安全的环境中进行实验，降低实验成本。

(二)有助于创设多样化课堂教学方式

过去,教师主要依靠课本和黑板进行教学,信息传递方式单一,学生容易产生厌倦感。技术手段的进步使我们可以方便地通过动画、视频、模拟实验等形式,将抽象的物理现象直观地展示给学生。信息技术改变了教学内容的呈现方式,使物理教学更加生动有趣,有利于帮助学生更好地理解物理规律,提高教学有效性。

信息技术与物理实验的融合使物理实验的效果大幅提升。一方面,网络上提供了丰富的虚拟仿真实验平台,借助虚拟仿真实验使问题情境得以呈现,提高教学的可视化程度;另一方面,DIS数字化传感器得到了更广泛的应用,基于DIS数字化实验操作系统与传统物理实验深度融合,众多的数字化物理创新实验设计以及实验教具、学具不断涌现。这些资源的利用在解决物理实验的"现象可视化""精准的定量测量"和"数据的实时记录、处理和展示(包含作图)"等过去传统实验的痛点、难点方面取得了明显成效,大大提高了物理实验的教学效果。

(三)为学生提供多元化学习体验

课程标准在教学建议部分强调了信息技术的应用,并提倡将信息技术与物理学习紧密结合。为此,教师应设计各种学习活动,使学生能够利用信息技术提升物理学习能力。信息技术不仅为学生提供了丰富的学习资源,还使他们在学习过程中融合现代信息技术的硬件和软件,享受到自主个性化学习和网上合作交流学习等多样化学习方式,从而获得多元的学习体验。这种学习方式将被动接受知识的过程转变为主动的研究过程,有助于深度学习的发生,同时也能培养学生的实验探究能力和科学思维能力。

1.引导学生进行自主学习

信息技术工具可以为学生的自主学习提供支持。教师可以利用信息技术工具轻松地创建和整合各类学习资源,如视频、音频、图片和文献等。这些资源可以根据学生的学习进度、兴趣和能力进行个性化调整,从而激发学生的学习兴趣和主动性。此外,教师还可以通过设置在线讨论区、布置开放式作业等方式,引导学生积极参与学习过程。同时,学生也可以自主利用具有互动学习功能的网络学习资源,掌握学习方法,提升学习效果。

2.引导学生进行个性化学习

在传统教学中,教师往往无法实时掌握学生的学习情况,也无法针对个体差异进行有针对性的辅导。而利用信息技术,教师可以实时收集学生的学习数据,了解他们的学习进度、困难所在等,从而有针对性地进行辅导。信息技术工具可以轻松地收集学生学习过程中的各种数据,如学习进度、学习时长、答题正确率等。通过大数据分析学生的学习情况,利用智能推送的方式为学生制订学习计划和推送个性化学习资源,更好地满足不同学生的学习需求,从而提高学生的学习效果。

3.有助于突破学习的时空限制

传统的教育模式受到时间和地点的限制,而信息技术则可以打破这些束缚,让学生在课堂之外也能高效地学习。首先,随着信息技术的发展,学生可以通过网络课程、在线学习平台等,随时随地进行学习。其次,学习信息技术打破了学生与同伴、教师之间的时空壁垒,通过网络学习平台、在线讨论区等途径,学生在学习过程中可以随时与同伴分享心得、讨论问题,同时也能向教师请教,获得实时解答。最后,虚拟实验技术让学生能够随时随地进行学习,并按需选择实验,在任何时间、任何地点进行实验。

(四)有助于开展多元化的教学评价

随着信息技术手段的不断进步,学生学习过程中的多维度评价数据采集和分析成为现实。一方面,信息技术工具可以轻松创建在线测试、作业或作品提交等,收集学生的学习成果,对学生学习投入、学习质量等进行动态化分析。通过大量过程数据,可以对学生的学习进行数字化画像,对学生的发展状态进行动态表征,将学生学习发展规律显性化,实现对学生发展水平的增值性评价。另一方面,教师、家长、同伴、在线智能代理等可以运用数字化评价工具进行多主体协商式评价。以数字化信息化技术为基础的多元评价方式,为推进教学评价改革,实现教学评价的过程性、结果性、增值性、客观性等提供了保障。

二 物理教学中深化信息技术融合的策略

随着大数据、互联网、人工智能等技术在教育领域应用的深化,智慧课堂、混合式教学等以网络信息技术为支撑的新的教学形态正在蓬勃发展。在物理教学实践中,我们应充分发挥信息技术的优势,实现信息技术与教育的深度融合。

(一)整合多样化信息技术融合资源

信息技术作为一种现代化的教学手段,不仅能够丰富教学内容,激发学生的学习兴趣,增强学生学习的积极性和主动性,还能够有效地提高学生的实践操作能力和创新能力。

1. 利用信息技术开展虚拟实验,拓展实验教学范围

虚拟实验作为一种新兴的信息技术,具有广泛的应用前景。教师可以利用虚拟实验软件,为学生创设一个丰富的实验环境,使学生在课堂上即可完成实验操作,提高实验效率。同时,虚拟实验还能够有效解决农村学校实验器材不足的问题,使学生能够在有限的时间内接触到更多的实验内容,拓宽知识面。

2. 搭建网络教学平台,实现资源共享与互动交流

网络教学平台作为一种新型的信息技术,可以帮助教师和学生实现远程教学、资源共享和互动交流。教师可以在平台上发布课程资料、布置作业,学生可以在线提问、讨论问题,实现实时互动。此外,网络教学平台还可以整合各类教育资源,为教师和学生提供更加丰富的学习资源。

3. 利用人工智能技术,实现个性化教学与智能辅导

人工智能技术在教育领域的应用为个性化教学提供了可能。教师可以根据学生的学习需求和特点,利用人工智能系统为学生提供个性化的学习建议和智能辅导。同时,人工智能技术还能够实时监测学生的学习进度,为教师提供调整教学策略的依据,实现教学的精准化和智能化。

(二)提高教师信息技术融合能力的策略

2018年1月《中共中央 国务院关于全面深化新时代教师队伍建设改革的意见》在目标任务中明确提出:"教师主动适应信息化、人工智能等新技术变革,积极有效开展教育教学。"以下是帮助教师提高信息技术融合能力的几条策略。

1.加强信息技术融合的专项培训

从课程教学改革入手,把教师信息技术融合素养培训融入课程改革实践,在推动教学改革深化的过程中提升教师信息素养,形成教师数字化教学能力。通过信息技术赋能的课程建设、培训模式变革和重点关注现代信息技术发展和应用的培训活动,教师可以了解新技术在物理课程实施中的应用方法。以物理教学中深化信息技术融合为专题,通过定期组织公开课、现场观摩会及出版优秀典型案例等多种方式,提升教师的信息技术能力和素养,帮助教师掌握并使用新技术改进教学,从而提高自身的信息技术融合能力。

2.注重技术融合的教学实践和反思

鼓励在实际教学中尝试运用信息技术,把数字教育资源、虚实融合教学环境、数字评价工具等融入到教学活动中,并不断反思教学效果和方法,从而不断提高教师信息技术融合能力。如以下信息技术在物理教学上的应用案例。

①使用多媒体课件:制作生动有趣的物理课件,帮助学生形象地理解抽象的物理概念,提高教学效果。②互动教学:利用课堂互动设备,如智能手环、答题器等,实时了解学生学习状况,调整教学策略。③微课教学:以微视频、微课程等形式,将物理知识点进行碎片化处理,便于学生随时随地进行学习。④虚拟实验:运用虚拟现实技术,为学生提供安全的实验环境,增强学生的实践能力。⑤网络教学:利用网络平台,开展线上物理课程,拓宽教学渠道,满足学生的个性化学习需求。⑥物理实验的数字化:运用数字化技术可以突破技术壁垒,使用传统方法难以实现的某些实验获得成功,提高实验的精度和效率。

(三)提高学生运用信息技术学习的能力

在物理学习中,学生应具备一定的信息和技术素养,并能够运用自身的信息技术能力和素养选择多样化学习方式,提高学习效果。以下是提高学生运用信息技术学习能力的一些建议。

1.发挥教师教学中信息技术融合的示范作用

首先,教师可以在课堂上示范如何使用信息技术工具,如教师以图形、动画等形式呈现物理概念,激发学生的兴趣,引导其主动学习。

其次,教师善于利用在线平台和工具,创建互动式课堂,包括投票、在线讨论和实时反馈等,增加学生参与感。

最后,使用虚拟实验室软件,让学生进行实验模拟,提高他们对物理现象的理解。

2.引导学生利用信息技术手段开展学习活动

在这个信息技术飞速发展的时代,网络化、信息化的普及为学生提供了前所未有的学习资源和便利条件。利用信息技术进行学习,将成为未来学生们的一种主要的学习方式。

(1)引导学生利用信息技术软件搜集相关数据信息,并能够进行数据分析和解释。如学生能够使用电子表格和图形绘制软件,处理和可视化表达实验数据,以便在进行数据的分析展示时更清晰地呈现实验结果。

(2)引导学生使用物理学模拟软件。学生可以学习使用科学计算软件,如MATLAB或Python,进行物理学问题的数值模拟和计算。

(3)引导学生利用在线学习平台,参与讨论、阅读电子教材和参与在线实验,拓展物理学知识。

(4)引导学生使用互联网查找和分享与物理相关的资源,如科学新闻、学术文章、视频教程等。

(5)将信息技术与物理学课程融合,设计项目或任务,让学生通过实际应用培养信息技术能力。

(6)组织物理学科的培训课外活动,如编程竞赛、科技展览等,让学生在实践中提升信息技术水平。

(7)通过小组合作,促使学生共同利用信息技术解决问题,提高团队协作能力和创新能力等。

三 物理教学中信息技术融合的案例

信息技术在教学中的融合应用,丰富了教学资源和教学手段,为教师和学生拓展了更多的学习研究途径和机会。以下是物理教学实践中深化信息技术融合的几个具体案例。

(一)深化技术融合,上出物理"味道"[①]

1."化远为近",创设真实生活情境

物理教学中,物理概念的建立、物理规律的探究、物理知识的应用都离不开情境。情境化教学是培养和发展学生核心素养的最有效的教学方式,情境来源于生产和生活,离开情境的物理教学犹如无源之水无本之木,毫无生命力可言。现代信息技术的应用将更多不可能发生在课堂的真实场景移植到课堂中,增加学生身临其境的真实体验,有利于知识经验基础的唤醒、有利于问题的提出、有利于建构知识联系进一步解决问题等。如案例1。

案例1:

如图甲,在牛顿第三定律教学中播放水上飞人的视频,有助于学生建立作用力与反作用力普遍性的认识并进行进一步的类比联想(火箭发射、喷气式飞机等);如图乙,在静电屏蔽教学中播放闪电击中飞机的视频,有利于学生提出和思考为什么飞机中的人安然无恙的问题;如图丙,火车脱轨的新闻报道视频,有利于学生思考为什么火车转弯超过一定的速度会脱轨,安全速度是多少等问题;如图丁,学生将绳子绑在树上拉车的视频,有利于学生用相关知识解决实际问题。

甲 水上飞人

乙 雷电击中飞机瞬间

丙 转弯脱轨的火车

丁 单人拉汽车

[①] 刘明.深化技术融合上出"物理味道"[J].中学物理,2021(15):62-64.

2."化静为动",演绎知识建构过程

学习过程是对知识的丰富理解和意义建构的过程,更是学生行为、思维、情感都积极参与知识发生发展的过程。在物理课堂教学中,合理应用简单的动画技术重建并演绎物理规律形成过程,让学生经历物理知识的发生和生长过程,经历重演知识形成的关键步骤和思维过程,揭示并感受物理知识发生的原因、物理知识形成的经过,以及物理知识发展的方向,促进知识的自主建构,有助于学生物理观念的建立、科学思维的发展和科学精神的养成,提升物理核心素养。如案例2、案例3。

案例2：

在电场线教学中,根据电场强度矢量叠加原理,在PPT中利用动画动态展现电场分布建立的思维过程,让学生在经历和体验中完成电场分布的自主建构。

案例3：

如图所示,研究从圆形磁场区域a点不同方向入射的粒子,所能到达磁场边界的范围问题,利用动画演示粒子速度方向改变时粒子运动轨迹(图中大圆绕a点转动)与磁场边界的交点(即粒子所能到达边界的范围)。减小入射粒子的速度,用相同的方法可以研究入射粒子轨迹圆小于磁场圆时,粒子所能到达磁场边界的范围。利用动态演示,帮助学生建立分析图景,寻找几何关系,构建几何图形,突破关键问题。

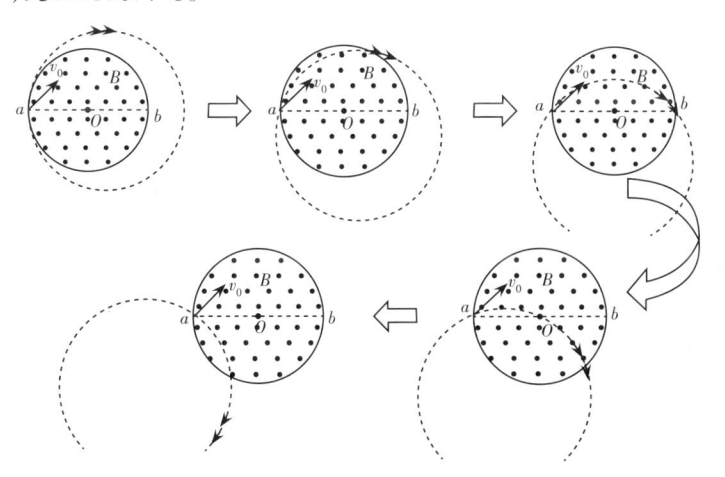

粒子在圆形磁场中轨迹与磁场边界的交点研究动态图

3."化快为慢",促进规律本质理解

物理实验是物理课堂的主要教学方法之一,在传统实验教学中由于受到教学内容和教学资源的影响,很多实验无法在课堂中正常地开展。信息技术的进步和发展,使物理实验教学手段更加丰富。如利用即时信息传输和展示技术,增加实验现象的可视化程度,将不可见变为可见、将抽象变为直观,让实验的效果可以阶段性地、反复地呈现,丰富学生感性认识,从而帮助学生自主思考,自主总结,提高学生自主学习的能力。如案例4、案例5。

案例4：

探究平抛运动水平方向和竖直方向的运动性质,在课堂演示平抛运动与自由落体运动、水平方向匀速直线运动对比的实验中,利用手机慢镜拍摄功能及同屏播放功能,将两个球的运动情况实时展示,有助于直观观察,丰富感性体验,深化平抛运动水平方向和竖直方向运动规律的自主建构和理解。

案例5：

如图甲、图乙,在磁场的描述教学中,为丰富学生对条形磁铁磁感线的认识,建立空间场的物理观念,对比将铁粉瞬时抖到铜块和强磁铁周围,借助手机慢镜拍摄和同屏展示功能,给学生展示强磁铁周围磁场的空间分布,将抽象变直观,完成条形磁铁周围磁场空间分布的自主建构和深化对磁场空间分布规律的认识与理解。

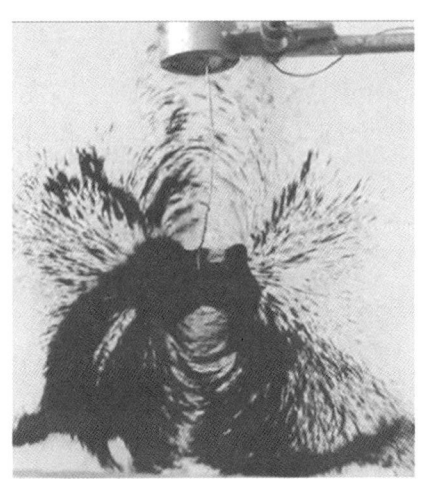

甲　铁粉在铜块周围的分布　　　乙　铁粉在强磁铁周围的分布

4."化难为简",优化实验探究方法

随着数字化实验技术的成熟和发展,实验的数字化设备的实用性、简便性、可靠性不断提升,在实验教学中深度融合数字化实验技术,发挥数字实验技术测量简便、精确,自动记录数据、处理数据的优势,扬长补短,不断创新物理实验教学方法和丰富物理实验教学内容,可大大提高物理实验教学效率,提升教师和学生的实验素养和信息素养。如案例6、案例7。

案例6:

在牛顿第三定律教学中,利用简便的数字化设备设计了一个证明钩码与水相互作用力(钩码受到水的浮力及钩码对水的反作用力)大小相等、方向相反的实验。如图甲~图丙所示,用精度为0.1 g的电子秤测量容器对秤的压力(电子秤直接读数),用微力传感器测量细绳对钩码的拉力(电脑屏幕上显示读数)。图甲显示压力示数为499.7 g(测容器对秤的压力,以质量显示);图乙显示拉力示数为0.968 N(测细绳对钩码的拉力);图丙为钩码放入容器的水中,压力显示516.2 g,拉力示数为0.808 N,拉力示数减小0.16 N,压力增大0.162 N,实验结果显示钩码和水的作用力和反作用力大小相等、方向相反。

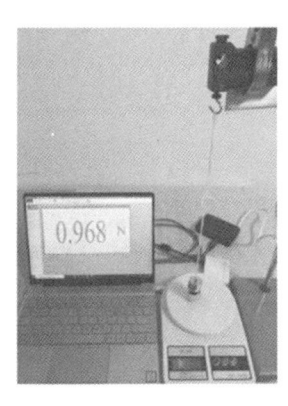

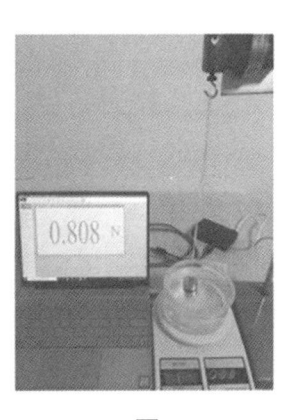

甲　　　　　　　　乙　　　　　　　　丙

案例7:

在超重和失重的教学中,教师常常利用人站在体重计上下蹲和起立过程体重计示数的变化来说明超重和失重现象。由于起立和下蹲时间很短,体重计示数变化很快,不利于解释、分析和说明。如图所示,利用微力传感器挂钩码,演示钩码向上运动和向下运动的过程,获得力随时间变化的图像,通过图像容易观察超重失重现象并进行超重、失重的条件分析。

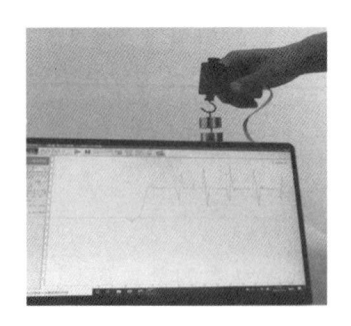

5. "化实为虚",开展仿真实验探究[①]

虚拟仿真实验,可以通过虚拟的实验仪器,自行设定需要的参数,突破现有实验条件的限制和排除各种干扰因素对实验的影响,高度模仿实验室仪器、实验过程和实验结果等。如案例8。

案例8：

利用NB虚拟物理实验中的仿真电学实验进行测量,借助虚拟仿真电学实验获得实验数据,并对实验数据进行深度分析,促进对"伏安法"实验理论系统误差的深度理解。以图甲所示实验为例,在NB虚拟仿真实验中,分别用"伏安法"内外接法测量标称阻值为5 Ω的电阻,测量数据及分析结果如以下图表所示。

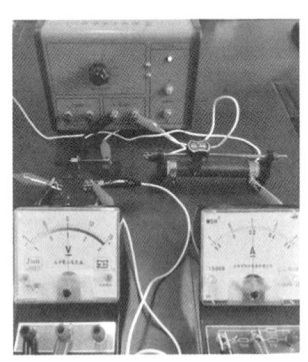

A. 待测电阻 R_2（标称阻值为5 Ω,允许最大电流2 A）
B. 电压表V（量程0~3 V,内阻约3 kΩ）
C. 电流表A（量程0~0.6 A,内阻约0.2 Ω）
D. 滑动变阻器 R_1（阻值范围0~20 Ω,允许最大电流2 A）
E. 学生电源（输出电压4 V）
F. 开关一个,导线若干

甲　实验仪器实物及参数

[①] 刘明.对伏安法测电阻一组实验数据的商榷[J].中学物理教学参考,2022(2):51-54.

表1 伏安法测电阻实验数据

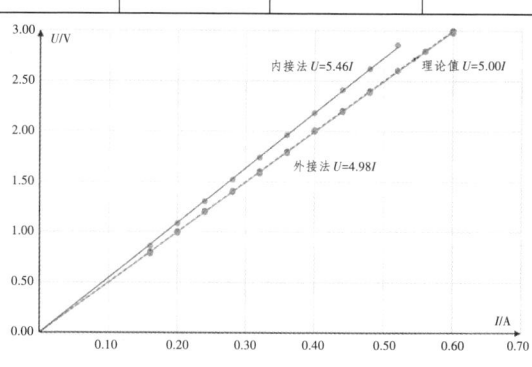

理论值		外接法		内接法	
电压/V	电流/A	电压/V	电流/A	电压/V	电流/A
0.80	0.16	0.78	0.16	0.86	0.16
1.00	0.20	0.98	0.20	1.08	0.20
1.20	0.24	1.19	0.24	1.30	0.24
1.40	0.28	1.41	0.28	1.52	0.28
1.60	0.32	1.58	0.32	1.74	0.32
1.80	0.36	1.78	0.36	1.96	0.36
2.00	0.40	2.01	0.40	2.18	0.40
2.20	0.44	2.19	0.44	2.41	0.44
2.40	0.48	2.38	0.48	2.62	0.48
2.60	0.52	2.60	0.52	2.86	0.52
2.80	0.56	2.80	0.56	—	—
3.00	0.60	2.98	0.60	—	—

乙 伏安法测电阻 U–I 关系对比图像

从图乙中的 U–I 关系对比图像可知,内接法测得电阻 $R=5.46\ \Omega$,大于真实值 $5.0\ \Omega$,绝对误差为 $0.46\ \Omega$,该值与电流表内阻几乎相等;外接法测得电阻 $R=4.98\ \Omega$,小于真实值 $5.0\ \Omega$,外接法的绝对误差为 $0.02\ \Omega$,从图像上看,外接法与理想值的图像几乎重合,说明在这种情况下系统误差几乎可以忽略。

(二)融合Excel图表,促进深度学习[①]

信息技术与物理教学深度融合的一个重要方面是应用技术手段解决一些常规方法难以解决的疑难问题、利用计算机软件自动计算和分析数据并得到相关图表等,促进学习者在信息整合与知识建构过程中发展高阶思维。例如,在电学实验设计控制电路选择教学中,模拟电路调节过程,融合Excel软件计算和绘图功能,通过复杂数学关系的图像转换,引导学生在理解电路基本原理的基础上,尝试自主绘制待测电阻端电压与滑动变阻器调节曲线XY散点图,结合图像分析待测电路调节过程,深刻理解分压限流电路电压变化规律,突破记忆式的浅层学习,化解分压和限流电路及滑动变阻器选择的学习难点,取得较好的教学实效。

1.基于学习基础,合理构建问题

深度学习关注学习者内在知识结构,引导学习者在关联原有知识的基础上对新知识进行批判理解和重新构建。电学实验的控制电路有限流电路和分压电路两种电路结构(如图6-3-1)。学生已经具备了串并联电路和欧姆定律的基础知识,有能力在教师的引导下应用学习过的知识对两种电路的电压调节范围进行分析。

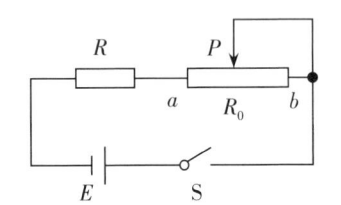

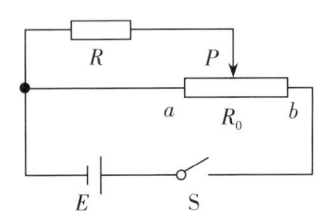

图6-3-1 限流电路和分压电路

(1)限流电路的电压调节范围分析

图6-3-1限流电路中设电源电动势为E,内阻$r = 0$,待测电阻R与滑动变阻器触头左侧电阻R_{aP}成串联关系,根据串联分压的特点,R的路端电压$U_R = \dfrac{R}{R + R_{aP}}E$。结合电路调节中的电路保护知识,闭合开关后滑动变阻器滑片P从

[①] 刘明.融合Excel图表功能促进实验深度学习——以电学实验设计中分压限流电路的选择为例[J].中学理科园地,2021(1):24-26.

b端向a端调节时,电路中电流增大,待测电阻R的端电压U_R不断增加。当$R_{aP} = R_0$时,$U_R = \dfrac{R}{R + R_0} E$;当$R_{aP} = 0$时,$U_R = E$;待测电阻$R$的端电压$U_R$的变化范围为$\dfrac{R}{R + R_0} E \sim E$。由此可以得出,对于被测定值电阻$R$,$R_0$越大,待测电阻$R$的端电压$U_R$的变化范围越大;反之则越小。

(2)分压电路的电压调节范围分析

图6-3-1分压电路中设电源电动势为E,内阻$r = 0$,待测电阻R与滑动变阻器触头左侧电阻R_{aP}并联,并联整体再与滑动变阻器触头右侧电阻R_{bP}串联,根据串联分压的特点,并联整体分得的电压就是待测电阻R的端电压:

$$U_R = \dfrac{\dfrac{RR_{aP}}{(R + R_{aP})}}{\dfrac{RR_{aP}}{(R + R_{aP})} + (R_0 - R_{aP})} E = \dfrac{RR_{aP}E}{R_0 R_{aP} + R_0 R - R_{aP}^2}$$

结合电路调节中的电路保护知识,闭合开关后滑动变阻器滑片P从a端向b端调节时,待测电阻R的端电压U_R不断增加。当$R_{aP} = 0$时,$U_R = 0$;当$R_{aP} = R_0$时,$U_R = E$。待测电阻R的端电压U_R的变化范围为$0 \sim E$。由此可以得出,待测电阻R的端电压U_R的调节范围与R_0的大小无关。

(3)引导学生根据电路分析发现和提出问题

①根据限流电路电压调节范围的理论分析结果,对于被测定值电阻R,R_0越大,待测电阻R的端电压U_R的变化范围越大,那是否能说限流电路中R_0越大越好呢?

②根据分压电路电压调节范围的理论分析结果,无论选择阻值R_0为多大的滑动变阻器,电压调节范围均为$0 \sim E$,那是否能说分压电路中R_0可以任意选取呢?

③分压和限流电路中待测电阻R与滑动变阻器阻值R_0的关系对U_R调节究竟有何影响?

2.结合数形转换,引导深度思维

深度学习强调各学科知识信息及学科知识内部新旧知识信息的整合,学习者在这样的学习过程中发展批判性思维、分析论证思维等高阶思维。融合Excel软件自动计算及图表绘制功能,模拟电路调节过程,对于形式复杂的数学关系,运用数值模拟的方法将代数形式转化为数学图形,并动态地演示各变量对结果的影响,通过具体的动态图像帮助学生强化直观体验,有效整合信息技术、数学关系、物理知识,引导学生高阶思维的发展。

(1)限流电路中待测电阻R与滑动变阻器阻值R_0的关系对U_R调节的影响

①图表数据设置与分析。

调节比例	$R_{aP}(\Omega)$	$U_R(V)$
1	200	0.91
0.95	190	0.95
0.9	180	1.00
0.85	170	1.05
0.8	160	1.11
0.75	150	1.18
0.7	140	1.25
0.65	130	1.33
0.6	120	1.43
0.55	110	1.54
0.5	100	1.67
0.45	90	1.82
0.4	80	2.00
0.35	70	2.22
0.3	60	2.50
0.25	50	2.86
0.2	40	3.33
0.15	30	4.00
0.1	20	5.00
0.05	10	6.67
0	0	10.00

$E(V)$	$R(\Omega)$	$R_0(\Omega)$
10	20	200

$$U_R = \frac{R \cdot E}{R + R_{aP}}$$

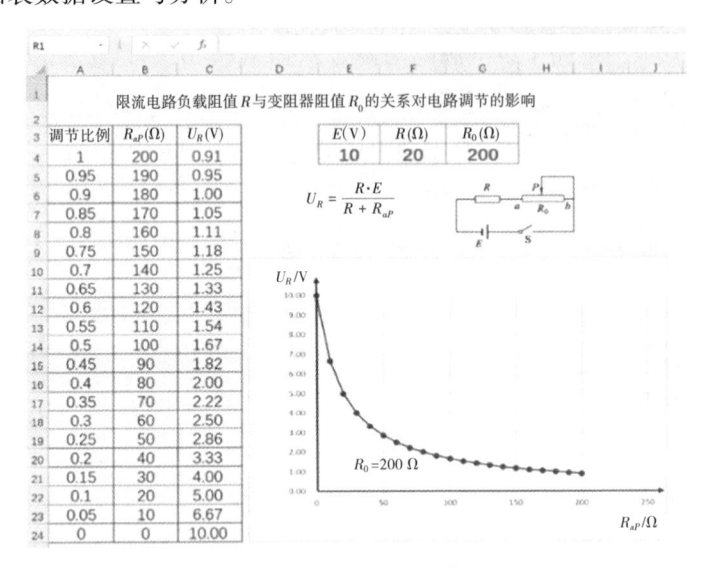

图6-3-2 分析结果截图

在Excel表格E4、F4、G4中设置电动势、待测电阻、滑动变阻器的值。如图6-3-2所示,电源电动势为$E=10$ V,待测电阻$R=20$ Ω,滑动变阻器阻值$R_0=200$ Ω;表格中A、B、C三列数据分别为滑动变阻器长度调节比例、串联接入电路中的阻值R_{aP}、待测电阻R的端电压U_R。A列数据中滑动变阻器长度调节比例设置为均匀调节;B列数据中串联接入电路中的阻值R_{aP}的值由表格中G4数据R_0值乘A列数据中对应的调节比例得出;C列数据中待测电阻R的端电压U_R根据表格中E4、F4,B列中R_{aP}的值及计算公式$U_R = \dfrac{R}{R+R_{aP}}E$自动计算。引导学生分析图6-3-2表格数据,电压调节范围大,但电压U_R随滑动变阻器均匀调节过程中,电压变化不均匀,存在调节过程中几乎不变和突变的数据,不利于调节。

②绘制图像,强化直观体验。

选中"B3"至"C24"区域,点击"插入"—"图表"—"XY散点图"—"带平滑曲线和数据点的散点图",单击"确定",即绘制出图6-3-2中右下方的曲线图。从图像中可以直观看出表格中数据分析的结论。

设电源电动势为 $E = 10\,\text{V}$,待测电阻 $R = 20\,\Omega$,滑动变阻器阻值 R_0 分别为 $400\,\Omega$、$200\,\Omega$、$100\,\Omega$、$40\,\Omega$、$20\,\Omega$、$10\,\Omega$,以滑动变阻器长度调节比例为横坐标,将六个曲线绘制在一个图中进行直观比较(作图时选择没有数据点的 XY 散点图),如图 6-3-3 所示。

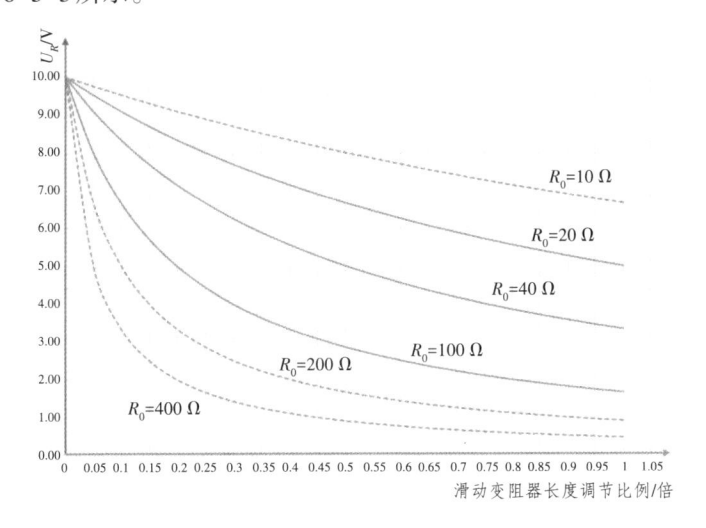

图 6-3-3　电源电动势为 10 V,待测电阻为 10 Ω 时 6 条曲线比较

③引导学生根据图 6-3-3 分析总结:当 $R_0 = 10\,\Omega$ 时,虽然待测电阻 R 的端电压 U_R 随滑动变阻器调节接近线性变化,但是电压变化范围太小;当 $R_0 > 100\,\Omega$ 时,随着 R_0 的增大,待测电阻 R 的端电压 U_R 随滑动变阻器调节线性关系越来越弱,在滑动变阻器接入长度较大时,待测电阻 R 的端电压 U_R 几乎不随滑动变阻器接入长度的减小而增大,而在滑动变阻器接入长度较小时,待测电阻 R 的端电压 U_R 随滑动变阻器接入长度的减小而迅速增大,不利于电路的调节控制。因此,限流电路中滑动变阻器阻值 R_0 应选择与待测电阻 R 相当或略大一些为宜,也可以说当滑动变阻器阻值 R_0 与待测电阻 R 相当或略大一些时,宜选择限流电路。

(2)分压电路中待测电阻 R 与滑动变阻器阻值 R_0 的关系对 U_R 调节的影响

图表数据与图像绘制方法与前面方法相同,若电源电动势为 $E = 10\,\text{V}$,待测电阻 $R = 50\,\Omega$,滑动变阻器阻值 $R_0 = 200\,\Omega$,根据表格数据绘制出图像,如图 6-3-4。取滑动变阻器阻值 R_0 分别为 $500\,\Omega$、$200\,\Omega$、$100\,\Omega$、$50\,\Omega$、$20\,\Omega$、$5\,\Omega$,并将六个曲线图绘制在一个图中,如图 6-3-5 所示。

调节比例	$R_{aP}(\Omega)$	$U_R(V)$
0	0	0.00
0.05	10	0.42
0.1	20	0.74
0.15	30	0.99
0.2	40	1.22
0.25	50	1.43
0.3	60	1.63
0.35	70	1.83
0.4	80	2.04
0.45	90	2.26
0.5	100	2.50
0.55	110	2.76
0.6	120	3.06
0.65	130	3.40
0.7	140	3.80
0.75	150	4.29
0.8	160	4.88
0.85	170	5.63
0.9	180	6.62
0.95	190	7.98
1	200	10.00

$E(V)$	$R(\Omega)$	$R_0(\Omega)$
10	50	200

分压电路负载阻值 R 与变阻器阻值 R_0 的关系对电路调节的影响

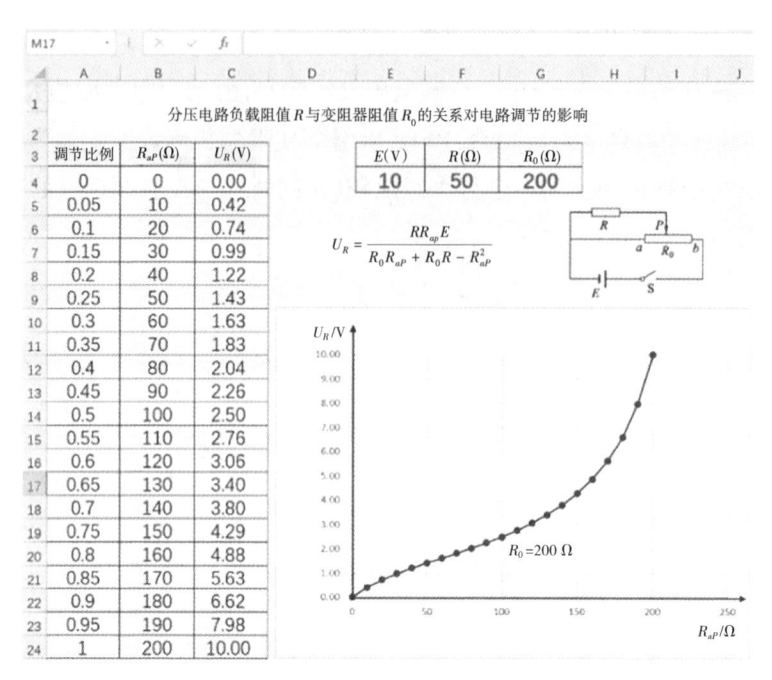

$$U_R = \frac{RR_{aP}E}{R_0 R_{aP} + R_0 R - R_{aP}^2}$$

图6-3-4　分析结果截图

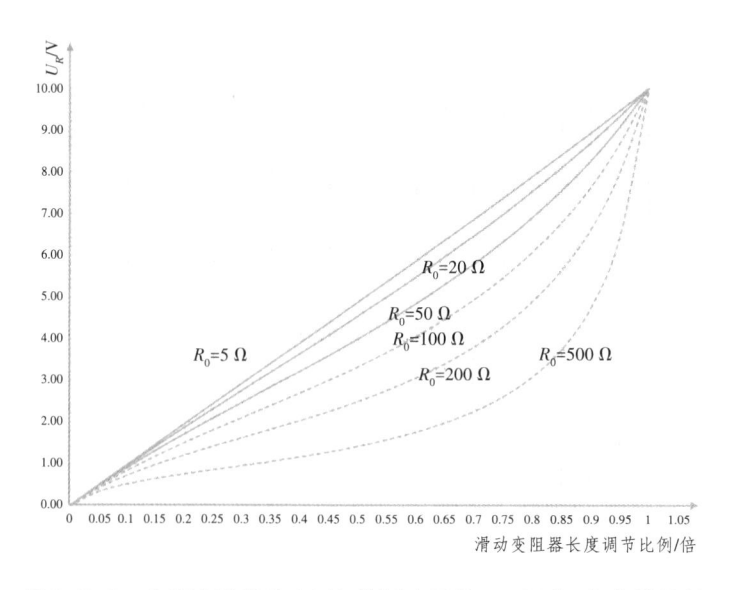

图6-3-5　电源电动势为10 V,待测电阻为50 Ω时6条曲线比较

引导学生根据图6-3-4、图6-3-5分析总结:无论选择 R_0 为多大,电压调节范围均为 $0 \sim E$;随着 R_0 的减小,待测电阻 R 的端电压 U_R 与滑动变阻器长度调节比例线性关系越来越强;当 $R_0 < R$ 时,待测电阻 R 的端电压 U_R 与滑动变阻器长

度调节比例接近线性关系。若$R_0 \ll R$,根据分压电路分析滑动变阻器调节过程中电路总电阻总是约等于R_0,所以电路中电流最大值$I_{max} \approx \dfrac{E}{R_0}$,$R_0$太小易导致电路中电流超过电源或滑动变阻器允许通过的最大电流。因此,分压电路中滑动变阻器阻值R_0应选择比待测电阻R小些更有利于电路的调节和控制,也可以说待测电阻R比滑动变阻器阻值R_0大时,宜选择分压电路。

四 智能时代物理教学的未来发展趋势

在数字技术的浪潮中,我们正见证着一个前所未有的社会变革。这场变革,深刻而广泛,触及了人类社会的每一个角落,教育领域自然也未能置身事外。随着人工智能的不断进步,如 ChatGPT、Sora、Gemini 等大模型的广泛应用,它们必将成为推动教育革新的强大动力。智能时代的教育变革不仅仅在于教育理念的更新换代,更在于教学模式的改变和学习评价方式的深度重塑。随着数字技术的深度融入,教育教学将变得更加个性化、互动化和智能化。因此,教育数字化是智能时代的必由之路。在中学物理教学方面,人工智能的应用也必将带来一场深刻的变革。

1.个性化学习得以实现

通过大数据分析和人工智能技术,教学系统可以精准地掌握每个学生的学习能力、知识水平、兴趣点和难点,从而为他们提供定制化的学习计划和资源。这意味着学生可以根据自己的节奏和兴趣进行学习。AI驱动的聊天机器人或虚拟助手可以为学生提供及时的问题解答服务,甚至引导学生通过问题解决的过程来加深对知识的理解,这些都有助于真正实现个性化学习。

2.交互式学习更加深入

结合AI技术的增强现实(AR)和虚拟现实(VR)技术将为物理教学带来更加真实直观的沉浸式学习体验。例如,AI可以集成到虚拟实验室和模拟软件中,模拟复杂的物理环境和实验条件;或者通过VR设备参观远程的物理实验室;或在AR环境中直观地观察复杂的物理过程。这些智能技术的使用让学生可以在安全的环境下身临其境地进行实验,探索物理现象,而无须担心传统实验室中的安全问题和资源限制问题。

3.让教学评价更加多元

随着信息技术的发展,物理教学的评价方式也将发生变革。未来的教学评价将更加注重学生的全面发展和个性化差异,采用多种评价方式和方法来评估学生的学习成果和能力水平。例如,可以通过在线测试、实验操作、项目制作等多种方式来评价学生的学习效果,AI系统能够即时分析学生的作业和测验结果,为教师和学生提供即时反馈,从而更加全面地了解学生的学习情况和能力水平。这有助于教师及时调整教学方法,让学生了解自己的学习进度。

4.教师的角色必将改变

在数字化时代,教师的角色将经历显著的转变。首先,由于学生可以通过互联网获取大量信息和知识,教师的角色更多地转变为引导学生如何学习,如何找到和筛选信息,以及如何批判性地思考这些信息,教师将成为学生学习的合作伙伴、心灵的沟通者和行为的示范者。其次,随着人工智能的应用,教师要保持与时俱进,不断更新自己的知识和技能,不断探索更有效的教学方法和技术,以适应不断变化的教育环境,特别是在教育技术和数字工具的使用上,教师要成为终身学习者和研究者。最后,在数字化时代,教师需要具备高度的数字素养,不仅要能够熟练使用各种教育技术工具,还要能够正确指导学生如何在数字世界中安全、有效地学习和生活,成为学生数字素养的提升者。

当然,教师作为教育教学的情感支持者和社交者,是人工智能无法完全替代的。作为新时代的教师,要有积极的态度和开放的心态,通过不断学习和发展专业、提高数字素养、提升人机协作技能、开展适应性教学设计、增强道德和法律意识、进行合作与共享以及反思和评估等方式适应人工智能给教育带来的挑战,让自己转变成为更加高效和有影响力的教育者,同时确保教育技术增强但非取代人类教师在教育过程中的重要作用。

参考文献

一、著作

阿尔弗雷德·怀特海.教育的目的[M].徐汝舟,译.北京:北京师范大学出版社,2018.

雅斯贝尔斯.什么是教育[M].邹进,译.上海:生活·读书·新知三联书店,1991.

皮连生.学与教的心理学[M].修订版.上海:华东师范大学出版社,1997.

裴新宁.面向学习者的教学设计[M].北京:教育科学出版社,2005.

泰勒.课程与教学的基本原理[M].英汉对照版.罗康,张阅,译.北京:中国轻工业出版社,2014.

夸美纽斯.大教学论[M].傅任敢,译.2版.北京:教育科学出版社,2014.

约翰·杜威.我们怎样思维·经验与教育[M].姜文闵,译.2版.北京:人民教育出版社,2005.

杜威.学校与社会·明日之学校[M].赵祥麟,等译.北京:人民教育出版社,2005.

廖伯琴.普通高中物理课程标准(2017年版2020年修订)解读[M].北京:高等教育出版社,2020.

廖伯琴.普通高中课程标准(2017年版)教师指导 物理 [M].上海:上海教育出版社,2019.

郭玉英,苏名义.新版课程标准解析与教学指导 高中物理[M].北京:北京师范大学出版社,2018.

卡尔·G.亨普尔.自然科学的哲学[M].张华夏,译.北京:中国人民大学出版社,2022.

卡尔·波普尔.猜想与反驳——科学知识的增长[M].傅季重,等译.上海:上海译文出版社,2005.

罗绍凯,王明泉,等.物理学的潜科学分析[M].北京:科学技术文献出版社,1999.

袁振国.教育新理念[M].北京:教育科学出版社,2002.

赵同森.解读人本主义教育思想[M].广州:广东教育出版社,2006.

刘徽.大概念教学:素养导向的单元整体设计[M].北京:教育科学出版社,2022.

鲁洁,夏剑,侯彩颖.鲁洁德育论著精要[M].福州:福建教育出版社,2016.

加达默尔.真理与方法:哲学诠释学的基本特征(上卷)[M].洪汉鼎,译.上海:上海译文出版社,1992.

张诗亚.感论——教学过程中认知发展突变论[M].重庆:西南师范大学出版社,2003.

许国梁,陶洪.中学物理教学法[M].3版.北京:高等教育出版社,2020.

阎金铎,郭玉英.中学物理教学概论[M].4版.北京:高等教育出版社,2019.

约翰·杜威.民主主义与教育[M].魏莉,译.武汉:长江文艺出版社,2018.

严先元.新课程:教师怎样上课[M].成都:四川大学出版社,2005.

阎金铎,等.中学物理教材教法[M].北京:北京师范大学出版社,1981.

朝永振一郎.物理是什么[M].周自恒,译.北京:人民邮电出版社,2017.

周淑卿.课程发展与教师专业[M].兰州:甘肃文化出版社,2005.

王艳霞.教师成为研究者——基于一所中学的个案研究[M].北京:北京师范大学出版社,2011.

刘月霞,郭华.深度学习:走向核心素养[M].北京:教育科学出版社,2018.

谷春生.基于核心素养导向的高中物理创新实验资源开发的探究式教学实践研究[M].北京:团结出版社,2020.

刘彬生.高中物理实验教学研究[M].南宁:广西教育出版社,2019.

彭梦华.中学物理实验研究[M].北京:高等教育出版社,2016.

李春密.中学物理实验教学研究[M].北京:北京师范大学出版社,2018.

张玉峰,等.基于核心素养的中学物理实验教学重难点突破[M].北京:北京师范大学出版社,2021.

郅庭瑾.为思维而教[M].3版.北京:教育科学出版社,2022.

于海波.重建科学课程的生活世界:一种弥合现代与后现代科学课程观冲突的尝试[M].长春:吉林人民出版社,2012.

王长江.中学物理思维型课堂教学研究[M].北京:科学出版社,2015.

田成良.物理思维课堂[M].北京:北京教育出版社,2022.

邢红军.高中物理教育论文写作[M].北京:中国科学技术出版社,2016.

张宪魁,等.中学物理教学法[M].济南:山东教育出版社,1987.

郭怀中.物理教学论[M].合肥:安徽人民出版社,2007.

二、期刊论文

林崇德.中国学生核心素养研究[J].心理与行为研究,2017(2):145-154.

林崇德.中国学生发展核心素养:深入回答"立什么德、树什么人"[J].人民教育,2016(19):14-16.

辛涛,姜宇,林崇德,等.论学生发展核心素养的内涵特征及框架定位[J].中国教育学刊,2016(6):3-7.

钟启泉.基于核心素养的课程发展:挑战与课题[J].全球教育展望,2016(1):3-25.

廖伯琴,李洪俊,李晓岩.高中物理学科核心素养解读及教学建议[J].全球教育展望,2019(9):77-88.

蔡铁权,谢佳莹.从科学本质的视角解读物理学科核心素养[J].物理教学,2022(6):2-6.

胡定荣.核心素养导向课堂教学变革应辩证处理三对矛盾关系[J].课程·教材·教法,2022(9):56-58.

叶澜.重建课堂教学价值观[J].教育研究,2002(5):3-7.

邢红军,张抗抗.论物理思想的教育价值及其启示[J].教育科学研究,2016(8):61-68.

冯华.以物理观念统领物理教学[J].课程·教材·教法,2014(8):71-73.

何善亮.科学思维的多维透视及其教育意义[J].苏州大学学报(教育科学版),2022(4):39-47.

崔允漷,张紫红,郭洪瑞.溯源与解读:学科实践即学习方式变革的新方向[J].教育研究,2021(12):55-63.

卢姗姗,毕华林.从"科学探究"到"科学实践"——科学教育的观念转变[J].教育科学研究,2015(1):65-70.

杨向东.教育中的"科学探究":理论问题与实践策略[J].全球教育展望,2011(5):18-26.

田春凤,郭玉英.高中物理教学中科学本质教育的现状与建议——基于对一线教师的调查研究[J].课程·教材·教法,2010(3):45-49.

余文森.新课标呼唤新教学——新时代教学改革的方向与路径[J].教师教育学报,2023(2):43-49.

裴新宁,郑太年.国际科学教育发展的对比研究:理念、主题与实践的革新[J].中国科学院院刊,2021(7):771-778。

中国科学院学部.面向二十一世纪发展我国科学教育的建议[J].科学新闻,2000(36):2.

曾德琪.罗杰斯的人本主义教育思想探索[J].四川师范大学学报(社会科学版),2003(1):43-48.

陈威.建构主义学习理论综述[J].学术交流,2007(3):175-177.

叶浩生.具身认知:认知心理学的新取向[J].心理科学进展,2010(5):705-710.

叶浩生.身体与学习:具身认知及其对传统教育观的挑战[J].教育研究,2015(4):104-114.

范文翔,赵瑞斌.具身认知的知识观、学习观与教学观[J].电化教育研究,2020(7):21-27.

王素云,代建军.真实性学习视域下"真实情境"探析[J].教育参考,2021(6):12-17.

王光荣.发展心理学研究的两种范式——皮亚杰与维果茨基认知发展理论比较研究[J].华中师范大学学报(人文社会科学版),2014(5):164-169.

王素云,代建军.真实认知:内涵、特征与实践路径[J].当代教育科学,2022(5):10-16.

舒扬.走进"新基础教育"——华东师大叶澜教授访谈录[J].基础教育,2004(5):8-13.

岳伟,刘贵华.走向生态课堂——论课堂的整体性变革[J].教育研究,2014(8):99-106.

赵国庆,熊雅雯,王晓玲.思维发展型课堂的概念、要素与设计[J].中国电化教育,2018(7):7-15.

张光陆.有效的课堂对话与学生核心素养的养成[J].课程·教材·教法,2017(3):52-57.

傅曼姝,王兆璟.学科实践的本质特点、教学目标与实施路径[J].课程·教材·教法,2023(6):19-23.

黄英杰.论实践教育哲学的教育信条[J].教育理论与实践,2017(31):7-10.

余文森,龙安邦.实践:指向核心素养的课堂教学行动属性[J].教育研究与实验,2023(2):58-65.

罗生全,黄朋,潘文荣.跨学科主题教学的系统设计与实践进路[J].湖南师范大学教育科学学报,2023(5):9-15.

罗生全,陈卓.大数据时代教育评价的价值重构与逻辑理路[J].贵州师范大学学报(社会科学版),2023(04):116-128.

罗生全,陈卓,张熙.基于增值评价的学生作业设计价值向度及优化策略[J].中国教育科学(中英文),2022,5(4):83-93.

张玉峰,姚建欣.基于大概念的三类物理课程:必要性、可行性与设计[J].教育科学研究,2022(5):49-55.

袁顶国,刘永凤,梁敬清.教学模式概念的系统分析——教学模式概念的三元运行机制[J].西南师范大学学报(人文社会科学版),2005(6):110-114.

张正严,唐欣,钱慧玲,等.物理概念学习的三重表征理论建构[J].物理教学,2023(7):2-6.

吴成军,张敏.美国生物学"5E"教学模式的内涵、实例及其本质特征[J].课程·教材·教法,2010(6):108-112.

冯杰.物理概念教学与物理规律教学之差异性探讨[J].物理教师,2020(1):2-8.

柴宏良.例谈指向物理核心素养的课堂实验教学主张[J].物理教学,2021(5):24-28.

范涌峰.基础教育学的学科逻辑[J].教育研究,2024,45(2):43-54.

范涌峰.我国基础教育变革的趋势及方法论转向[J].教育科学研究,2021(6):24-28.

范涌峰.论基于核心素养的学校特色发展[J].教育科学研究,2018(1):53-58.

范涌峰,吴钰茜.教师新课标适应性困境:表征与突破[J].教师发展研究,2023(1):91-98.

李如密,姜艳.核心素养视域中的教学评价教育:原因、价值与路径[J].当代教育与文化,2017(6):60-66.

刘志军,徐彬.新课标下课程与教学评价方式变革的挑战与应对[J].课程·教材·教法,2022(8):4-10.

刘志军,徐彬.面向未来的课程与教学评价:困顿、机遇与走向[J].课程·教材·教法,2020(1):17-23.

牛瑞雪.教学评价研究40年回顾、反思与展望[J].课程·教材·教法,2018(11):60-66.

崔允漷.教-学-评一致性:深化课程教学改革之关键[J].中国基础教育,2024(1):18-22.

廖伯琴.以学生发展为本改进普通高中物理课程——《普通高中物理课程标准(2017年版)》解读[J].人民教育,2018(10):43-46.

廖伯琴.提炼核心素养,凸显课程育人价值——义务教育物理课程标准(2022年版)解读[J].基础教育课程,2022(10):46-52.

李广,孙玉红.教师教材理解范式的深度变革[J].教育研究,2019(2):32-36.

申大魁.教师教材理解标准体系的建构[J].教育理论与实践,2018(25):60-64.

丁浩然,刘学智.中小学教师教材素养:现状与进路[J].四川师范大学学报(社会科学版),2021(1):114-121.

程力,李勇.基于高考评价体系的物理科考试内容改革实施路径[J].中国考试,2019(12):38-44.

马云鹏,金轩竹,白颖颖.新中国课程实施70年回顾与展望[J].课程·教材·教法,2019(10):52-60.

于海波.教师课程实施能力研究[J].当代教育科学,2011(12):13-16.

钟启泉.教学实践模式与教师的实践思维——兼评"特殊教学认识论"[J].教育研究,2012(10):108-114.

刘明.深化技术融合上出"物理味道"[J].中学物理,2021(15):62-64.

刘明.对伏安法测电阻一组实验数据的商榷[J].中学物理教学参考,2022(2):51-54.

刘明.融合Excel图表功能促进实验深度学习——以电学实验设计中分压限流电路的选择为例[J].中学理科园地,2021(1):24-26.

后记

搁笔掩卷,心中五味杂陈。回首这段漫长的写作历程,仿佛经历了一场精神的历练和思想的洗礼。从最初的构思到最后的落笔,每一个字、每一句话都凝聚着我对高中物理教学的深沉思考与探索。

我始终坚信,教育的本质是生命教育,追求的是人性的自由生长,是人的本真回归。物理作为一门科学教育的基础学科,承载着培养学生科学素养的重要使命,也必须朝着"核心素养培育"的宏伟教育愿景迈进,而物理教学则是这一进程中的关键环节。在长期的教学生涯中,我深感传统物理教学与核心素养培育课程目标的悖离与不足,也深刻认识到,唯有创新,才能推动物理教学向前发展,才能培养出真正具有核心素养的学生。

《惟真物理:高中物理教学新探》这本书,是基于我近30年教学经验,对近10年来先后参加厦门市专家型教师培训、福建省物理学科教学带头人培训以及厦门市卓越教师培训的理论学习和实践的总结与升华。在书中,我提出了"惟真物理"这一教学主张,旨在强调高中物理教学的真实性。在建构惟真物理教学主张的教学实践模式过程中,我尝试将理论与实践相结合,以"提高学习动机、深化学习理解、引导学生思维、促进实践与合作"为目标,在观照学生立场和学习立场的前提下,坚守物理学科立场,聚焦物理学科本质,以"知识的形成"建构教学逻辑,以"物理实验为根基"彰显学科本源,凸显物理学科的思想和方法,落实物理学科的育人价值。我坚信,只有真实的物理,才能让学生感受到科学的魅力,才能真正培养学生的科学思维和创新精神。

这本书的完成过程对我来说,是艰难的探索过程。在写作过程中,我遇到了许多困难和挑战。有时,我会为了一个观点、一个案例,甚至一句话一个词而反复推敲,以求达到最理想的表达效果。但也正因为经历了这些困难和挑战,我更加坚定了自己的信念,也让我更加深入地思考物理教学的本质与未来。

我要感谢那些在我写作过程中给予我帮助和支持的人。首先,要感谢厦门市教育局和厦门市教育科学研究院精心组织的厦门市首期卓越教师培训班的培训,是高标准、严要求的培训给了我写作前行的动力。其次,要感谢西南大学专业的导师团队,他们严谨的学术态度给了我许多宝贵的启示和指导。同时,我也要感谢卓越教师培训班的优秀伙伴,他们的思想火花让我受益良多。最后,我要感谢我的家人,在我写作最艰难的时刻,是他们给予我鼓励和支持,让我可以心无旁骛地专注于书稿的写作。

本书的出版还得益于西南大学出版社高屋建瓴的策划和细致入微的工作。出版社领导审时度势、总揽全局,编辑不厌其烦、细针密缕,在本书出版过程中付出诸多辛劳。丛书其他作者为本书提出了诸多宝贵意见,在此一并感谢。

回首过去,我深感欣慰;展望未来,我满怀信心。我相信,这本书的出版,对我来说既是一种肯定,更是一种鞭策。它只是一个新的开始,一个探索的新起点。在未来的日子里,我将继续致力于高中物理教学的创新探索,让物理教学真正发挥出其应有的价值,培养出更多具有核心素养的学生,为科学教育的发展贡献自己的一份力量。

在探索的道路上,我始终坚信,每一个教育工作者都是一位探索者,我们都在寻找着更好的教育方法和路径,以期能够更好地启迪学生的智慧,激发他们的潜能,涵养他们的品格。谨以此后记,纪念这段难忘的写作历程,也期待与更多同行携手共进,共创物理教学的美好未来。